LA DECISIONE PRESA

MARIA P FRINO

Maria P Frino

Pubblippotti to per la prima volta nel 2019.

© Maria P. Frino, 2019

I diritti morali dell'autore sono stati rivendicati. Tutti i diritti riservati. Salvo quanto consentito dall'Australian Copyright Act 1968 (ad esempio, un utilizzo equo a fini di studio, ricerca, critica o revisione), nessuna parte di questo libro può essere riprodotta, archiviata, comunicata o trasmessa in qualsiasi forma o con qualsiasi mezzo senza previa autorizzazione scritta.

Questa è un'opera di fantasia.

Titolo: La Decisione Che Hanno Preso - Romanzo

Autore: Maria P. Frino

Illustrazione di copertina: Mark Drolc - http://onthemarkdesign.com.au/

Stampa copertina: Andrè Frino

Visita il sito Web dell'autore all'indirizzo: https://mariapfrino.wixsite.com/authorwebsite

Tutte le richieste vanno rivolte all'autore - mariapfrino@gmail.com

 Creato con Vellum

*Per i miei genitori
Mi hanno insegnato a sognare in grande*

Recensioni per La Decisione Presa

Ciao Maria,
    Grazie mille per la copia del tuo romanzo d'esordio. L'ho appena finito di leggere e l'ho adorato! Ho lasciato una recensione su Amazon.co.uk e ti auguro il meglio nella tua carriera di scrittrice!
    Grazie, Clare, amazon.co.uk

Romanzo d'esordio eccezionale - 5 stelle
    Ho ricevuto una copia di La Decisione Che Hanno Preso da Avidi Lettori e devo dire che mi è piaciuto moltissimo! Un romanzo storico e vicenda familiare ambientati tra l'Italia negli anni '40 ed i più moderni anni '80. All'inizio temevo che la parte moderna potesse essere percepita come leggermente obsoleta e superata, ma mi sbagliavo totalmente! Vieni completamente travolto dalle vicende di Simona, Amelia e Larissa: tutto è impostato in modo che sia credibile e non puoi fare a meno di essere commosso dalla loro difficile situazione. Un incredibile romanzo di debutto che consiglierei a chiunque.
    Clare, amazon.co.uk

Ciao Maria
    Sono stato molto intrigata dalla fascetta pubblicitaria del libro, un mistero storico che abbraccia generazioni è proprio quello che fa per me. Non mi ha deluso. I personaggi sono un gruppo veramente eclettico, con cui potresti davvero ridere e piangere assieme. Sono maturati davvero nel corso della storia e mi sono ritrovata a supportarli moralmente durante tutte le loro vicissitudini. Una piacevole lettura, questo è un buon libro per coccolarsi!
    Calorosi auguri, Sarah Sullivan, voraciousreadersonly.com

Ciao Maria,
    Ho appena finito il tuo libro e volevo farti sapere che l'ho

adorato. I personaggi e la storia sono ben scritti e mi hanno fatto sentire davvero tutto quello che stavano passando. Sebbene gli argomenti affrontati nel libro fossero intensi, è stata comunque una lettura piacevole. Mi ha tenuta sveglia fino a tardi per leggere solo quel capitolo in più! Complimenti per un fantastico romanzo d'esordio e non vedo l'ora di leggere altri tuoi libri.

Ho provato ad aggiungere una recensione su Amazon ma non so perchè non me lo permette.

Saluti, Alison White, voraciousreadersonly.com

Recensione - La Decisione Presa, di Maria P Frino

La guerra è terribile; così come l'abuso all'interno di una famiglia. Le decisioni prese in certe circostanze possono essere rimpiante per generazioni. Frino esamina l'iniziale decisione cruciale presa da due sorelle ed esplora il conseguente tormento che in seguito occupa il centro della loro vita. Sono andate avanti con la propria vita e cresciuto le loro famiglie; ma così facendo hanno creato nuove barriere tra loro. Possono proteggere coloro che amano ed essere ancora unite?

La scrittrice esplora le origini delle decisioni iniziali e l'intensa lealtà verso la famiglia che da un lato separa le sorelle e dall'altro le unisce virtuosamente.

La decisione che hanno preso è molto più di una storia d'amore. È l'analisi di un tipo di coraggio ben diverso.

Ross Venner, via Posta Elettronica

Cara Maria Frino,

Grazie per avermi permesso di recensire il tuo meraviglioso libro. Adoro lo snodarsi della vicenda tra le due sorelle e l'oscuro segreto che viene rivelato. La storia cattura l'attenzione fino all'ultima pagina.

Sinceramente tuo, Tabitha Liston, via Posta Elettronica

Ciao Maria

Ho quasi finito di leggere il libro e tutto quello che posso dire è

Wow!! Che capolavoro! Mi sto davvero godendo il tuo stile di scrittura, i personaggi sono dotati di grande personalità e come lettore posso relazionarmi completamente con la loro situazione.

Continua a scrivere e non vedo l'ora di leggere di più.

Cordiali saluti, Kim Dowman, via Posta Elettronica

Prologo

Napoli
 1935

Amelia copre la bocca di sua sorella con una mano. Preme l'indice dell'altra mano sulle proprie labbra. In silenzio. Devono rimanere in silenzio. Simona spalanca gli occhi, la sclera risplende nella penombra. Amelia la stringe più forte. Devono resistere ancora un altro po' e tutto andrà per il meglio.

L'umidità soffocante le avvolge, l'aria ne è satura. L'odore del vino inacidito e del
  formaggio andato a male dà ad Amelia un senso di nausea ogni volta che fuggono per
   nascondersi quaggiù. Qualcosa le dice che questo odore resterà con lei per il resto della sua vita.

È nero come la pece, tranne che per la luce della piccola torcia che ha sempre a portata di mano per penetrare debolmente l'oscurità.

Immobili, devono rimanere immobili. Il cuore le batte all'impazzata, il viso le si impregna di sudore. Gocce di sudore scendono dalle sue ascelle. Le si irrigidiscono le membra.

Simona inizia a piagnucolare. Amelia le sussurra: "Fai silenzio, non muoverti. Sono qui accanto a te." Simona l'ascolta. Come sempre. L'adrenalina pulsa nelle vene di Amelia, è determinata a tenerle entrambe al sicuro.

Rimangono curve sul freddo ciottolato per quelle che sembrano ore. Simona si è addormentata tra le braccia di Amelia. Il suo agile corpicino è ora un peso morto, ma non la disturba. Lei è forte. Lo deve essere per tenerle entrambe al sicuro. Lascia cadere le spalle, rilassandosi un po'. Deve rimanere vigile e mantenere la calma.

Presto le si indolenziscono le braccia per il peso di Simona, così la appoggia sulla vecchia
coperta. Hanno dormito qui molte volte, ma non oggi. Amelia deve controllare. Stiracchia gli arti indolenziti ed emerge dal proprio nascondiglio. Camminando a tentoni fino ai due gradini malridotti, spinge la porta del seminterrato. Vige un sommesso silenzio. Si sente solo l'eco del vicolo vuoto.

Vuole essere sicura. Svicola fuori dal seminterrato lasciando lì Simona. Deve sbrigarsi; sua sorella potrebbe svegliarsi prima che sia tornata. Raggiunge la porta d'ingresso, il palmo della sua mano è incollato alla maniglia. Respira affannosamente. Deglutendo nervosamente, sfonda la porta e sbircia attraverso l'apertura. Il lavello della cucina è pieno di piatti sporchi. L'unico suono è l'acqua che gocciola sul pavimento. Il cuore le batte contro le costole mentre si sforza di ascoltare. Niente. Nessun rumore. É andato via.

Si volta e torna di corsa nel seminterrato. Simona sta ancora dormendo dove l'aveva lasciata. Addormentata e serena. Appena la sveglia, inizia subito a piangere. Amelia la avvolge nelle sue braccia, inizia a cullarla. Va tutto bene adesso. É andato via. Scosta la frangetta di Simona dagli occhi, accarezzandole delicatamente il viso. Aspettando che si calmi. Finalmente inizia a calmarsi.

I singhiozzi cessano. Gira il visino pallido verso Amelia. Annuiscono entrambe, sfiorando le fronti. Simona sorride malinconicamente. Sono pronte a partire di nuovo.

Controlla. Non c'è nessuno nel vicolo. Nessuno a fare domande ed impicciarsi dei fatti loro.

Prologo

Mano nella mano, salgono le scale fin dentro casa. Rimasugli di cibo imbrattano la panca. Lui ha mangiato la maggior parte del cibo che Amelia aveva preparato. Ma non importa, sono al sicuro. Preparerà qualcosa con quello che è rimasto. Tenerle al sicuro è la sua priorità e ancora una volta è riuscita a proteggere sua sorella.

Capitolo Uno

LARISSA
1980

È in bilico sulla scalinata d'ingresso in arenaria. È in procinto di bussare quando la sente. Sua nonna sta urlando a qualcuno. Ma a chi? Lei vive sola.

"No, te l'ho detto prima e te lo dico di nuovo. Lascia le cose come sono, non ne verrà fuori niente di buono se parliamo adesso."

Il rumore di un piede che sbatte e di qualcosa di vetro che va in fratumi giunge alle sue orecchie. Larissa in preda al panico bussa con violenza alla porta principale. Sua nonna si è fatta male? Qualcuno l'ha attaccata? Le nocche iniziano a farle male al bussare sempre più forte.

Finalmente sua nonna apre la porta, il viso arrossato. "Bella mia. Che sorpresa, perché non mi hai detto che venivi a Napoli? Entra, entra, fa freddo là fuori." Simona appoggia la mano sulla spalla di Larissa mentre si china per baciarle le guance.

Dentro casa fa freddo come fuori, così si rimane col cappotto addosso. "Nonna, stai bene? Ti ho sentito urlare e poi si è rotto qualcosa? Ho sentito un rumore molto forte."

"Oh, deve essere stata la televisione. Stavo guardando un film e quando mi sono alzata dalla sedia, ho fatto cadere un bicchiere d'acqua sul pavimento."

Sembra che Simona stia raccontando tutto questo un po' troppo velocemente. Larissa nel guardarsi intorno inizia a preoccuparsi, tutto è silenzioso intorno a lei. La televisione è spenta in un angolo e ci sono grandi frammenti di vetro vicino al camino. Larissa non è convinta, ma che motivo avrebbe sua nonna per mentirle? Guardandola tornare verso la sua sedia, Larissa nota che non si è ferita. Grazie al cielo.

"Nonna, siediti prima di calpestare un pezzo di vetro. Fammi dare una ripulita." Passa a sua nonna il bastone appoggiato alla poltrona. Simona si adagia sulla sedia a dondolo, cimelio di famiglia, facendo attenzione a non aggravare le sue recenti ferite.

Sull'antico tavolino da caffè, vicino alla sedia, ci sono gli occhiali da lettura, un libro e un bicchiere con dentro dell'acqua. Qualunque cosa si fosse frantumata sul pavimento non era di certo un bicchier d'acqua. "Riposati qui mentre prendo la paletta. Col braccio fasciato e il ginocchio infortunato, devi stare più attenta."

Larissa apre l'armadio della lavanderia, prendendo le cose di cui ha bisogno. Non c'è cenere nel camino, la legna è asciutta e pronta per essere accesa. Rabbrividisce nel chinarsi per accendere l'accendifuoco. Iniziano gli scoppiettii quando la legna inizia a bruciare. Le tende sono chiuse, rendendo la stanza buia. Le apre per permettere al sole di entrare, il che fa brillare il vetro in frantumi sul pavimento con luce e colore.

"Che bello", dice Simona, "sembra un arcobaleno".

Larissa non parla, si dà da fare per pulire prima che la nonna possa farsi male. Dallo spessore del vetro è evidente che fosse un vaso ad essersi rotto. Quello che era appoggiato sul camino.

Una volta che il pavimento è pulito, si toglie il cappotto e si mette a suo agio accanto a Simona, prendendo la mano destra della nonna nella sua. La accarezza chiedendosi perché si rifiuti di avere qualcuno che venga ad aiutarla. Dopo essere caduta rompendosi il braccio sinistro e facendosi male al ginocchio sinistro alcune settimane fa, la madre di Larissa, Gee, era venuta per restare. Voleva aiutare sua madre, ma Simona l'ha rimandata a Roma dopo solo tre giorni.

"Siamo preoccupati che tu viva qui da sola, Nonna. Gee voleva restare più a lungo per poterti dare una mano, ma tu l'hai rimandata a casa."

"Sto bene. Ho badato a me stessa per tutti questi anni da quando tuo nonno è morto. Dì a tua madre di smettere di preoccuparsi. Ti ha mandato qui lei, vero?" Simona punta minacciosamente il dito contro di lei.

Veramente sua nonna pensa che Gee l'abbia spinta a fare questo? Per come la vede Larissa, una nipote che visita sua nonna non è un evento insolito. "No, mi ha solo raccontato del tuo incidente di ieri. Sono qui per fare una storia per il mio spettacolo. Io e la mia alloggeremo al Best Western a Pozzuoli tutta la prossima settimana. Adesso, che dici di prepararci un caffè?" chiede, andando in cucina senza aspettare una risposta.

Sua nonna sembra scossa. Rabbrividisce sentendosi a disagio. Simona non l'ha mai fatta sentire sgradita, ma in questo momento ha uno strano presentimento. È quasi come se la visita di Larissa l'avesse turbata. Questo è un comportamento insolito da parte della sua affettuosa nonna.

Cosa sarebbe successo se non avesse fatto questa visita improvvisata? Sua nonna sarebbe rimasta qui da sola, in questa casa buia e fredda. Tutto questo non va bene; deve accettare aiuto, che le piaccia o no. Almeno fin quando le sue braccia e ginocchia saranno guarite.

Larissa dispone caffè e biscotti sul tavolino che ha posto di fronte a Simona. Aggiunge tre cucchiaini di zucchero nella tazza di sua nonna e gliela porge.

"Ora dimmi, come te la passi?" dice assaporando il caffè dalla sua tazza preferita, un cimelio di sua madre.

Ci sono molti cimeli nell'appartamento. Il set da caffè in porcellana con foglie e finiture incise in oro è così prezioso che sono state utilizzate solo due tazze. Quella che tiene in mano Simona e l'altra rinchiusa in una vetrinetta.

La tazza che la bisnonna di Larissa ha usato occupa un posto di rilievo nella vetrinetta, così come quella di Simona. Il set dovrà essere tramandato di nuovo un giorno. Questo è il desiderio di sua nonna; un desiderio che Larissa conosce fin da quando era bambina.

Le strane vibrazioni emesse da Simona sono scomparse, questa è la nonna che conosce da sempre. Prima della caduta, era in grado di guidare e badare a se stessa. Quella caduta, successa mentre tentava di salire gli antichi gradini di arenaria con in mano legna da ardere, l'ha lasciata piena di lividi e disorientata. E con un braccio rotto in due punti e un ginocchio gonfio e contuso. Ci vorrà del tempo prima che riprenda ad essere indipendente.

Simona è vedova dalla fine degli anni '60. Suo marito, Marco, è morto di aneurisma cerebrale il giorno del loro ventiquattresimo anniversario di matrimonio. Da allora vive da sola. Sempre sostenendo che non è mai sola, il suo viso si irradia con un sorriso ogni volta che qualcuno le fa visita. Larissa ricorda poco di suo nonno, lavorava in Germania per la maggior parte del tempo.

Ma ora che Simona siede sulla sedia con il bastone da passeggio appoggiato accanto a lei, sembra più anziana. Al momento dell'incidente un vicino era di passaggio e l'ha soccorsa quando è caduta. E se le succedesse qualcosa di nuovo e nessuno fosse in giro ad aiutarla?

Brividi le percorrono la schiena. Non volendo pensarci, mette da parte questi terribili pensieri. Ricomponendosi, riprende con la sua parlantina a chicchierare con la nonna. Non ha senso farle sapere quanto Larissa sia preoccupata per lei. Non cambierebbe la situazione.

Dicendole quanto il lavoro la tiene impegnata, sa che sua nonna non è interessata alle sue vicende quotidiane. Tutto quello che vuole sapere è se sta vedendo qualcuno. Soprattutto se c'è una relazione seria in vista.

Evitando in particolare che la conversazione ricada su questo argomento, parla dei suoi amici e di come vanno le cose in ufficio. Simona inclina la testa verso di lei. È sinceramente interessata. Non capita spesso che stiano insieme, solo loro due. Ora è vivace ed inizia a farle più domande. Larissa sospira, proprio ora che la conversazione si stava facendo più rilassata, un leggero senso di colpa la affligge. Possono passare mesi senza nemmeno chiamare sua nonna. Nonostante lo stato d'animo di Simona al suo arrivo, dovrebbe fare uno sforzo maggiore. Gee si preoccupa che Simona passi troppo tempo da sola, e vedendola ridotta in questo modo, Larissa capisce perché Gee sia così preoccupata.

"Devi dire a Gee di smetterla di preoccuparsi. Sono felice di stare per conto mio. Adoro tua madre, ma ci sono momenti in cui si rifiuta di mettersi nei miei panni. Faremo meglio a vederci a piccole dosi."

Larissa preferisce non rispondere perché si trova nel mezzo. Adora sua madre e sua nonna allo stesso modo, pur essendo molto diverse tra di loro. Si esprime sempre con cautela quando si lamentano l'una dell'altra.

Simona sbadiglia e Larissa si sorprende nel realizzare che stanno parlando da tre ore. "Devo andare Nonna," dice a Simona, che annuisce.

Sbadiglia di nuovo involontariamente. "Scusami, questi antidolorifici stanno iniziando a fare effetto. Devi già andare?"

"Si, purtroppo. La mia crew sarà pronta, li incontro tra un'ora. Verrò di nuovo prima di andar via da Napoli."

Sua nonna annuisce gentilmente, "Non vedo l'ora di rivederti."

Dopo averla salutata, Larissa controlla le finestre e la porta d'ingresso, assicurandosi che siano chiuse a chiave prima di uscire. Quindi bussa alla porta della vicina di casa di sua nonna, "Scusami se ti disturbo Laura."

"Non ti preoccupare, sai che sono qui per dare una mano. Ero via quando Gee è venuta, quindi non ho avuto modo di parlarle del comportamento di Simona."

Laura la invita in cucina e la fa accomodare sulla panca. Larissa ascolta Laura raccontarle di aver sentito sua nonna urlare in diversi momenti del giorno e della notte.

"Veramente? Anche io l'ho sentita urlare oggi quando sono arrivata. Ha detto che quello che avevo sentito era un film che stava guardando in TV."

"Hmm, mi ha detto la stessa cosa. Qualcuno le sta telefonando. Penso che urli a chiunque la stia chiamando. "

"Quando sono arrivata, ha fatto la vaga e ha evitato le mie domande. Era proprio quell'atteggiamento che hai menzionato. Dobbiamo stare attente. Qualunque cosa stia succedendo, vuole tenercene fuori."

Laura annuisce d'accordo dicendo: "La terrò d'occhio e ti farò saper se la dovessi sentir urlare di nuovo."

"Mi faresti un grande piacere, grazie," dice Larissa mentre si alza per andarsene, "Gee e io siamo sollevate all'idea che tu sia qui ad aiutarci, è una preoccupazione in meno."

"Non dirlo neanche," dice Laura mentre la accompagna alla porta.

Larissa torna in hotel e si avvia verso il mini bar. Svita una delle bottiglie e butta giù un sorso di scotch. Tenendo la bottiglia con due dita, pensa a quanta poco soddisfazione diano queste piccole bottiglie.

Crolla sul letto e telefona a sua madre. Mentre gioca con il cavo telefonico, dice a Gee come anche Laura abbia sentito Simona urlare: "Stava urlando con tutto il fiato che aveva in corpo! Stava gridando non dire qualcosa a nessuno. Non l'ho mai sentita urlare come una banshee. È capitato che alzasse la voce di tanto in tanto ma mai fino a questo punto."

Gee risponde in tono angosciato; anche lei è preoccupata.

Larissa smette di giocherellare con il cavo telefonico, e sollevandosi chiede "Quindi anche tu l'hai sentita così arrabbiata di recente? Hai idea con chi stia litigando?"

"So tanto quanto te." Il tono di sua madre è triste.

"Sono preoccupata per lei, Gee. È tutta sola. E ora con il braccio rotto e il ginocchio indolensito ha davvero bisogno di qualcuno che stia lì ogni giorno. La casa era buia e fredda quando sono entrata. È stata una fortuna che sia andata a trovarla e abbia riscaldato l'ambiente per lei. Ti pare che a fine Novembre il fuoco non sia ancora acceso?"

Gee le spiega che Simona ha l'abitudine di non riscaldare l'appartamento. Il pensiero di trasportare legna da ardere dal seminterrato la disturba. Ancor di più dopo l'incidente.

"Beh, sono sicura che qualcuno del posto possa aiutarla con questo tipo di faccende, no? Il marito di Laura, per esempio? Oh, ed il vetro che si è rotto era il vaso. Hai presente quale? Quello di vetro di Murano a macchie verdi che stava sul camino. Non ha qualcosa a che fare con sua sorella Amelia? Ti dico che qualcosa non va. Altrimenti perché romperebbe qualcosa a lei così caro?"

Gee si sorprende nel sentire del vaso. I cimeli di sua madre sono le cose a lei più care e quel vaso era un ricordo di sua sorella maggiore, che non ha mai smesso di amare anche dopo la sua morte diversi anni prima.

Larissa avverte sua madre di fare attenzione qualora facesse domande a Simona. La loro relazione è già instabile. Possono stare per settimane senza parlarsi. Questo è il momento per Larissa di intervenire per calmarle entrambe. Non è facile cercare di riconciliarle perché ognuna di loro crede di avere ragione.

"Mi ha detto che ha rotto un bicchiere. Perché mentirmi? L'ho capito subito quando ho visto i grossi frammenti che non era un bicchiere ad essersi rotto. Non capisco, adorava quel vaso. " Continuano a parlare e Larissa ascolta le frustrazioni di sua madre nella speranza di aiutarla. Laura è una buona vicina e aiuta quando può, ma Simona non vuole nemmeno il suo aiuto. È sempre stata una donna forte e indipendente, abituata a farcela da sola. Questa Larissa lo sa già. Ma qualcosa nell'urlo acuto di Simona di quella mattina continua a turbarla.

"Accidenti, devo andare. Abbiamo un incontro sulle riprese di domani. So che sei preoccupata, lo sono anche io. Vedrai che troveremo una soluzione. Ti chiamo quando torno a casa a Roma." Attaccando, si spinge giù dal letto con un gemito. C'è qualcosa di strano nel comportamento insolito di Simona ed è determinata a scoprire di cosa si tratta. Ma ora è tempo di andare a incontrare la sua equipaggio.

Apre il rubinetto della doccia. Niente acqua calda! Un'altra doccia fredda in un altra topaia di business hotel.

Capitolo Due

ALEXEY
1980

Alexey sta guardando fuori dalla finestra aperta, aspettando che lui arrivi. Un odore di muffa proviene dall'umida foresta circostante. Suo nonno ha difficoltà ad uscire dalla macchina. Sa di non dover andare ad aiutarlo. Cerca di distogliere lo sguardo.

La stanza è priva di mobili, ad eccezione di due sedie di legno più vecchie di Vladimir. È stato convocato qui, gli è stato chiesto di essere puntuale e di assicurarsi di venire da solo. È arrivato presto in questa fresca mattina autunnale, sapendo che suo nonno non sopporta i ritardatari.

Quel nonno malandato che ora zoppica per entrare nella stanza. Col bastone da passeggio che vacilla davanti a lui, avanza ogni passo con cura. Convinto ed orgoglioso, Vladimir non accetta mai di essere aiutato, non importa quanto soffra. Vuole che la sua dignità rimanga intatta. In effetti, è proprio quello che richiede. La famiglia di Dubrovnik è nota per la sua forza, indipendentemente da ciò che la vita gli presenta. Alexey osserva mentre vacilla cercando di mettersi comodo. Sta soffrendo ma non si lamenta. La sua postura abbassata è sufficiente ad Alexey per capire.

Vladimir apre la bocca per parlare ma un colpo di tosse gli brucia in petto. L'odore acre del respiro da fumatore giunge al naso di Alexey. Suo nonno non ha ancora smesso di fumare. Ricorda le varie storie che Vladimir raccontava sulla sua giovinezza sprecata a rubare sigarette. Aveva dieci anni quando iniziò, era il più giovane di quattro fratelli. Solo lui ed un fratello sono ancora in vita. Le tossine, la nicotina e il catrame hanno messo a dura prova la sua salute. I dottori l'hanno avvertito che se non smette di fumare, potrebbe rimanerci. Ovviamente non ha dato ascolto al loro suggerimento. I privilegi per i cittadini russi possono essere pochi ma l'acquisto di sigarette non è mai stato un problema per Vladimir. Ha sempre avuto contatti.

"È bello vederti dopo tutto questo tempo, nipote mio" sussura Vladimir con voce roca da orso. Alexey è ancora in piedi vicino alla finestra. "Sì nonno. Scusami per non esserti venuto a trovare prima..." Alexey si ferma, sapendo di star parlando fuori luogo. Basta uno sguardo alla faccia di Vladimir. Vladimir sprigiona autorità. Nessuno, nemmeno un membro della famiglia, è autorizzato a violare il protocollo.

"Il motivo per cui ti ho convocato nel mio bunker lontano da tutti è per poterti raccontare una storia, qualcosa che nessun altro deve sapere," avverte Vladimir.

Alexey conosce un po' della carriera a scacchi di suo nonno come agente. Secondo alcune voci pare che abbia fatto da spia per l'Occidente durante la seconda guerra mondiale. Tuttavia, si tratta di affermazioni prive di fondamento ed il governo sovietico ha conferito a Vladimir onore al merito. Sente che la salute malconcia di suo nonno è la ragione per cui è stato convocato, ma perché qui e con tanta segretezza?

Prende l'altra sedia, la gira all'indietro e la avvicina a Vladimir. Seduto di fronte a suo nonno, è pronto ad ascoltare. Il respiro carico di fumo lo colpisce di nuovo mentre nota i denti macchiati di nicotina. Guarda il nonno direttamente negli occhi.

"Questa è una storia della mia giovinezza. Cerca di ascoltare e non interrompere, puoi farmi domande alla fine. All'inizio della guerra sono stato inviato in diverse città d'Europa ed ho preso parte a molte missioni. Non puoi immaginare le cose che io ed i miei commilitoni abbiamo dovuto patire. Eravamo dei disillusi, le barbarie della guerra hanno gravato su tutti noi. Prima dell'assedio di Leningrado, il mio ufficio è stato avvisato di un'operazione di rimozione di una collezione di preziose opere d'arte e gioielli dal Museo dell'Ermitage. Insieme a quattro miei commilitoni abbiamo preso parte a questa operazione. Con la massima segretezza siamo riusciti a trasportare queste opere a Sverdlovsk. Prima di riuscire a trasportarne di più, i tedeschi hanno iniziato a bombardare il museo. È stato orrendo. Come hanno osato distruggere oggetti di tale valore storico e culturale? Quindi, con il consenso dei direttori del museo, abbiamo escogitato un piano per proteggere le opere rimaste. Fu deciso di non portarle a Sverdlovsk, ma in luoghi di nostra scelta, senza rivelare dove. Ognuno di noi doveva proteggerle, promettendo di restituirle alla fine della guerra. Era mia intenzione nascondere gli oggetti che avevo salvato qui in Oblast. Questa casa doveva essere il mio luogo sicuro. Sfortunatamente, uno dei miei colleghi entrò nel mio ufficio mentre li stavo sistemando. Insisteva nel sapere come mi fossi imbattuto in oggetti di tale valore. Voleva che li condividessi con lui o sarebbe andato dai nostri superiori. Questa era una missione top-secret; non potevo permettere a nessuno di scoprire cosa stavamo facendo. Ne seguì una rissa e lo lasciai privo di sensi sul pavimento. Probabilmente morì prima che lo trovassero, perché nessuno è mai venuto a cercarmi mentre scappavo venendo qui. Ma non sono riuscito ad arrivare qui, perché i tedeschi stavano già bombardando questa zona. Fu allora che mi ritrovai su un treno diretto a Mosca, dove mi arruolai nell'esercito. Nipote mio, quando Hitler ruppe il patto tra Germania e Unione Sovietica, non ebbi altra scelta che arruolarmi. Per quanto soffra adesso per aver visto così tanta sofferenza, al momento era la mia unica scelta. E alla fine sono finito a Napoli. Ed è stato qui che ho stretto amicizia con persone che, come me, volevano porre fine allo spargimento di sangue. Insieme abbiamo continuato a preservare la storia, la storia di tutti. Io, insieme ai miei quattro commilitoni e ad altre persone, ho messo in salvo dei manufatti modo che le generazioni future possano ancora godere della loro bellezza. Oltre a salvare questi tesori, abbiamo anche aiutato molti innocenti. Era una missione pericolosa. Con l'andare aventi della guerra, fu richiesta estrama cautela. Ho conosciuto una donna e siamo diventati amanti. Troppe persone avevano perso così tanto, e non avevamo idea di come le cose sarebbero andate. Chiedendo aiuto alla mia amante italiana, nascose alcuni tesori nel suo seminterrato. Promise che non lo avrebbe mai detto a nessuno."

Prende una grossa chiave di ferro dalla tasca del cappotto e la appoggia sul tavolo. Spiega quanto fosse stato fortunato ad aver incontrato qualcuno che possedeva un posto per nascondere le opere, visto che gli appartamenti nella periferia interna di Napoli sono piccoli e gli scantinati non sono comuni.

Alexey prende la chiave e la soppesa nella sua mano. È un ferro pesante, una chiave arrugginita vecchio stile che probabilmente ferirebbe qualcuno se fosse lanciato add

Tenendo la chiave, si piega in avanti verso suo nonno, sul punto di parlare. Prima di poter dire qualsiasi cosa, Vladimir alza la mano, invitandolo ad aspettare il proprio turno.

"Lasciami continuare," dice schiarendosi la gola. "Mi ha dato quella chiave, tenendone una per sé. Apre il seminterrato. Non essendo stato usato da nessuno tranne che da Amelia, era un posto sicuro sia per i manufatti che per nascondermi io stesso dopo essere entrato a far parte dell'esercito partigiano italiano. Sì, ero un disertore ed è stato qui che è cresciuto il nostro amore." Si ferma, riprendendo fiato.

La faccia di Alexey si contrae nel constatare questo fatto, anche se cerca di non mostrare alcuna emozione. Come è riuscio a tornato in Unione Sovietica? Come ha raggiunto la sua alta posizione all'interno dell'agenzia, pur avendo disertato?

"Puoi giudicarmi se lo desideri, ma non cambierà quello che è accaduto. Quindi, ti chiedo di trovare quei tesori e restituirli al nostro paese. Al luogo a cui appartengono. Tecnicamente, ho rubato quei tesori, quindi sarei stato punito se mi avessero trovato in loro possesso. Per quanto riguarda i miei commilitoni, ognuno di noi ha preso la strada per Napoli, ma non abbiamo mai rivelato dove avevamo nascosto le opere. È sempre stato il mio sogno tornare a Napoli per recuperarli. Quindi, ora ti sto chiedendo di trovarli e riportarli al luogo a cui appartengono. Ti chiedo anche di fare attenzione a non far sapere a nessuno di questi tesori finché non sarai pronto a restituirli." L'angoscia inonda il suo viso mentre parla. Vladimir è un uomo orgoglioso che non prenderebbe mai in considerazione l'idea di fare qualcosa contro la sua amata nazione. Alexey è sicuro che Vladimir non ha considerato salvare questi manufatti come un furto. Ciò nonostante, li ha portati fuori dal paese. Agli occhi delle autorità, questo è rubare. Di tutte le storie di guerra che Vladimir ha raccontato, questo sembra averlo toccato profondamente.

Vladimir tossisce, questa volta coprendosi la bocca con un fazzoletto. Fa respiri più profondi e deboli. Punta il dito verso di lui facendogli capire che ora può fare domande.

Dandogli il tempo di riprendersi dall'attacco di tosse, Alexey chiede rispettosamente: "Qualcuno è mai venuto a conoscenza di questa faccenda?"

"No, tua nonna sarebbe stata devastata. Sono stato lontano da lei per così tanto tempo... ero giovane e bisognoso di aiuto." Vladimir abbassa lo sguardo.

Suo nonno imbarazzato? Questo segreto ha sicuramente colpito Vladimir. Muovendosi sulla sedia, Alexey si sente a disagio per lui. Vladimir mostra una vulnerabilità a cui non ha mai assistito. "I direttori del museo hanno approvato il tuo piano, di sicuro avresti potuto contattarli prima di venire qui. Non ti avrebbero aiutato?"

"Lavorare per l'NKVD, il Commissariato Popolare per gli Affari Interni, mi ha concesso alcuni privilegi. Durante questo periodo, tuttavia, i direttori avevano le mani occupate a proteggere ciò che potevano, non avevano tempo per aiutarmi."

"L'NKVD? L'agenzia ora conosciuta come il KGB?"

Vladimir annuisce semplicemente.

"Nonno, mi rendo conto che sei stanco. Ma ho altre due domande. Cosa ti ha spinto ad arruolarti nell'esercito partigiano Italiano e cosa è successo ai tuoi commilitoni?"

La tosse di Vladimir quasi sovrasta la voce di Alexey. Quando risponde, la sua voce è carica di pura emozione. Perle di sudore compaiono sopra il labbro di Alexey. Inizia ad agitarsi sulla sedia poiché la vulnerabilità di suo nonno lo mette di nuovo a disagio.

"Sei giovane, non puoi conoscere la barbarie della guerra. E spero che non lo farai mai. Quando raggiunsi Napoli, ne avevo avuto abbastanza. Lo spargimento di sangue, le morti di tutti quegli innocenti e la distruzione della storia umana. Tutto quello che volevo era la pace. Sfortunatamente, molti membri dell'esercito partigiano furono catturati dai tedeschi, diretti a Nord a Milano. La loro casa fu saccheggiata ed io non li vidi più. Sarei stato uno di loro se non fosse stato per un incidente a Napoli che ha significato battermi per la mia vita. Sono tornato in patria senza che nessuno sapesse che avevo disertato. Non era rimasto nessuno a denunciare quello che avevo fatto."

Alexey rimane in silenzio per qualche istante. Si avvicina alla finestra, la apre e respira l'aria fresca che viene da fuori. Suo nonno si sta incolpando per le morti dei suoi commilitoni ed il senso di la colpa lo sta ancora tormentando. "Avro' un lavoro come motivo per essere in Italia?"

Vladimir annuisce: "Il mese prossimo ci sarà una cerimonia di premiazione in cui la nipote di Amelia è stata nominate," dice ad Alexey di entrare in macchina e prendere una cartella dal sedile anteriore del passeggero. Alexey entra in casa con in mano la cartella. Lo passa a suo nonno. "Tutti i dettagli di cui avrai bisogno sono qui. Leggili attentamente e poi distruggili. Ti spaccerai per fotoreporter per una rivista che scrive di premiazioni.

"Questo non è possibile. Le autorità non mi permetteranno di partire senza autorizzazione dalla mia agenzia."

"Ho già pensato a tutto. Ho dei contatti che faranno circolare una copia della rivista negli uffici della NKVD. Sembrerà un incarico legittimo per l'interesse dei membri e dei loro partner."

Decide di non correggere suo nonno, non importa come si chiama l'agenzia. Sono pur sempre servizi segreti. L'ammirazione di Alexey per suo nonno cresce, anche essendo in cattiva salute aveva pensato a tutto. Sa che la vita di suo nonno è stata piuttosto poco ortodossa, ma far parte dei servizi segreti e rubare tesori storici andava ben oltre la sua immaginazione. E pensare che l'agenzia che suo nonno aveva menzionato in tutti questi anni era il KGB.

"Non ho notizie di Amelia da quando è finita la guerra, ma sua nipote è una giornalista e lavora per un programma televisivo di attualità. Fai amicizia con lei e ti aiuterà a restituire questi tesori," conclude.

"Nonno, come puoi essere sicuro che mi aiuterà?"

"Tutto quello che devi fare è convincerla a mostrarti il seminterrato. Hai la chiave. Ho un vago ricordo di dove sia ma non conosco l'indirizzo." Vladimir sospira mentre si alza dalla sedia, "Ti lascerò dettagli più precisi. Devo lasciarti ora perché devo prendere le mie pillole ed andare a riposare. Ti prego di leggere tutto e memorizzare le foto. Vai via prima che faccia buio, distruggi tutto ciò che è contenuto nella cartella. Voglio che i ricordi della mia giovinezza rimangano con me e confido che rispetterai la mia privacy. Per favore, tieni segreti questi fatti che ti ho menzionato. Pensa solo a riportare i tesori al luogo a cui appartengono."

Alexey segue Vladimir sulla veranda. Appoggia la mano sul gomito di Vladimir per aiutarlo a scendere le scale. Vladimir si ferma, respirando l'umidità che li avvolge. Si gira verso Alexey dicendogli che sarebbe meglio non farsi vedere insieme nel bosco. Abbassando la mano, Alexey torna sul portico rispettando la volontà del nonno. Lo guarda mentre arranca verso la macchina. Le sue ginocchia si piegano, il bastone da passeggio vacilla ancora una volta sul ciottolato. Mentre è sulla veranda, i suoi occhi si riempiono di lacrime. Ricorda i suoi numerosi viaggi fin qui con un uomo più giovane e avventuroso. Indugiando lì a lungo dopo che il rombo della macchina si attenua in lontananza, respira a fondo l'odore dei pini freschi e dell'abete rosso. Pensa a questo luogo. Vladimir l'aveva costruito quando Alexey era un bambino. Ci sono molti ricordi qui, hanno condiviso grandi momenti insieme qui nei boschi. Vladimir ha insegnato ad Alexey tecniche di sopravvivenza; come cacciare, come piantare e cucinare i propri pasti. Questo luogo ha un posto speciale nel cuore di Alexey.

Si gira per tornare dentro. La cartella è ancora sulla sedia dove stava seduto Vladimir. Alexey si siede leggendone il contenuto. Se ciò che gli ha appena raccontato suo nonno è vero, e non sembra esserci motivo per dubitarne, allora è una storia vera ed incredibile di eroi di guerra. Ed anche la storia di un perduto e proibito amore. Gli occhi di Vladimir si illuminavano ogni volta che menzionava Amelia. Una volta che questi manufatti verrano ritrovati e restituiti

all'Unione Sovietica, Alexey è sicuro che il popolo russo vedrà l'accaduto come una storia di eroismo. Il pericolo corso da Vladimir per proteggere le preziose reliquie ne è prova sufficiente, spera. E sarà il popolo Russo a beneficiarne.

Guardando la foto della giornalista televisiva riconosce la donna. Il suo viso si illumina di ottimismo. Questa è una donna che vuole conoscere. Tutto quello che deve fare è convincerla ad aiutarlo a trovare i manufatti nel seminterrato menzionato da Vladimir. È una giornalista e per natura curiosa e constantemente alla ricerca di una bella storia. Questa è una storia vera ricca di significato storico, ma deve ricordarsi di mantenere la riservatezza per rispetto della volontà di Vladimir. Questo non sarà facile. Qualunque cosa accada, non deve menzionare il nome di suo nonno. Non finché Alexey sarà sicuro che il governo sovietico riconoscerà il ritorno dei manufatti come un atto di eroismo. Contatterà i propri compagni a Mosca per assicurarsi che il buon nome di suo nonno non venga infangato. Né quelli delle persone che lo hanno aiutato a proteggere i tesori.

Guardando fuori dalla finestra per vedere gli ultimi raggi di sole pomeridiano filtrare attraverso l'abete rosso, medita sulla sua prossima mossa. Toccando la tasca sinistra del cappotto, controlla che il biglietto aereo sia al suo posto. Alexey dà fuoco ai resti della cartella nel camino. Lascia la casa con dettagli e volti impressi nella sua mente.

Capitolo Tre

Le porte dell'emittente televisiva indipendente 7Oro si aprono automaticamente davanti a lei. Guardando nello specchietto retrovisore, I suoi occhi stanchi la fissano. Sta ancora pensando a Simona. Dopo aver a lungo discusso del problema con Gee la settimana passata, hanno deciso di scoprire cosa la turba e perché è così riservata.

"Buongiorno Larissa, sei radiosa ed in anticipo," la salute la vigile guardia di sicurezza con un sorriso.

"Buongiorno," risponde lei soffocando uno sbadiglio, 'ho un sacco di lavoro da fare. E con il tuo caloroso buongiorno, sono sicura che riuscirò a superare anche questa giornata."

"Felice di essere di aiuto" ride, "passa una buona giornata Larissa."

Annuendo in segno di ringraziamento, sa di essere una delle poche persone ad apprezzare I ragazzi di guardia. Le guardie di sicurezza fanno un ottimo lavoro nel proteggere tutti coloro che lavorano nello studio. Sono indispensabili e questa mattina è felice di aver iniziato col piede giusto.

Entrando nel suo piccolo ufficio, aggrotta le sopracciglia nel realizzare quanto è disordinata la sua scrivania. "Oh, quanto sarebbe bello avere un po' di spazio per l'archiviazione!" Nella fretta di andare a Napoli con la crew, non c'era stato tempo di ordinare le storie accumulate sulla sua scrivania. Sfogliando alcuni dei messaggi del giorno precedente, si accorge che Gee aveva chiamato. Inserisce il messaggio nel suo diario come promemoria per chiamarla più tardi.

Le sceneggiature delle riprese di Napoli sono la sua priorità al momento. Sono necessarie per la riunione di produzione del pomeriggio.

Sono tutti seduti. Giornalisti, ricercatori, personale di produzione e amministrazione. Come stazione televisiva indipendente, l'obiettivo principale è quello delle notizie e di attualità. Al consiglio di amministrazione della stazione piace coltivare giovani talenti. Larissa si siede con I suoi colleghi mentre ascoltano il loro produttore, James. Compreso lui, l'età media in sala riunioni è sui trenta. Sono una squadra giovane per gli standard della rete nazionale, ma la qualità del loro lavoro non è da meno. 7Oro sta cominciando a farsi notare da alcune emittenti nazionali. Gli spettatori si stanno sintonizzando e la Guerra agli ascolti ha ora un altro temibile contendente.

James sta discutendo il programma per la prossima settimana. È a lui che è dovuto gran parte del successo. Il loro programma, *Roma Tonight*, è in prima linea nel giornalismo investigativo. Tutti in questa stanza hanno partecipato al successo e sono orgogliosi di averne preso parte. James le ha dato una grande opportunità quando l'ha Assunta come inviata speciale. A dirla tutta, all'inizio era leggermente scettica. Lo stesso valeva per la maggior parte dei media nazionali. Hanno accettato l'idea. Ma a quanto pare, gli spettatori stanno rispondendo positivamente e si sintonizzano ogni notte.

"Larissa, hai le sceneggiature delle riprese di Napoli?" chiede James.

Gliele consegna e lui prosegue a rivolgersi agli editori. Le viene in mente sua nonna. L'aveva visitata ancora una volta mentre era a Napoli ed il suo comportamento era ancora distaccato. Quando chiamerà Gee più tardi, sicuramente parleranno di nuovo dell'atteggiamento insolito di Simona nei loro confronti. Sembra essere l'unico argomento di cui parlano adesso.

"Ok, grazie a tutti per il vostro tempo. Passo ora la parola a Larissa."

"Grazie James," risponde mentre metà delle persone lasciano la stanza. L'incontro è finito per loro. Ora ha l'attenzione dei suoi due ricercatori, del team di montaggio e del suo assistente di produzione. Mentre riassume le storie per la diretta di questa sera, è felice di dimenticare i suoi problemi familiari, almeno fino a quando parlerà con Gee più tardi. Per ora, ha deciso di concentrarsi sul suo lavoro.

Capitolo Quattro

Tornata in ufficio, inizia a sistemare i suoi appunti quando Brigite la coglie di sorpresa scagliandosi nel suo ufficio.

"Congratulazioni!" strilla.

Larissa sorride stupita dal suo entusiasmo. L'esuberante personalità di Brigite è contagiosa.

"Umm, ok grazie ma per cosa?"

"Non hai visto il tuo invito agli Awards? Sei stata nominata per "'Migliore notizia / Personaggio di cronaca 1980'," annuncia.

"Che cosa? Stai scherzando?" Inizia a frugare nel cestino alla ricerca dell'invito. Le sue mani non sembrano muoversi abbastanza velocemente. Com'è possibile? È stata assunta solo poco tempo fa. Trovato l'invito, legge ...

PREMI GIORNALISTA TAI 1980
  "TELIVISO AUDIOVISIONE ITALIANA"
  invita cordialmente
  Sig.ra Larissa Mina e partner
  ad un evento di premiazione
  Venerdì 9 Settembre alle 20:00.

Luogo: HOTEL HILTON, ROMA
RSVP: Mary Fraginare, 01-2334 8961

C'è un altro foglio che annuncia la sua nomination. È una delle quattro giornaliste televisive nominate. "Oddio, wow! Brigite, come facevi a saperlo prima di me?"

"Me l'ha detto uno dei receptionist che apre la posta. Scusa, pensavo che già lo sapessi. Io ed il mio parlare di continuo... ma quanto è emozionante per te?"

"Sì, lo è di certo. Grazie per i complimenti. Ma mi sembra un po' eccessivo, guarda con chi me la devo battere. Sono tutte molto più esperte di me."

"Ah, sono sicura che le farai a pezzi!" dice Brigite con un cenno della mano mentre lascia l'ufficio.

Larissa sorride mentre osserva Brigite uscire, con i suoi riccioli biondi ed il profumo che sa di muschio. Sarà pure piccola di statura, ma compensa con la sua forte personalità. Brigite ha iniziato con una posizione junior nel reparto vendite. Ha lavorato con il team di Roma Tonight come assistente di produzione fin da quando Larissa è diventata giornalista. Due giovani donne in un mare di uomini. Insieme mantengono in ordine il team e Brigite è esperta nel rispettare le scadenze.

Guardando l'invito, Larissa continua a riflettere su questo onore che le è stato conferito. L'adrenalina l'avvolge, che emozione è essere stata nominata per un premio del settore. La sua mente inizia a divagare nel prendere atto di ciò che sta leggendo. Che colpo! Altri giornalisti, che sono suoi colleghi, nominano colleghi per tali premi.

"So già cosa stai pensando," dice James entrando nel suo ufficio, "non ti meriti la nomination."

"Mi conosci troppo bene, James. Brigite è piombata nel mio ufficio urlando le sue congratulazioni solo pochi minuti fa."

"Lo so. L'ha sentita l'intero edificio," ride James. "Volevo essere il primo a congratularmi con te ma... non importa. Sappiamo tutti che quando Brigite è in giro, non c'è segreto che possa essere mantenuto tale."

"Non è colpa sua, gliel'ha detto il receptionist. Nessuno in questo posto sa mantenere segreti," sorride.

James la bacia su entrambe le guance. "Congratulazioni. Te lo meriti. L'incremento di ascolti dimostra la qualità del tuo lavoro."

Larissa è toccata dalle sue parole: "Grazie James, ma lo meriti anche tu. È un lavoro di squadra. Uno show come questo non si fa da solo. Non è merito solo del giornalista."

Riconosce che mettere insieme uno show di attualità che va in onda cinque sere a settimana è un lavoro di squadra, ma senza una giornalista in cui il pubblico si identifichi non c'è nessuno show. Lei è il volto dello show.

"Ad ogni modo, ti lascio il tempo di cui hai bisogno per realizzare tutto questo a pieno."

Mentre se ne va, Larissa pensa al suo talentuoso produttore. James Smythe è un collega ed uno dei suoi migliori amici. È stato assunto cinque anni fa, prima lavorava in una stazione locale in Inghilterra. Nato da padre Inglese, ex atleta olimpico, canottiere per la precisione, e madre Italiana, ex-modella originaria del Sud. Ha ereditato il corpo atletico di suo padre ed i tratti Europei di sua madre. Le donne a cui lo ha presentato commentano sempre le sue spalle larghe, gli zigomi alti e le ciglia lunghe. "Questo bel viso è sprecato dietro le telecamere," dicono. "Con quelle ciglia lunghe e quei bei ricci!"

Aveva 28 anni quando prese parte all show e divenne rapidamente uno dei più rispettati produttori in tema di attualità in Italia. Sotto la sua direzione, il programma ha vinto numerosi premi, alti esponenti politici e celebrità hanno tentato di farsi intervistare ed in generale il Consiglio di Amministrazione di 7Oro è soddisfatto del suo successo. L'intuizione di James su ciò che tiene le persone sintonizzate ha permesso al programma di rimanere in testa. Ha convinto il Consiglio di Amministrazione che non tutti amano stare incollati a vedere programmi che intorpidiscono la mente, ma è pieno di persone che vogliono sapere ciò che succede nel mondo.

Con le sceneggiature pronte per l'ennesimo incontro di produzione, si stiracchia su quella sedia su cui ha passato fin troppo tempo, ma ancora troppo comoda per essere abbandonata, concedendosi un po' di tempo per meditare sulla nomination. Lentamente, iniziando ad accettare il fatto di essere nominata, pensa a quanto è arrivata lontano in questi ultimi anni. Da stagista per un giornale locale mentre era ancora all'università, ha affinato le competenze necessarie per diventare una giornalista a tutto tondo. Nessuna storia era troppo piccola per essere presa in considerazione, perché sapeva che presto sarebbero arrivate quelle grandi. La strada per trattare storie più grandi non è stata facile, ma ce l'ha fatta, ed ora è qui a contemplare un invito ad una premiazione con il suo nome sopra. Si sente motivata e si concede un momento per crogiolarsi in questa piccola gloria. Essere nominata è già una vittoria.

Capitolo Cinque

Larissa si controlla il trucco un'ultima volta. Aggiunge più fard sotto gli zigomi e a ridosso delle tempie. Allunga la linea degli occhi con un po' di eyeliner liquido. Inizia ad agitarsi e la mano le sfugge impistricciando la guancia con l'eyeliner. Si mette ad imprecare mentre afferra un cotton fioc per rimuovere la macchia prima che si asciughi. Tampona la zona con altro fondotinta per coprire la sbafatura. "Va bene, se sei sul palco, immagina di fissare l'obiettivo della telecamera," dice ad alta voce con un sospiro. Fa un paio di respiri profondi ed esce dal bagno.

James arriverà qui con la limousine tra mezz'ora. C'è ancora tempo per calmarsi e assicurarsi che sia tutto sotto controllo. La sua sarta le ha disegnato un abito da sera lungo in taffetà viola e velluto con un elegante collo a sciallo. L'elegante tessuto le avvolge graziosamente il corpo. Il lussuoso corpetto le sostiene armoniosamente il seno. Quando cammina, si può scorgere la gamba destra attraverso lo spacco della gonna. Spruzzandosi il suo profumo preferito sui polsi, si sente meravigliosamente femminile per la prima volta dopo tanto tempo. Stasera è una donna con uno obiettivo. Un obiettivo che riguarda essere una donna moderna e professionale.

Camminando nella sua camera da letto, prende l'antica collana d'oro di sua nonna. Simona gliel'ha data per indossarla stasera. Mettendolo al collo, si controlla allo specchio. Piegandosi in avanti, si assicura che la collana non cada. Ha fissato bene la chiusura. È un oggetto estremamente importante, in quanto cimelio di famiglia tramandato di madre in figlia sin dall'inizio del XIX secolo. È l'unico gioiello che indosserà stasera. Il ricco tessuto del vestito è già abbastanza vistoso.

I suoi lunghi ricci castani sono raggruppati in una crocchia bassa, con alcuni riccioli che scendono sul collo. Decide di ricontrollare il trucco. Solo un'ultima volta. Mentre i suoi occhi ambrati la osservano nello specchio, il campanello suona. James è qui. "Solo un minuto." Raccogliendo le scarpe e la borsetta da sera dalla camera da letto, cammina a piedi nudi verso la porta di casa. Apre la porta, non è James.

"Signorina Larissa Mina?" Le chiede un fattorino in piedi davanti a lei.

"Umm, chi lo vuole sapere?" Lei cerca di scorgere se dietro l'uomo ci sia James. Come diavolo ha fatto quest'uomo ad entrare nell'edificio senza essere bloccato! Dovrà parlare con il loro portiere.

"Questi sono per la signorina Mina", dice porgendole un mazzo di rose a stelo lungo avvolte in cellophane rosso con un nastro di raso rosso.

"Ok, umm grazie," dice Larissa esitante prendendo il bellissimo bouquet, "da parte di chi sono?"

"Non lo so, io consegno e basta," dice voltandosi verso l'ascensore.

"Ma..." lo chiama. Il fattorino non si cura di rispondere.

Il profumo delle rose inonda l'appartamento mentre le porta in cucina e inizia a disporle in un vaso. Non c'era nessun biglietto, quindi non ha idea di chi le possa aver inviate.

Mentre pone il vaso sulla credenza, il campanello suona di nuovo. Tiene premuto il pulsante del citofono e sente la voce di James.

"Sono qua sotto, sei pronta?"

"Sì, arrivo." Si infila le scarpe, afferra la borsetta e fa un lungo respiro, è pronta.

. . .

Capitolo Cinque

Uscendo dal cancello principale, James le fischia dall'interno della macchina.

"Grazie. Anche il tuo smoking ti dona."

Il loro autista aspetta che si sieda prima di chiudere la porta. Mentre la limousine si avvia verso la strada trafficata, ringrazia James per le rose.

"Quali rose?"

"Dai, James non scherzare stasera, sono già abbastanza nervosa. Ho appena ricevuto dodici splendide rose a stelo lungo. Le hai mandate tu, vero?

James la guarda con un'espressione interrogativa.

"Oh, per favore, se non l'hai fatto tu, chi è stato allora?"

Lui scrolla le spalle. "Non c'era un biglietto insieme alle rose?"

"No niente. Ecco perché ho pensato che le avessi fatte recapitare te."

"Veramente? Perché avrei spedito fiori di buon auspicio quando Brigite ha già preparato tutto ciò in studio," dice James, "ma immagino sia strano. Forse è solo un altro ammiratore segreto. Hai molti fan ricordi?"

"Fantastico! Come se non fossi abbastanza nervosa stasera. E per favore non scherzare sugli ammiratori James. Sai che l'ultimo pazzo idiota mi ha spaventata a morte." Le iniziano a tremare le mani. Ha bisogno di un drink.

"Larissa è successo un anno fa e sai che lo stalker è ben lontano dove non può disturbarti. Ma mi dispiace aver rievocato questo, non ci ho pensato," James si scusa. "Andiamo a bere un po' di champagne."

Larissa accetta il bicchiere di Moet e manda giù un lungo sorso. Le bolle le solleticano la gola nel finire il resto del bicchiere. Restituendo il calice a James, chiede il bis.

James la guarda severamente "No."

La preoccupazione è impressa sul volto del suo amico. Sa che si preoccupa per il suo alzare il gomito, lo ha già commentato un paio di volte quando ha avuto qualche bicchiere di troppo. Uno dovrà bastare per ora.

Rimane in silenzio per il resto del tragitto verso l'hotel. Guardando fuori dal finestrino, ricorda il momento orribile in cui è stata pedinata ...

È iniziato tutto abbastanza ingenuamente. Ha ricevuto una lettera da un fan. Non c'era nulla di insolito in questo, tranne che continuavano ad arrivare e man mano diventavano più misteriose ed ossessive delle precedenti.

"Fuori dalla mia finestra un frammento di luna illumina il lato oscurato, rivelando così leggermente la luna stessa. Questo frammento di luce mi illumina la strada verso te, così che io possa trovarti sempre. Non c'è più posto dove nascondersi. So sempre dove sei."

Rabbrividisce al pensiero che lui venga fatto uscire. Il suo umore cambia alla vista dell'hotel. Ora non è il momento di pensare agli stalker ed al lato oscuro dell'essere agli occhi del pubblico. Sono arrivati e questa sera è una notte di festeggiamenti.

James le offre il braccio mentre esce dall'auto. Lei avvolge il braccio nel suo, mentre lui la guarda, sorridendo. È una testa più alta di lei, anche se lei indossa i tacchi "Dai, facciamoci avanti."

Mentre entrano nella sala delle premiazioni, un'ondana di luccicanti lampadari cromati pendono a cascata dal soffitto. Vede colleghi che la salutano da lontano. Uomini in eleganti smoking e donne in abiti da sera impreziositi da gioielli che luccicano come i lampadari. La grande sala di mogano è colma dei migliori e più brillanti giornalisti d'Europa. Alla loro sinistra, eleganti camerieri offrono tartine ed alcolici. Larissa afferra due bicchieri di champagne, offrendone uno a James. Mentre avanzano all'interno della stanza, si mescolano con gli altri candidati ed ospiti.

I tavoli bianchi impreziositi con rifiniture in oro stanno iniziando a riempirsi di gente. James informa Larissa che sono seduti al tavolo numero tre, proprio davanti al palco.

Capitolo Cinque

"Sto andando al nostro tavolo, vedo Brigite e gli altri seduti. Vieni Larissa?"

Prendendo un altro bicchiere di champagne, porge i suoi saluti ad un collega che le augura buona fortuna. Dice: "Arrivo James, sono proprio dietro di te."

"Ecco la nostra star", annuncia uno dei suoi cameraman alzando il bicchiere dopo che lei e James si sono seduti.

"Grazie, è tutto molto commovente." Sente il viso andarle a fuoco ed arrossarsi per l'imbarazzo. Il cuore le inizia a battere più forte. Questo sta effettivamente accadendo. Colleghi da altri programmi, giornali e riviste passano accanto al tavolo augurandole buona fortuna. Larissa è abituata all'attenzione, ma è travolgente. Butta giù un altro sorso di champagne.

Un uomo alto e biondo che non riconosce si dirige verso di lei. La sua possanza le riempie gli occhi. La sua presenza sovrasta i suoi sensi.

"Buonasera, mi chiamo Alexey, sono il fotografo ufficiale della serata," fa un saluto generale al tavolo, "le dispiace se faccio qualche foto?"

"No, prego, faccia pure," risponde con enfasi Larissa, lo champagne inizia a fare effetto. Ha un forte accento straniero ed una voce profonda ed armoniosa. Quanto è attraente quest'uomo? Scoprirà di più sul suo conto più tardi.

Lo osserva mentre scatta, il flash la acceca per qualche istante. Conosce la maggior parte dei fotoreporter che lavorano sul mercato europeo, ma questa è la prima volta che incontra Alexey. È vestito con uno smoking nero attillato. Le sue braccia muscolose tirano la stoffa mentre indica la sua macchina fotografica. Lui sembra sicuro di sè e lei sorride mentre nota le sue scarpe da ginnastica bianche. Gli piace andare contro tendenza, un altro punto a suo favore. Le piace questo tocco di moda molto casual durante la soffocante cerimonia di premiazione. Fantasticare su questo splendido uomo dagli occhi blu è una buona distrazione. Il cuore inizia a batterle all'impazzata. È la prima volta da mesi che le viene in mente di stare con un uomo.

La cerimonia non è diversa dalle altre a cui ha partecipato. L'unica differenza questa volta è la sua nomination. Troppo nervosa per mangiare, continua a mandar giù sempre più champagne. Non sta più nella pelle nell'aspettare il prossimo annuncio. Deglutisce ciò che resta del suo drink.

"Onorevoli colleghi, il nostro prossimo premio è per 'Miglior Personaggio di cronaca 1980'," continua con l'annuncio, "I candidati sono: Joseph Pennuci, Gianfranco Ferris, Larissa Mina e Paulo Menozzoti. Ed il vincitore è ... Larissa non sente il nome, o no? Tutto questo è surreale. Tutto quello che riesce a sentire è un fragoroso applauso e le macchine fotografiche che scattano a sinistra, a destra ed al centro. James e gli altri si congratulano e la baciano. James sposta la sedia e la guida sul palco. Le lacrime le scorrono sul viso incontrollate. Un minuto dopo è sul palco. Subito il premio d'oro è fra le sue mani tremanti. Lo lascia quasi cadere. Ora, il microfono è di fronte a lei. Schiarendosi la gola e asciugandosi gli occhi, "Devo sembrare un disastro," balbetta guardando i suoi amici. Brigite sorride boccheggiando, "Sei stupenda."

Guardando verso il pubblico, si ricompone ed inizia: "Grazie mille. Questo è un grande onore. Grazie a tutti coloro che hanno votato. Oh mio..." Osservando il premio, fa una pausa per non parlare troppo di fretta. "Questo premio non è solo per me, è per un gruppo incredibile di persone di talento. Dal mio produttore, James Smythe, fino a tutti i membri dello staff. Venite, questo è per tutti noi." Aspettando che siano tutti con lei sul palco, consegna il premio a James. Quindi nomina ciascuno dei suoi membri ringraziandoli per far parte della squadra di Roma Tonight. "Grazie ai miei genitori per avermi spinto a rimanere all'università quando tutto quello che volevo fare era smettere di studiare e pensare solo a divertirmi." Si interrompe di nuovo per le risate del pubblico ed alcuni "whoop whoop". "Grazie a tutti quelli che hanno votato per me. Soprattutto grazie alle persone che guardano il nostro spettacolo, siamo molto orgogliosi di entrare nelle vostre case cinque sere a settimana."

Seguono altri applausi mentre si dirigono nel backstage. James le sta consegnando il suo premio quando intravede il giovane fotoreporter che le punta la macchina fotografica. Il suo corpo si scalda all'idea di conoscerlo maggiormente nell'after party.

"Congratulazioni, sapevamo che avresti vinto," le arrivano altri saluti mentre scende dal palco.

"Grazie, e intendevo quello che ho detto, questo è per tutti noi."

"Te lo meriti ragazza," dice James dandole uno dei suoi enormi abbracci da orso. Sono tutti di nuovo seduti quando James inizia il suo discorso su come duro lavoro e professionalità alla fine ripagano. Larissa lo ascolta solo a metà. È troppo interessata a guardare Alexey. Non presta attenzione finché non menziona il suo nome.

"Larissa aveva ragione," dice loro, "questo premio riflette tutto il nostro duro lavoro." Quindi perder di nuovo la concentrazione mentre James si dilunga nello spiegare come arrivare in cima è una cosa, ma rimanerci richiede duro lavoro.

Conclude il suo piccolo discorso dicendo: "...Ed ora andiamo a festeggiare."

Con la chiusura della cerimonia, candidati e vincitori si mescolano congratulandosi (o commiserandosi) a vicenda con l'iniziare dell' after party. I più festaioli si spostano in una parte più piccola della sala da ballo. In questa stanza più intima, l'imponenza del mogano è ancora predominante, specialmente nell'area del bar. Ci sono tavoli, sedie, comodi salotti e gli sgabelli laccati rivestiti in pelle bordeaux già iniziano ad andare a ruba.

Le persone si ammucchiano in attesa dei drink. Larissa tiene il suo premio, sorridendo e accettando altre congratulazioni. Il DJ mette musica da discoteca non appena la sfera specchiata inizia a girare riflettendo luci colorate tutt'intorno al pista da ballo, che si riempie molto velocemente.

"Pensa che la migliore personalità della cronaca del 1980 abbia voglia di ballare?"

Larissa alza lo sguardo per vedere Alexey. Con il viso raggiante, chiede: "James, per favore, me lo potresti tenere?"

Consegna il premio mentre Alexey la conduce sulla pista da ballo. Nota lo sguardo sul viso di James. Riconosce quello sguardo; è preoccupato che venga ferita di nuovo. James è il suo protettore, il suo fratello maggiore quando si tratta di aver bisogno di una spalla su cui piangere. E ha fatto buon uso di quella sua spalla molte volte.

"E sa pure ballare oltre che fare foto," farfuglia Larissa mentre si avvia ondeggiando. È ubriaca ma non se ne cura. Stasera è la sua notte.

"Me la cavo," risponde Alexey, "e poi con un partner così bella non posso fare brutta figura."

"Grazie, il pensiero è ricambiato. Da quanto tempo sei in Italia?

"Sei settimane. Fino al termine delle cerimonie di premiazione per la TV ed il cinema. Sto facendo una cover story, 'Awards - Reflection of Talent or Egos'."

"Non vedo l'ora di leggere la storia e vedere le tue foto. Spero che lo scrittore non venga disturbato troppo dal mio ego." Fissandogli le labbra, vuole baciarlo proprio ora davanti a tutti. Troppo alcol? Sì. O forse è ora che si lasci andare e si diverta un po'? Oh, a chi importa? Deve smetterla di pensare troppo, come fa sempre. Decide di godersi la notte per quello che è, un after party con i suoi colleghi e questo bellissimo uomo che le sta dando il giusto tipo di attenzione.

Alexey l'avvicina a sè quando la fine di una canzone lenta svuota la maggior parte della pista da ballo. Il profumo del suo dopobarba le risveglia i sensi. Conosce bene questo odore; il suo ex ragazzo usava esattamente lo stesso. Si rimprovera per aver pensato a lui e si perde in quegli occhi blu penetranti. Stasera, vuole conoscere Alexey. Si lascerà andare e si godrà questa inaspettata compagnia.

Mentre lasciano la pista da ballo, vede James che cammina verso il bar dove altri vincitori si stanno congratulando a vicenda per il successo.

"Pensavo che voi due non sareste mai scesi dalla pista. Ciao, sono James," si presenta ad Alexey porgendogli la mano.

"Piacere di conoscerti James, sono Alexey Dubrovsky." Stringe saldamente la mano di James e lo guarda dritto negli occhi.

James è molto protettivo nei suoi confronti e, a sua volta, nel loro programma. Larissa sa cosa sta pensando. Le restituisce il premio. Tutti e tre iniziano a parlare del più e del meno. Man mano che la conversazione continua, James calca sempre più la mano. Percepisce la tensione tra i due. Scusandosi con James, chiede ad Alexey se gli può aspettare al bar. Sa cosa ha in mente James e lo porta a fare due passi lontano da orecchie indiscrete.

Capitolo Cinque

"Perché non lo lasci perdere? Ho appena conosciuto Alexey e lo stai trattando come se mi avesse già ferito."

"Larissa, ho raccolto i pezzi dopo le tue ultime due relazioni, sono solo preoccupato che farai un'altra scelta sbagliata."

"James, apprezzo che ti interessi di me, dopo tutto sei il mio migliore amico. Sì, eri lì per me quando il mio ex ragazzo mi ha detto che era sposato, ma sono passati mesi da quando ho rotto con lui. Ora sto bene e ho bisogno di ricominciare ad uscire con qualcuno."

"Con qualcuno che non vive nemmeno in un paese libero?"

"Lascia che vada come deve andare James. È qui da poche settimane, fammi godermi un'avventura. Se mai ce ne sarà una."

"Sei tu quella che decide, Larissa," l'abbraccia dicendole che si preoccuperà sempre di lei e della sua reputazione e che può contare su di lui per un aiuto. In qualsiasi momento. Chiedendole se vuole che rimanga, gli dice di andare a casa. È d'accordo, anche se controvoglia, ma poi si dirige verso l'uscita mentre lei torna da Alexey e dagli altri al bar.

Alexey sta chiacchierando amichevolmente con i membri dello staff, affascinati di sentire com'è vivere nell'Unione Sovietica. Larissa afferra un altro drink insieme ad una manciata di noccioline e si unisce a loro ascoltando la conversazione. Mentre ascolta, riflette su James. Quando usciva con il suo ex fidanzato, James l'aveva avvertita che c'era qualcosa che non andava in lui. Sentiva di non potersi fidare. Era qualcosa nei suoi occhi misteriosi ed impertinenti che lo faceva sentire a disagio.

"Non ti guarda mai dritto negli occhi. Cosa nasconde?" Le aveva detto.

A quanto pare, stava nascondendo qualcosa eccome... il suo matrimonio. James aveva avuto ragione su di lui fin dall'inizio.

Alexey sarà una distrazione. Solo un po' di divertimento. Questa volta prenderà le cose alla leggera e penserà con la testa, invece che con lo stomaco. Gli si avvicina. Sta parlando di come il suo lavoro lo porti in posti che molti russi non potranno mai vedere. Qualcuno gli chiede del governo. Larissa rabbrividisce. Immagina che non possa essere libero di dire qualcosa su come è gestito il suo Paese, o no? O anche solo per viaggiare, se vuoi?

Quando finisce di parlare, le mette una mano sul braccio e le sussurra: "Tutto ok?"

Sente il suo respiro sul suo collo. La viene la pelle d'oca per l'eccitazione. "Si, tutto bene."

Brigite gli si avvicina. Arriva odore di alcol e sigarette da lei e dagli altri membri dello staff. "Continuiamo la festa da *Juliana*. Chi vuole venire in discoteca con noi?" La sua voce entusiasta è più alta di alcune ottave per via dall'alcol.

Larissa rifiuta e, per la sua gioia, anche Alexey. Brigite fa l'occhiolino a Larissa e le sussurra "Buona fortuna." Sorride mentre Brigite e il resto dell' escono salutandoli.

"Lunedì vi voglio vedere tutti pimpanti e mattinieri." Si allontanano dandole le spalle e mormorano all'unisono, "Sì, sì."

Sempre tutta elettrizzata, suggerisce ad Alexey di andare in un bar in zona, dove sa di poter sedersi e parlare, piuttosto che ballare.

"Per me va bene. Fammi solo sistemare la mia attrezzatura per essere spedita all'hotel dove alloggio. Torno subito."

Ci sono altri giornalisti intorno a lei. Alcuni si congratulano. Paulo, un altro candidato, le viene incontro per darle un bacio sulla guancia. Le dice di essersi meritata il premio. Ancora una volta, Larissa si sente in imbarazzo. Paulo è una bravo giornalista e ci tiene a farglielo sapere.

Guarda il premio appoggiato sul bancone. "Ti dispiace?" Annuisce e lui lo prende. "Oh, non è così pesante come sembra."

"Lo so, ho pensato la stessa cosa quando me l'hanno consegnato. Deve essere vuoto."

Paulo lo rimette sul bancone e continuano a chiacchierare. Altri colleghi si uniscono a loro. Sono in arrivo sempre più congratulazioni e baci. Larissa non smette di sorridere neanche per un minuto quella notte. Conosce la maggior parte delle persone in questa stanza da anni ormai, e sa che alcuni di loro sono più competitivi di altri. Quando vede Alexey tornare al bar, inizia a salutare e ringraziare tutti.

Prende il premio proprio mentre Alexey le mette il suo braccio intorno alle spalle. La stringe più a lungo del necessario. Larissa sente il calore delle sue mani. Tenendo il premio in una mano, con l'altra sfiora quella di Alexey. Avvolge le dita tra le sue e sorride.

"Dammi qui, fallo portare a me," le dice prendendo il premio mentre scendono le scale di Via Alberto Cadlolo. In giro c'è ancora gente dalla premiazione, Larissa saluta mentre iniziano ad avviarsi.

Larissa sta esplodendo di felicità, "Che notte. Mi sento come se stessi camminando sulle nuvole. È successo davvero?

Alexey le mette il premio davanti agli occhi, "Se non è successo, allora che cos' è questo?"

Arrivano al *Bar Necci*. Ci vuole un minuto perché i loro occhi si adattino alla luce fioca quando entrano. Ci sono tre persone sedute sugli sgabelli neri del bar. Stanno bevendo delle birre con chaser di whisky davanti a loro.

Un omone massiccio la riconosce: "Hey, guardo il tuo spettacolo. Ragazzi, la riconoscete?" Lo ignorano e si concentrano sulla loro conversazione. Larissa gli fa un rapido cenno del capo, ma è grata che i suoi amici non rispondano alla sua domanda. Avere fan può essere fantastico, ma non vuole dedicarsi a loro in questo momento. Oltre a questi tre, il locale è vuoto. Il che è perfetto per non essere disturbati.

Charlie, il barista, che conosce Larissa, le indica un tavolino di legno nell'angolo posteriore. Un cameriere si avvicina e dice loro cosa è rimasto nel menu. Avvisa che la cucina chiuderà presto. Alexey ordina per loro e poi rivolge la sua attenzione a Larissa. "Allora, come ti senti? Scusami se mi permetto ma mi sei sembrata un po' travolta dagli eventi sul palco."

"Questo perché lo ero. Essere sul palco è molto diverso dall'avere una sceneggiatura e un gobbo di fronte a te. Guardo l'obiettivo di una telecamera e parlo. Sul palco guardi un mare di persone. Devo ammettere che sono contenta che sia finita. Abbiamo parlato abbastanza di me, ora dimmi di più su di te, cosa c'è di più da sapere oltre al fatto che sei un fotografo?"

Lui sorride. I suoi occhi si illuminano mentre la guarda. O se lo sta immaginando?

"Non c'è molto da dire. Sono figlio unico e orfano da dieci anni. I miei genitori..." smette di schiarirsi la gola,"sono morti in un incidente d'auto."

"Oh, mi dispiace molto. Deve essere stato terribile." Poggia leggermente la mano sulla sua.

Mentre il cibo viene servito davanti a loro, Alexey le racconta anche di suo nonno e della sua malattia. La preoccupazione si insinua sul suo viso mentre parla. "Ho uno zio, ma lui e Vladimir non parlano da molti anni. Siamo solo io e mio nonno. Ci prendiamo cura l'uno dell'altro. Mi preoccupo quando sono lontano da lui per lunghi periodi a causa dei miei incarichi."

Sempre tenendo la mano ancora poggiata sulla sua, sposta il piatto con l'altra. Larissa non ha voglia di mangiare. Sorseggia il suo vino, "È bello vedere quanto tieni a tuo nonno." Inizia così a raccontargli dei suoi genitori che vivono a Cerveteri, a circa un'ora di macchina. Ha un fratello, Filippo, che è un fotografo naturalista e vive in Sudafrica. "Tu e Filippo avete la fotografia in comune. Per quanto mi riguarda non so nemmeno tenere correttamente una fotocamera. Ho l'abitudine di tagliare la testa a tutti," ride.

Ne approfitta per dirle che sarà felice di insegnarle alcuni trucchi del mestiere.

Alexey che le dà lezioni di fotografia, l'idea non le dispiace. Quest'uomo meraviglioso la sta veramente iniziando a prendere. "Ho un'idea," dice Larissa, "andiamo a casa mia. Ho un cognac che ti voglio far assaggiare." Oh mio Dio, sta invitando a casa qualcuno che ha conosciuto solo stasera? James avrebbe sicuramente da ridire sul prenderla così alla leggera.

Ma c'è qualcosa in Alexey. Non è sicura di cosa si tratti, ma si sente come intontita. Sarà per colpa dell'alcol? Che lo sia o no, si sente gloriosamente felice. Invitare un uomo a casa sua è qualcosa che non ha mai fatto finora. Perlomeno non al primo appuntamento; e questo non è nemmeno un appuntamento! Inoltre, è stata molto cauta nell'uscire con qualcuno ultimamente. Tra lo stalker ed il suo ex, non ha avuto molta fiducia negli uomini. Forse è l'euforia del premio, forse è l'alcol? Ma non importa, perché in qualche modo sente che è quello che vuole. Alexey rimarrà in Italia solo per poco, decide di godersi al massimo il tempo che hanno a disposizione.

Fuori dal Bar Necci, chiama un taxi per andare al suo appartamento in Prato.

Sono le tre del mattino e prende in mano la bottiglia di cognac. "Ti andrebbe un goccio di questo?"

"Certo, grazie. Bella casa," commenta Alexey. Nota che si sta godendo l'atmosfera dell'appartamento, che ha arredato in legno chiaro e decorato con tenui toni di pesca con accenti verde acqua.

"È confortevole, adoro questo posto. Una mia amica designer mi ha aiutato a decorarlo." Gli passa un bicchiere e mette la bottiglia sul tavolino.

"Mmm, cognac Paradis. Questa è un'ottima scelta."

"Vero? Adoro come va giù, si beve che è una meraviglia." Stanno seduti insieme nel suo salotto verde acqua, si tolgono le scarpe e Alexey le dice che si sta godendo la morbidezza del tappeto di lana color pesca.

"La tua amica designer ha buon gusto. Sembra di affondare i piedi in una nuvola."

"Questo salotto e questo tappeto valgono ogni centesimo speso. Probabilmente non avrei speso tanto senza la sua raccomandazione. Sona contenta di averle dato retta; la comodità vale il prezzo pagato." Guarda la statua sulla mensola del camino. Sembra ancora surreale ma eccolo lì, ha vinto. L'euforia sta iniziando a svanire, più per la stanchezza che per qualsiasi altra cosa. Si raggomitola ulteriormente sul corpo di Alexey, chiedendogli cosa gli piace del vivere nell'Unione Sovietica.

Alexey inizia a giocherellare con i suoi capelli prendendosi un momento per rispondere: "Da dove comincio. C'è così tanta storia da imparare ed apprezzare. La ricca architettura bizantina, in particolare le chiese, i musei e le opere d'arte. Conosci il balletto sovietico, vero? È un tale spettacolo. Sono andato con mio nonno da adolescente e sono rimasto incantato. Poi ci sono delle foreste magnifiche e spazi immensi. E, naturalmente, mio nonno è lì. Ha bisogno di me ora più che mai." Asciugandosi una lacrima dagli occhi, continua "Ha fatto così tanto per me. Ora è il venuto il momento di ripagarlo. Sono riuscito a vivere in maniera agiata grazie a lui ed alla carriera che mi ha aiutato a raggiungere. Vivo una vita che molti sovietici non avranno mai l'opportunità di vivere. Come essere qui con te e sorseggiare un drink che la maggior parte di noi non potrebbe mai permettersi."

"Sappiamo così poco dell'Unione Sovietica. Quello che sentiamo riguarda principalmente la politica, la povertà e quanto faccia freddo." Soffoca uno sbadiglio. "Oh, mi dispiace molto."

"Ti sto annoiando?"

Larissa arrossisce. "No, per favore non pensarlo. Sto molto bene qui con te..."

Non la lascia finire. Le posa due dita sotto il mento, avvicina le sue labbra alle sue. Lei si lascia baciare.

Perché ci ha messo così tanto? Ha aspettato questo momento tutta la notte.

Le apre la cerniera del vestito mentre le accarezza il collo con la bocca. Lei gli toglie la giacca e gli strappa i bottoni della camicia. Il suo petto è muscoloso come le sue braccia. Passa le mani tra i suoi radi capelli e intorno alle sue spalle. Spinge il viso verso il suo e la bacia teneramente.

Lei si allontana da lui. Sopraggiunge un senso di vergogna. Non può farlo. Non la prima notte. "Alexey, umm... scusa ma io..." Si schiarisce la gola, "per quanto ti desideri, devo conoscerti un po' meglio." Dopo aver aspettato tutta la notte. Ma non è da lei. Non si sente a proprio agio in questo momento.

Lui sembra deluso. "Beh, sì certo, che maleducato sono stato. Vorrei vederti di nuovo. Ti andrebbe di rivederci?"

"Mi piacerebbe molto. Mi sento così in imbarazzo. Ti ho portato qui stasera, ma non è da me."

"Per favore, non c'è problema. Ti chiamo domani pomeriggio. Va bene?" chiede mentre si rimette la camicia.

"Sì, mi piacerebbe vederti di nuovo. Incontrarti stasera è stato il secondo momento migliore della serata."

Si china dandole un bacio appassionato sulle labbra prima di andarsene, "Ti chiamo domani pomeriggio," dice mentre entra in ascensore.

Chiude la porta, appoggiandosi al muro con la schiena. Si mette due dita sulle labbra, sorride e cammina verso il bagno. Guardandosi allo specchio sa di aver preso la decisione giusta, le scappatelle non fanno per lei.

Capitolo Sei

AMELIA
1980

Rannicchiati insieme, le bombe quasi non esistono mentre è tra le sue braccia. Con Vladimir si sente al sicuro. Nessun altro uomo nella sua vita l'ha mai trattata come la tratta lui. Con gentilezza, rispetto e vero amore, un amore che le avvolge il corpo...

"Tesoro, svegliati."

Sente un'altra voce in lontananza. È la voce di William? All'improvviso, una mano le scuote il braccio per svegliarla.

"Amelia, stai sognando, svegliati. Ti stavi avvolgendo le braccia intorno al corpo nel sonno, hai avuto un incubo?"

"Umm. Oh..." sbadiglia. "Sì William, credo di si. Scusa se ti ho svegliato."

"Non devi scusarti. Stai bene? Ne vuoi parlare?"

"Era solo un sogno," lo rassicura, "Non ti annoierò con dettagli che non riesco nemmeno a ricordare." I suoi muscoli indolensiti fremono dall'essere allungati. Stiracchia per bene braccia e gambe e dice: "Visto che sono sveglia mi faccio una tazza di tè, ne vuoi una?"

Continua lo stiracchiamento modalità gatto, risvegliando i propri arti prima di mettere i piedi sul pavimento.

"Ti ringrazio, ma è ancora troppo presto. Resterò a letto un altro po'. Se mi assicuri che tu stai bene."

L'orologio segna le cinque del mattino quando si mette la vestaglia, poi si china baciandolo. "Sto bene, grazie tesoro." Non sta bene, ma non vuole farlo preoccupare. Questo è qualcosa che deve affrontare da sola.

Prima di andare in cucina, entra in bagno. Sciacquandosi il viso, si guarda allo specchio. Perché adesso? Perché ora sta ricordando tutto? La sua mente continua a tornare nel momento peggiore della sua vita. Una vita di cui William non faceva ancora parte e di cui vuole che non ne sappia niente. Allontanandosi dallo specchio, cammina verso la cucina.

Il bollitore inizia a fischiare mentre rimette a posto i piatti della sera precedente. Fuori la luce dell'alba inizia a rischiarare il cielo. Sbadiglia di nuovo mentre prepara il tè, poi si avvia verso il terrazzo. Raccogliendo i propri pensieri, inizia a rivangare il passato...

Sono stati giù nel seminterrato tutto il giorno. Rimangono abbracciati, anche dopo che le e esplosioni sono terminate, come se non gliene importasse niente del mondo là fuori.

"Faresti meglio a rientrare, tuo padre sarà in pensiero."

Lei lo fissa nei suoi occhi premurosi. Ora sono molto più luminosi, non involucri scavati come quando li ha guardati per la prima volta. "Lo so," sospira, "tutto quello che voglio è stare qui con te su questa coperta, ma ho altre responsabilità. Quanto danni pensi ci siano lassù?"

"Non troppi in questa zona. Le esplosioni venivano da molto lontano. Sono in pensiero per quello che succederà, verrà il momento in cui colpiranno Napoli. Ma per ora, siamo al sicuro."

"Con questo pericolo che ci circonda, non sei preoccupato per la tua incolumità durante le missioni?"

Il suo labbro superiore si solleva in un lieve sorriso, "Cerco di non pensarci. Facciamo tutti ciò che deve essere fatto. I miei compagni seguono i miei ordini e i miei ordini provengono dai piani alti. Seguiremo gli ordini fino a quando i partigiani avranno abbastanza potere. Stiamo ricevendo aiuti. Ci sono molti pacifisti come noi, sono sicuro che avremo la meglio."

"Ciò di cui abbiamo bisogno sono leader pacifisti," dice Amelia mentre alza la testa dal suo comodo petto. Allungando le braccia verso l'alto, urta lo scaffale. La polvere si dipana su di loro. "Oh mannaggia. Scusa, dimentico quanto poco spazio abbiamo qui."

"Non mi lamento Amelia. Questo seminterrato mi tiene al sicuro e nascosto. Senza il tuo aiuto probabilmente sarei già morto."

Lei gli bacia la fronte, facendo finta che non abbia menzionato la morte, ce n'è già troppa intorno a loro, "Ti porterò del cibo dopo il tramonto."

"Solo se è sicuro. In effetti, potrebbe essere meglio aspettare fino al mattino. Le truppe andanno in giro dopo i bombardamenti."

Lo avvicina a sé. Lo bacia appassionatamente prima di lasciare il seminterrato. Il suo bellissimo amante Sovietico, un uomo alto il doppio di lei, non è facile da nascondere. È riuscita a farlo solo perché è l'unica ad avere la chiave. Nessun altro avrebbe motivo di entrare in questo seminterrato.

Una volta uscita, scruta attenta il vicolo. La paura tiene tutti in casa. Vladimir aveva ragione; le bombe erano esplose lontano. Si chiede quanto ci vorrà prima che colpiscano questa zona di Napoli. Questa guerra... ne hanno parlato per anni. Nessuno credeva che sarebbe successo. Ma é successo.

A passo svelto, ritorna nel suo appartamento. Tutto tranquillo. Teodoro, suo padre non è in casa. Comincia a respirare di nuovo. Non si rende nemmeno conto di quanto spesso trattenga il respiro. Occupandosi di cucinare quel poco cibo rimasto, spera che questa guerra finisca presto. Il cibo è già scarso e le notizie non infondono ottimismo nella gente. Tirando fuori l'indivia appassita, un pomodoro ed una cipolla, decide di fare uno stufato con le ossa di pollo rimaste dal pollo che Teodoro era riuscito in qualche modo a comprare. Non gli ha chiesto come. In realtà, parla raramente con suo padre perché quando capita che siano insieme, è sempre lui a parlare. Sobrio o ubriaco, è il maestro.

Capitolo Sei

Simona e Marco, sua sorella e suo cognato, arriveranno presto. Se Teodoro non è ubriaco quando torna a casa, potrebbe essere una serata decente. Anche Marco non lo vuole incontrare quando è ubriaco. Tanto, lui e Simona possono andarsene nel loro appartamento quando vogliono. Ed è proprio in questi casi che Amelia deve affrontare l'abuso da sola...

"Sembra che potrebbe essere un'altra giornata calda. Ti senti meglio?" le chiede William baciandola sulla fronte.

Non l'aveva sentito arrivare in terrazzo. "Sto bene, te l'ho detto prima," risponde indicando il posto accanto a lei sul dondolo. Si siedono insieme scrutando l'Oceano Pacifico a guardare i

colori dorati dell'alba. Amelia è grata per la vita che ha adesso. William è suo marito e vivono in paradiso.

Capitolo Sette

Amelia la vede e sbatte le palpebre per essere sicura di ciò che ha visto. Una giornalista di cronaca. Sembra la versione più giovane di Simona. È doloroso ricordare tutta l'umiliazione ed il dolore della propria giovinezza. Di tanto in tanto pensa alla sua sorellina che vive dall'altra parte del mondo, chiedendosi sarebbe successo se? E se non fosse partita quel giorno?

Dopo anni trascorsi ad ignorare il suo passato, si ritrova a rimembrare momenti e luoghi lontani dalla sua vita attuale. La giornalista ha riportato alla luce questi ricordi, i suoi occhi rimangono incollati allo schermo. Occhi marrone scuro, grandi e luminosi. Lo stesso colore di capelli: castano ramato. Le stesse caratteristiche europee con zigomi alti e capelli folti e ricchi che le incorniciano gli occhi. Rivede Simona in lei. La Simona che ha lasciato tanti anni fa. Le lacrime le appannano la vista. La sua sorellina è sempre stata nei suoi pensieri. Si è chiesta spesso se contattarla, anche solo per sentire la sua voce. Le giornate, purtroppo, erano sempre piene d'impegni. Vivendo all'estero e con due figli, non c'era mai un momento adatto. Ora che Jacqueline e Todd sono adulti, ha più tempo a disposizione. Più tempo per pensare a come sarebbe potuto essere. Anche il senso di colpa l'ha frenata dal chiamare. Il senso di colpa di essere una

Capitolo Sette

giovane donna egoista che desiderava un uomo e lo stare a sicuro più della responsabilità di prendersi cura del proprio bambino. Il senso di colpa dell'essere salita su una barca per 'sfollati' diretti in Australia, un paese di cui conosceva poco o niente.

Il senso di colpa le riempie il corpo come il respiro di un drago. Si ferma proprio lì. Il passato è passato! Ha lasciato la sua vita sventurata e tutte le persone che ne facevano parte anni fa. Deve lasciar perdere. L'Italia, insieme all'amore della sua vita, non ha più importanza. Lui e tutto quello che riguarda quel tempo perduto deve rimanere tale. Passato.

Amelia Brent vive in Australia e non ha parenti o amici in vita in nessun'altra parte del mondo. Se lo ripete ancora e ancora. Questa è stata la sua storia da quando è arrivata qui nel 1947. Comincia a piangere di nuovo. Il suo corpo trema ricordando la paura. La paura e la sfiducia le hanno rubato gran parte dei suoi anni migliori.

Si copre gli occhi con le mani. Basta, basta! La giornalista non è nessuno, solo una persona qualsiasi. Le sale una rabbia dentro mentre si avvicina alla televisione spegnendola. Perché si preoccupa di guardare le notizie? Tanto è sempre tutto negativo. Come se non ne avesse avuto abbastanza da giovane. Si asciuga gli occhi e si dirige verso la cucina.

William è seduto al tavolo della cucina a sbucciare le patate. "Sto preparando il purè da mangiare con la carne." Lui alza lo sguardo verso di lei, "Stai bene Amelia?"

Sono sposati da trent'anni e sono poche le volte in cui suo marito si sbaglia. È uno dei motivi per cui si è innamorata di lui quando si sono incontrati. La fa sempre sentire protetta ed amata. "Sì, sto bene. Stavo guardando un film triste. Ho ancora gli occhi rossi?"

"Sì. L'imporante é che stai bene. Jac e Todd saranno qui a momenti."

Continuano a preparare la cena insieme. Sa che non è convinto, ma rimane in silenzio per farla riprendere. Non ha voglia di spiegare perché stesse piangendo. Non adesso. I loro due figli vengono a cena con i rispettivi partner, un evento raro di questi tempi. Sia Jacqueline che Todd hanno lasciato casa e vivono vite intense tra lavoro e viaggi.

Questa è la sua vera vita. Suo marito e i suoi due figli insieme ai loro partner. Le mostrano amore e rispetto, qualcosa che pensava non le appartenesse nella sua vita precedente. Una vita che ha tenuto ben nascosta da loro. Concentrarsi sul presente è ciò che deve continuare a fare, per vivere in serenità. L'Italia è dall'altra parte del mondo, esattamente dove vuole che rimanga. Quella parte della sua vita è obsoleta. Cancellata da molto tempo. La sua famiglia Australiana non sa nulla di ciò che le è successo durante la sua infanzia. Né degli eventi terribili durante la guerra. Ed è così che rimarrà. Farà tutto il possibile per mantenere nascosto il loro segreto. Ha fatto questo patto con sua sorella, un patto che entrambe hanno promesso di non infrangere mai.

William non le ha mai chiesto il motivo per cui ha lasciato l'Italia. È felice che abbia accettato il modo di vivere Australiano. Per quanto la riguarda, si sente australiana tanto quanto suo marito e i suoi due figli nati in Australia. Questo paese l'ha tenuta al sicuro. Anche prima di incontrare William, pochi giorni dopo essere sbarcata qui, già si sentiva al sicuro. I segni della guerra erano molto lontani. La felicità che ha trovato, la famiglia che ha cresciuto insieme all'amore che William le ha dato, è più di quanto avesse mai potuto sperare quando era in Italia. Questa è la sua casa; questa è la sua vita.

La giornalista in TV non è Simona e non ha nulla a che fare con la vita di Amelia. I suoi figli stanno arrivando, ora vuole solo godersi la loro compagnia.

Girandosi e rigirandosi, capisce che non c'è modo di riuscire ad addormentarsi. Sgattaiola fuori dalla camera da letto per non disturbare William. In punta di piedi, si avvia giù per le scale verso la cucina quando inizia a ricordare. Non vuole, ma da quando ha visto quella dannata giornalista, la sua mente non riesce a pensare ad altro.

Dopo essersi preparata una camomilla, esce sul terrazzo, si siede sul dondolo ed ascolta le onde. Quai ricordi terribili iniziano ad assalirla di nuovo...

. . .

Capitolo Sette

Il suo mondo crollò quando suo marito partì per la guerra. Era l'unico a proteggerla dalla tirannia di suo padre, Teodoro. Ma non potè impedirgli di partire. Se ne andò con un senso del dovere come facevano tanti giovani. La guerra ha distrutto molte vite. Ha spezzato molti cuori. Giorno dopo giorno, era sempre più in pensiero per suo marito e se fosse riuscito a tornare e a proteggerla di nuovo.

La guerra, con la brutalità che si porta dietro, ti fa pensare, questa è la fine, e ti porta a vivere intensamente ogni momento. Era sola, la guerra non sembrava finire mai, quando all'improvviso arrivò lui. Vladimir. Suo marito era via. Teodoro era nel suo solito stato confuso ed ubriaco. Questo disertore sovietico era lì alla sua porta, in quella gelida notte di Dicembre, a chiedere cibo. Era così magro. Decise di nasconderlo nel seminterrato. Lo aiutò a riprendersi. Divenne il suo salvatore. Lui rappresentava per lei un rifugio dal mondo della guerra e da un padre violento.

Suo marito tornò. E per questo ne fu sempre grata. Era di nuovo al sicuro dagli abusi. A vederlo da fuori sembrava tutto a posto. Nessun arto mancante o cicatrice da battaglia in vista. Eppure portava delle cicatrici ed erano ben marcate dentro di lui. Si era sentita sola dopo che era partito per la guerra, ma non era niente in confronto alla solitudine che provò al suo ritorno. Il suo rimuginare durò per giorni, la tagliò completamente fuori dalla sua vita. Questo allontanamento la spinse ancor di più tra le braccia di Vladimir. Il seminterrato divenne il loro nascondiglio segreto. Qui Amelia si sentì amata, perché Vladimir era gentile e rispettoso delle sue esigenze. Nessun altro uomo l'aveva mai trattata in questo modo. Questo tipo di comportamento le era estraneo, gli uomini che conosceva non trattavano le loro donne in questo modo.

Il giorno in cui arrivarono gli Americani fu un nuovo inizio. L'inizio della speranza. Speranza in un mondo migliore. Un mondo in cui l'amore sarebbe potuto sbocciare di nuovo. Dove i bambini sarebbero cresceriuti senza paura. Aveva già lasciato l'Italia da quattro anni quando gli Americani sbarcarono...

. . .

Il tè è diventato freddo. Lo beve comunque, poi torna a letto. William dorme ancora profondamente. Lui russa rumorosamente, lei pensa che nella sua vita precendete ha dormito attraverso le bombe, di certo il suo russare non è la ragione per cui non riesce a dormire. I suoi ricordi sono troppo vividi, iniziano ad intralciare la sua vita attuale. Il suo bisogno di contattare Simona sta diventando sempre più urgente. Forse lo farà? Forse anche lei manca alla sua sorellina.

Nella vita di Amelia, qui in Australia, una vita che non avrebbe mai potuto immaginare in un'Europa devastata dalla guerra, ora manca qualcosa. Una chiamata a sua sorella le allegerirà la mente e contribuirà a porre fine a questi terribili ricordi che invadono la sua vita. Questa è la sua speranza e, con un po 'di fortuna, Simona proverà lo stesso e sarà felice di riconciliarsi.

Capitolo Otto

Sono nudi sul suo lussuoso tappeto color pesca.
"Sei Bellissima," dice Alexey con la faccia poggiata sul suo collo.
Larissa si struscia con il suo corpo su di lui, mentre lui avvolge le sue lunghe gambe muscolose attorno a lei.
Accarezzandola dolcemente, fa scorrere le dita lungo il décolleté e delicatamente intorno al seno. I suoi capezzoli si inturgidiscono al suo tocco. Lei inarca la schiena. Lui passa la lingua sul suo ombelico. Lei geme al suo tocco. Inizia a far scorrere le dita verso il basso e passa delicatamente sui suoi morbidi riccioli. Ritmicamente la accarezza dentro. Si contorce dal piacere mentre passa le dita tra i suoi folti capelli biondi. Tirandolo verso di lei, lo bacia con una furia e passione che non ha mai provato prima. Deciso ed eccitato, si muove lentamente; i suoi movimenti le fanno vedere le stelle. I gemiti di Larissa sono intensi e profondi. Alexey inizia a gemere insieme a lei, unendosi al suo piacere. Sono intrecciati come fossero una cosa sola. Abbracciati, entrambi respirano a fondo, ma rimanendo in silenzio. Larissa inala il suo profumo.
Alexey la guarda negli occhi "Hai gli occhi blu."
"In realtà sono ambrati. Alcuni giorni sembrano più blu, altri giorni verdi, a seconda del mio umore, del tempo o di cosa indosso..."

Sta balbettando, e se ne rende conto mentre giocherella con delle piccole ciocche di peli biondi sul suo petto. Adora questa sensazione euforica di una relazione appena iniziata.

"Bene, adesso sono blu, misteriosona." Prendendo una ciocca dei suoi capelli castani, la sistema in maniera seducente dietro l'orecchio. Struscia leggermente il naso sul suo collo, sussurrandole nell'orecchio qualcosa in russo.

"Qualunque cosa tu abbia detto, ha un suono così attraente, quindi fai attenzione, potresti dare adito a qualcosa di nuovo."

"Ho trovato un punto sensibile?" La provoca, sussurrandole dell'altro... non è sicura di cosa ... sa solo che quei bisbigli la infuocano.

"Ah ha, e c'è altro da scoprire. Ah sì, proprio lì. Non ti fermare." I suoi gemiti la lasciano senza fiato. Ciò che Alexey sta facendo è divino. Per un uomo alto il doppio di lei e due volte più pesante, è incredibilmente gentile. *Ti prego, non lasciarmi Alexey.*

L'aveva chiamata il giorno dopo la premiazione proprio come promesso. È stato paziente ed un perfetto gentiluomo. Non è come gli altri uomini con cui è uscita, a partire dal colorito pallido ed i capelli biondi. Molto diverso dai tipici uominini italiano, belli e scuri, che ha avuto in passato. È forte ma premuroso nei suoi confronti, il suo fisico non è l'unica cosa che la attrae. Questa forte attrazione li ha spinti fino a questo punto. Dopo essersi incontrati ogni giorno per una settimana, lo desiderava ardentemente. Era lei che non poteva più aspettare.

"Umm, sento un buon profumo," commenta Alexey mentre sgattaiola fuori dal bagno nella sua cucina, completamente nudo salvo che per un asciugamano che copre le natiche sode. "French toast con pancetta. Spero che tu abbia fame!"

"Affamato di te mia bellezza Italiana." L'abbraccia lentamente sfiorandole il collo con le labbra.

Si gira verso di lui, "Fai il bravo, dobbiamo pur mangiare ogni tanto." Posando entrambe le mani sul suo petto, lo spinge via con finta repulsione.

"Ok, per questa volta l'hai vinta tu," dice alzando le braccia in segno di resa.

Con caffè e colazione in mano, si vanno a sedere sul piccolo balcone. Mentre sono affacciati sul cortile condominiale, una neve leggera inizia a cadere sul corrimano. Alexey si è infilato nel suo cappotto invernale oversize.

"Sei sicuro di stare caldo? Il mio cappotto ti sta bene."

"Sto bene. Non dimenticare che ho sopportato inverni molto più freddi di questo."

Il balcone è protetto da una piccola tenda parasole che li ripara mentre stanno seduti godendosi la tarda mattinata. Ha imparato molte cose su di lui la scorsa settimana. Alexey ha ventitré anni, nessun fratello o sorella. Si è trasferito recentemente in un appartamento tutto suo vicino casa di suo nonno. Generalmente, è un animo solitario, molto appassionato nel suo lavoro di fotografo.

"Hai solo ventitré anni e hai già viaggiato così tanto. Com'è possibile dato dove vivi?"

La sua faccia cambia espressione ed il tono della sua voce si fa serio. Le dice che suo nonno è un fotografo esperto. Ha insegnato ad Alexey molti trucchi del mestiere ben prima di iniziare i suoi studi universitari. Vladimir è allo stesso tempo il suo mentore, il suo confidente ed il suo unico genitore.

Larissa aspetta un momento prima di ricominciare a parlare, notando la sua angoscia quando parla di suo nonno. "Raccontami di più dell'Unione Sovietica," chiede sorseggiando il suo caffè.

"Vivo a Leningrado, che è la seconda città più grande dopo Mosca. Viaggio da quando avevo sedici anni perché ho avuto la possibilità di studiare a Londra. Ciò è stato grazie a mio nonno ed suoi contatti. Ho imparato a parlare inglese durante i miei studi. Quando ho nuovi incarichi, spesso le persone mi chiedono come qualcuno della mia età faccia ad avere un bagaglio di esperienza di questa portata."

"Hai davvero una bella esperienza alle spalle. Tuo nonno deve essere molto orgoglioso dei tuoi successi. Quando hai imparato a parlare italiano?"

"Vladimir è molto orgoglioso di me ed io lo sono dei suoi successi.

Mi piace studiare le lingue, quindi ogni paese che visito cerco di imparare la lingua almeno a livello colloquiale. Stare seduto in aeroporti ed aerei mi permette di avere abbastanza tempo per imparare. Ho trovato l'italiano più facile di altre lingue, pronunciate le parole così come sono scritte."

Larissa prende nota mentalmente di imparare presto una nuova lingua. È commossa dalla sua storia ed apprezza il fatto che i suoi genitori, per quanto fastidiosi possano essere a volte, siano ancora vivi e vegeti. Continuano a parlare godendosi la domenica insieme. Mentre parla del suo paese, delle difficoltà sopportate da molti giustapposti dalla sua bellezza e imponenza, Larissa inizia a pensare alla sua partenza. Vive in un paese comunista; non riesce ad immaginare come possa essere. Quella sensazione di essere costantemente tenuto sotto'occhio e controllato. Lui non sembra curarsene, sembra essere abituato a visitare altri paesi e poi a tornare in patria.

Capitolo Nove

Apre la porta principale ed entra nel suo appartamento. Come per molti appartamenti a Roma, la facciata è antica e deteriorata, ma una volta dentro Larissa si sente subito a casa. Questo è il suo piccolo paradiso lontano dai riflettori. Assapora la pace e la tranquillità dopo una giornata intensa, cammina in cucina e si versa del vino. Camminando in camera da letto, nota la luce del messaggio. Oh dannazione, ha dimenticato di chiamare. Compone il numero di casa dei suoi genitori, sa già cosa sta per sentire.

"Ciao Gee. Si, lo so. Mi dispiace ma questa settimana è stata davvero frenetica... Volevo chiamarti. L'ho detto anche a James quando sono uscita da lavoro oggi." Ovviamente non menziona Alexey, che è poi la ragione della sua dimenticanza. Si è quasi trasferito da lei. C'è stata solo una notte questa settimana in cui non sono stati insieme. Ascolta per un po' le lamentele di sua madre, la testa inizia a martellarle, ma non osa riattaccare. Gee continua a raccontarle le vicende di famiglia un po' in generale. Suo padre sta bene e fuori con alcuni amici in piazza. Suo fratello Filippo è partito per un'altra delle sue spedizioni in Africa centrale. Gee si preoccupa costantemente per lui, si è trasferito tre anni fa. Si sintonizza per un po', sono tutte cose sentite e risentite mille volte. Perché Filippo non torna a casa? Cosa ci trova in Città del Capo? Ad un certo punto, quando Gee pronuncia il nome di Simona, le si rizzano le orecchie. "Laura l'ha sentita urlare di nuovo. Forse più di una volta?

Gee le dice che andrà a Napoli per un po' di tempo per stare con Simona, deve scoprire cosa sta succedendo. Anche se il ginocchio sta migliorando, ha ancora il braccio fasciato. Non possono aspettarsi che Laura si prenda completamente cura di lei.

Si chiede se questa sia una buona idea, visto l'umore attuale di Simona. Premendosi l'indice sulle tempie, Larissa dice: "Che ne dici di venire a cena venerdì sera? Forse possiamo chiamare Laura e può dirci di più su cosa pensa stia succedendo." Sua madre è d'accordo nel chiamare Laura. Ma andrà a Napoli in ogni caso, vuole sapere cosa vuole da Simona questa persona che continua a chiamarla.

"Hai ragione Gee. E poi perché è così cauta al riguardo? Comunque, ne parliamo venerdì. Grazie per aver chiamato, ti voglio bene. Manda un bacio a papà." Rimette il telefono a posto. Alexey sta occupando molto del suo tempo libero dalla sera della premiazione. Non che si stia lamentando, è felice di averlo intorno. Ma il problema di sua nonna deve essere risolto. Sarà il tema principale della conversazione a cena venerdì sera.

Le sue labbra si piegano in un mezzo sorriso mentre riflette sui suoi genitori. Sono brave persone che contribuiscono a fare molte opere buone all'interno della loro comunità. Questo offre a sua madre molte opportunità di ascoltare pettegolezzi, che adora trasmettere a Larissa. Gee la metterà al corrente degli ultimi gossip su tutti quelli che conosce. Come giornalista, Larissa ascolta molte storie e fatti tutto il giorno, tutti i giorni. Le chiacchiere oziose non sono qualcosa che le interessa sentire. È interessata a storie vere, non ai pettegolezzi. Quello che sta succedendo con Simona, per esempio, è reale.

Con la testa che continua a farle male, butta giù altri due antidolorifici con ciò che resta del vino. Poi torna in cucina e si versa un altro bicchiere di vino dalla bottiglia rimasta sulla panca. Rientrando in camera da letto, alza di nuovo la cornetta. Appoggiata sul cuscino, compone il numero del suo hotel. "Ciao Alexey. Hmm si sto bene, tu come stai?"

"Ti sento strana, cosa succede?"

"Mi fa male la testa, ho solo mal di testa. Niente di preoccupante. Mi sentirò meglio dopo aver riposato un po'."

"Ok, forse è meglio che ti lasci riposare. Volevo parlarti di qualcosa che riguarda mio nonno, ma può aspettare."

"Ho preso due antidolorifici, a breve dovrebbero iniziare a far effetto e mi sento meglio sdraiata sul letto. Di cosa si tratta?"

"No, cerca di riposarti ora. Verrò da te quando avrò finito di sviluppare questo rullino e allora ne potremo parlare. Probabilmente è meglio non parlarne al telefono."

"Ok, va bene. A dopo," gli risponde a mezza bocca, chiedendosi cosa mai dovrà dirle. Riaggancia il telefono, mandando giù il resto del vino con gli occhi che le si chiudono. La testa affonda nel morbido cuscino. Si tira il copriletto fin sopra la testa pensando ad Alexey.

"Ciao dormigliona."

Gradualmente mette a fuoco i suoi occhi blu mentre si sveglia. "Oh ciao... Mmm, che ore sono?" Si striracchia tendendo le braccia aperte in modo che Alexey si adagi su di lei.

Lui si avvicina, le bacia dolcemente le labbra e dice: "Sono le 10 di sera. Ti senti meglio?"

"Sei qui, già va molto meglio," dice rannicchiandosi sul suo petto.

Le bacia il collo mentre Larissa geme di piacere. La tensione che aveva in corpo svanisce. Alexey è esattamente ciò di cui ha bisogno in questo momento.

Due ore dopo lo trova in cucina a preparare uno spuntino di mezzanotte per entrambi. "Quello è stato decisamente un bel risveglio." Si stringe a lui e gli avvolge le braccia intorno alla vita. La testa appoggiata sulla schiena." Non sono così spensierata da molto tempo. Hai una capacità di allentare tutte le mie tensioni con il tuo tocco magico."

"Il piacere è tutto mio," dice mentre le passa un panino. "E ce n'è di più ogni volta tu ne abbia bisogno."

"Grazie, ne avrò sicuramente bisogno spesso," mormora dando un morso.

Lui sorride, baciandole la fronte.

Parlano del suo ultimo incarico e delle preoccupazioni per sua nonna. Quindi gli chiede come sta suo nonno.

"Sta bene, immagino. Allo stesso modo in cui ti preoccupi per tua Nonna, Vladimir è sempre nei miei pensieri. Ora, parlando di mio Nonno, devo chiederti una cosa. È molto importante per lui, poiché la sua salute sta peggiorando rapidamente."

Larissa ascolta mentre le racconta la storia di Vladimir e di come i reperti siano stati nascosti in alcune parti d'Italia. Gioielli e altri manufatti che ha salvato sono sepolti in un seminterrato a Napoli. Un seminterrato che ha qualcosa a che fare con la famiglia di Larissa. Spiega che questi eventi sono accaduti all'inizio della guerra. Ancor prima che qualcuno sapesse che la guerra si sarebbe protratta per anni.

Le consegna la chiave. Lei la prende, rigirandosela in mano. L'ha già vista prima; Simona ha esattamente la stessa chiave. Riflette sul significato di questa storia per la sua famiglia.

"Aspetta... già sapevi chi fossi alla premiazione? Perché tutta questa finzione? Sembra che tu sappia più sulla mia storia familiare di me!" Diventa sospettosa mentre i pensieri le si agitano nella mente... "Perché adesso? Perché Vladimir ha aspettato così a lungo per recuperare questi tesori se sono tanto preziosi come sostiene?" Può fidarsi di Alexey? "Tuo nonno ha avuto molti anni per venire qui. Perché ha aspettato così tanto? Mi stai usando per trovare i manufatti e poi andartene?" Non riesce a nascondere la sua rabbia, la voce le si spezza in gola.

Alexey fa un respiro profondo, "So che può suonare strano. Ci è voluto del tempo anche per me per convincermi della sua storia. Ma mi ha mostrato le foto di questi ed altri manufatti che sono stati salvati da lui e dai suoi commilitoni. Ed anche le foto del museo quando è stato riaperto. Devi credermi; non sono qui per ferire te o la tua famiglia. A dir la verità, sei l'ultima persona che voglio ferire. Per favore Larissa, aiutami a realizzare il sogno di mio nonno."

Lo guarda dritto negli occhi, il suo viso mostra sincera preoccupazione. Calmandosi, gli risponde con cautela: "Questa è una storia incredibile, ma devi capire come mi sento. Perché non mi hai detto chi eri fin dall'inizio? Sei davvero un fotografo?

"Sì, lo sono e ti prometto che non ci saranno più segreti d'ora in poi. I miei sentimenti per te sono una piacevole sorpresa. Se avessi saputo di come sarebbe andata tra noi, allora mi sarei presentato la sera in cui ci siamo incontrati e te ne avrei parlato."

Mentre le rivela questo, capisce qui c'è in gioco qualcosa di più che restituire artefatti. Alexey non vuole guastare quello che sta accadendo tra di loro. Il suo cuore inizia a battere all'impazzata perché i suoi sentimenti per lui stanno diventando più forti ogni giorno di più. Aspetta un attimo prima di rispondere, vuole credergli per un altro po'. "C'è un altro problema, tuo nonno ti ha detto che Amelia è mia Nonna. Mia Nonna è Simona. Amelia era sua sorella ed è morta durante la seconda guerra mondiale." Si accorge che la sua faccia si contorce mentre pensa.

"Quarant'anni sono tanti. Forse hai ragione Larissa. L'età e la sua salute malata possono offuscare la sua memoria." Fa una pausa. "Conosci questo seminterrato? Non sto cercando di farti pressione, ma la salute di mio Nonno è preoccupante."

Ancora una volta, la sua voce e il tocco gentile del suo braccio placano le sue paure. È sincero, il suo istinto le sta dicendo di fidarsi di lui. Gli dice che il seminterrato è in una stradina vicino all'appartamento di sua nonna. È di proprietà della famiglia da oltre duecento anni. Ricorda di aver aiutato a raccogliere legna da ardere da bambina. Lei e Filippo ci hanno giocato a nascondino tante volte. A volte facevano finta che i fantasmi fossero laggiù, per vedere chi aveva più paura. "La prossima volta che parlo con mia madre, le chiedo se sa qualcosa su ciò che potrebbe esserci nascosto. Né lei né Simona hanno mai menzionato che potrebbe esserci qualcosa di prezioso laggiù. E non ti prometto nulla, per favore non riporre grandi aspettative in tutto questo."

Il suo viso si addolcisce ulteriormente mentre le prende la mano, tenendola fra le sue per ressicurarla. "Sì, capisco che questo sia sconvolgente per te. Forse in questa fase, è meglio non menzionare i manufatti. Meno persone lo sanno, meno possibilità ci sono che qualcosa possa andare storto. Per ora devo proteggere il segreto di Vladimir. Inoltre, dovremmo considerare la privacy della tua famiglia."

La sua mente giornalistica comprende l'importanza della privacy per le persone e le loro storie personali. Tuttavia, se i tesori sono preziosi, il Governo Sovietico li rivorrà indietro. Se tutto ciò che Alexey sta dicendo è vera, questa storia è incredibile. E, se sono nel seminterrato della sua famiglia, sarà in gioco la privacy della sua famiglia. Avrà bisogno di tempo per elaborare questo, ma da ciò che Alexey le ha detto della salute di suo nonno, non ha molto tempo.

Rimane in silenzio mentre riordinano la cucina. I pensieri negativi ricominciano ad affollarsi nella sua mente. È davvero interessato a lei o la sta usando per trovare ciò che è nascosto nel seminterrato? È questa l'unica ragione per cui è con lei? Una volta trovato ciò che lui e suo nonno stanno cercando, sarà l'ultima volta che lo vedrà? Non è sicura di come potrebbe funzionare una relazione a distanza come questa. Da quello che ha detto stasera, è impegnato con lei, qualcosa che non si sarebbe mai aspettata potesse ammettere.

Tira su col naso, asciugandosi gli occhi. La bottiglia di rosso che stava bevendo la sera prima è ancora sulla panca. "Alexey, vuoi del vino?"

"No grazie."

Lei si versa un bicchiere. La sua morbidezza le riempie la gola. La bottiglia vuota rimane sulla panca. Giudicandola. Ignora questo pensiero proprio come ora sta ignorando tutti i suoi pensieri negativi sulla storia di Alexey. Ora è qui con lei, quindi decide che non è il momento di pensare a possibili problemi di coppia che potrebbere accadere o meno.

Capitolo Dieci

Sulla via di casa dei suoi genitori, Larissa decide che è il caso di scoprire tutto ciò che può su ciò che sta succedendo a sua nonna. Soprattutto perché deve fare domande sul seminterrato per conto di Alexey. Sarà il caso di menzionare che lo sta vedendo? Assolutamente no! Non è nemmeno sicura di come andrà a finire a frequentare un ragazzo che viene da un paese comunista. No, è troppo presto per parlare di lui.

Parcheggia la macchina all'entrata e cammina lungo il sentiero di ciottoli.

"Amore mio, sei qui. O mio Dio, sei radiosa!" dice Gee baciandola su entrambe le guance.

Gli odori della deliziosa cucina casalinga si mescolano al profumo di sua madre. Larissa si sente subito a casa. Sua madre è così perspicace. Le può leggere la mente? Essendo coinvolta in una nuova storia d'amore, il bagliore che Gee ha notato è pura gioia.

Larissa le spiega, "Ho vinto un premio Gee, cosa ti aspetti?"

Giovanna, o "Gee", come la conoscono tutti affettuosamente, è una donna molto curiosa. Troverà sempre un modo per tirar fuori dai suoi due figli tutto quello che deve essere la prima a sapere da loro, invece che sentirlo da qualcun altro. Gee è sempre pronta a sentire qualsiasi nuovo pettegolezzo. Vuole avere notizie fresche direttamente dai suoi figli. Se c'è anche solo il più piccolo problema all'interno della sua famiglia, lei deve saperlo. La sua giustificazione per questo comportamento è volersi rendere utile a risolvere qualsiasi problema incombente.

Giuseppe, il padre di Larissa, è dietro Gee a braccia aperte, il viso raggiante di orgoglio mentre la figlia affonda nel suo rassicurante abbraccio.

"Tesoro mio," dice. Anche se lei lo ha superato in altezza, le sue braccia ancora la avvolgono cariche di amore, sicurezza e rassicurazione. È il primo uomo che l'ha fatta sentire così. Il secondo è Alexey. Questi sono gli unici uomini che le danno un senso di sicurezza. La ragione per cui si fida di Alexey è che la fa sentire sicura allo stesso modo di suo padre.

"Come stai papà?" Dice ancora incastrata nel suo abbraccio. I suoi capelli radi si fanno sempre più bianchi ogni volta che lo vede, ma la sua faccia tonda ha sempre un sorriso pronto per lei.

Alza lo sguardo, "Sempre bene quando ti vedo."

"Giuseppe, ho bisogno di te in cucina," lo chiama Gee. Entrano entrambi nella cucina rustica parlando allegramente della sera della premiazione.

"Filippo!" Il suo urlo acuto invade la cucina. È sotto shock, non riesce a credere che si trovi di fronte a lei.

La abbraccia, "Congratulazioni, sorella cara. Sei stata grande."

"Grazie, ma... come stai... quando sei arrivato?" È una tale sorpresa vederlo. Questo è un evento raro, essere tutti e quattro insieme.

"Gee mi ha chiamato e mi ha raccontato la buona notizia, quindi ho pensato di farti una sorpresa. Non capita spesso di ricevere un premio del genere nel tuo campo."

Gee dice a Larissa che ha avuto un bel pensiero a chiamare Filippo per sorprenderla. Larissa sorride mentre abbraccia il suo fratellino. È contenta che Gee l'abbia chiamato; si era dimenticata di avvisarlo.

Il tappo di champagne salta in aria mentre Giuseppe riempie

quattro bicchieri brindando: "Alla nostra stella. Congratulazioni e che ci possano essere molti altri premi in futuro."

Entrano nella sala da pranzo, Gee ha tirato fuori la sua migliore tovaglia di lino bianca. Il tavolo è pieno di verdure sott'aceto, insalate fresche di giardino e vino fatto in casa da suo padre. Con il pollice verde di Giuseppe, il piccolo cortile dei suoi genitori produce verdure fresche tutto l'anno. Le conserve, lavorate a mano da Gee, vengono dalle verdure del raccolto invernale dell'anno scorso.

Seduti a tavola, Filippo racconta loro del suo amore per una ragazza di Città del Capo.

Gee rovescia il vino e Larissa gli lancia un'occhiata. Quante volte gli ha detto di non condividere notizie con i loro genitori senza prima consultarla? Soprattutto quando si tratta di grandi novità come una relazione.

"Il padre di Rochelle è un dottore rispettato se questo fa la differenza per te Gee, ma so che ti preoccupa che potrei non tornare mai a casa," dice Filippo.

Gee tira indietro la sedia e si avvia in cucina senza rispondere.

"L'hai fatto di nuovo Filippo." Larissa è furiosa, le sue guance e le orecchie sono in fiamme.

"Calmati. Vi stavo solo aggiornando. Avevi grandi notizie, ora io ho dato loro le mie grandi notizie."

Giuseppe sposta la sedia e va ad aiutare Gee in cucina.

"Sai che Gee ti vuole a casa. Se hai una ragazza del Sud Africa, ed è una cosa seria, cosa pensi che possa pensare? Continua a convincersi che potresti non tornare più qui."

"Bene, quello che avevo da dire l'ho detto. Ci si può abituare. Non capirò mai perché si preoccupa così. Andrò ovunque il mio lavoro mi porti. Non importa da dove viene il mio partner. Fra l'altro, Rochelle e io ci frequentiamo solo da tre mesi. Finora le cose vanno bene, ma chi può dirlo?"

Giuseppe torna nella stanza e fa l'occhiolino ad entrambi mentre si siede. Larissa sa che è riuscito a calmare Gee. Ha un talento nel calmare gli animi perché è una persona sempre di buon umore, una delle qualità che ama di suo padre.

Guardando la fotografia che Filippo mostra loro con orgoglio,

Larissa ammette che è bellissima. Gli occhi scuri di Rochelle riempiono una faccia calda e rotonda e sono totalmente puntati su Filippo. Lei gli dice che è felice per lui. I sentimenti di Gee per la sua ultima ragazza non la riguardano.

Giuseppe annuisce e gli dice che è carina. "Allora... quand'è il grande giorno?" chiede.

"Io sposarmi?" scherza Filippo, "con il mio lavoro e tutti i viaggi che faccio? Dai Papà, abbiamo avuto questa conversazione molte volte."

Gee entra nella stanza e Larissa sa che ha sentito il commento gioviale di Filippo. Fa un sorriso forzato mentre mette altro cibo sul tavolo, di nuovo senza dire una parola.

Una volta seduta, Filippo ignora l'umore di Gee e continua ad elogiare Larissa, "Sono così orgoglioso di te, ma devo ammettere che sono anche geloso. Sai che hai vinto un premio prima di me?"

"L'ho sempre detto che lo avrei fatto. Non dimenticarti che ero una bambina prodigio." Il loro precedente battibecco è presto dimenticato mentre continuano a discutere tra loro. I suoi genitori la riempiono di complimenti per i suoi successi. Fortunatamente la vita amorosa di Filippo occupa il secondo posto rispetto al premio di Larissa, così la serata continua a scorrere in armonia.

Larissa si rilassa mentre Gee ricomincia a chiacchierare. L'ultima cosa che vuole è che Filippo metta sua madre di cattivo umore. "Io lo sapevo. Ti ricordi Larissa quando ne abbiamo parlato? Ho avuto la visione che avresti vinto qualcosa."

Gee crede di avere poteri soprannaturali e adora raccontare storie di come abbia predetto ogni sorta di eventi familiari, gioiosi e funesti. "Umm, puoi ricordarmi la visione?" chiede Larissa facendo l'occhiolino a suo fratello. Né lui né Larissa credono in tali sciocchezze.

"Ho fatto un sogno che stavi tenendo qualcosa in alto e c'era un pubblico. È stato dopo il Festival di Sanremo che abbiamo guardato insieme. Hai commentato un vestito che indossava una delle presentatrici e hai detto che per la tua prossima occasione formale ne avresti indossato uno simile." Continua dicendo che quella sera ha avuto la visione.

Capitolo Dieci

"Ricordo che abbiamo discusso di musica, ma c'erano molti abiti, la presentatrice cambiava spesso il suo vestito."

"C'era un vestito in particolare che hai notato. Comunque, non importa. Il punto è che avevo previsto che avresti vinto qualcosa e l'hai fatto."

Larissa guarda Gee chiedendosi come aver guardato il festival di Sanremo insieme significhi prevedere una cosa del genere. Ciò nonostante, decide di dar ragione a sua madre con un cenno del capo ed alza il bicchiere facendo credere a Gee di avere davvero un qualche tipo di potere paranormale.

Sua madre continua a raccontare storie di altri eventi recenti che avrebbe predetto, compresa la nascita del nipote di un vicino. "Ho previsto che la figlia avrebbe avuto un maschietto."

"Hai avuto il cinquanta percento delle probabilità," ride Giuseppe.

Mentre Gee continua a chiacchierare, Larissa dà a suo padre un sorriso impertinente, sapendo che dovrà poi pagare per quel commento. Quando finalmente Gee smette di parlare, Larissa le chiede dello seminterrato. Sua madre conferma la storia della sua prozia Amelia, morta durante la guerra. Tuttavia, c'è ancora del mistero che circonda la vicenda, il suo corpo infatti non è mai stato trovato. Nonna Simona non ama parlarne. Subito dopo, sua madre le chiede come mai all'improvviso s'interessa del seminterrato. Larissa non vuole ancora darle alcun dettaglio, proprio come aveva concordato con Alexey.

"Niente di che. Mentre parlavi dei tuo poteri paranormali, mi hai ricordato dei giorni in cui ne parlavate a casa di Nonna."

"Sì, e i poteri di Nonna sono più forti dei miei."

Veramente? Allora perché non usa i suoi poteri per trovare il corpo mancante di sua sorella? Non riesce a credere a queste sciocchezze, ma se rende felice Gee, che male può fare?

Larissa beve un altro sorso di vino ed inizia a parlare dei problemi di salute di sua nonna.

"Allora, significa che sta meglio adesso?" chiede Filippo.

Gee gli racconta di come Simona si sia rotta il braccio inciampando sul gradino più alto dello scantinato, logoro e scivoloso.

Usando il braccio destro per fermarsi, se l'è rotto e si è fatta male ad un ginocchio. Stava trasportando legna da ardere.

"Non c'è qualcuno che può aiutarla con questo tipo di faccende?"

"Tua Nonna sta diventando più testarda con l'età, Filippo," spiega Gee, "ma ieri le ho parlato, si sente un po' meglio ogni giorno che passa. Tutto quello che posso dire è che dobbiamo ringraziare il cielo per Laura, la sua vicina. Il suo aiuto è stato prezioso."

Filippo si allunga per prendere il suo piatto. "Meno male. Le chiamerò prima di partire. Ora, il pranzo è stato fantastico, ma devo proprio andare. Ho fissato un appuntamento domani prima di partire Domenica mattina."

A Larissa ha fatto molto piacere rivedersi con Filippo. Andandogli incontro, gli dà un abbraccio forte ed affettuoso. "Grazie per avermi fatto questa sorpresa. E Gee, hai fatto benissimo a farlo venire qui." Lo accompagna fuori dopo aver salutato i genitori.

"Forse riusciamo a vederci prima che parta per l'aeroporto, Larissa? Ti chiamo e ti faccio sapere quando." Saluta mentre la macchina si allontana. Aspetta, agitando la mano finché non riesce più a vedere la macchina. Con un profondo sospiro, torna dentro. È stato bello vederlo. Le manca. Più di quanto pensasse.

Mentre sta tornando in sala da pranzo, sente Gee. Sta discutendo con Giuseppe. "Che cosa hai intenzione di fare al riguardo? È abbastanza grande da prendere le proprie decisioni. E poi, l'amore è volubile, lo dici sempre pure tu." Gee sta per rispondere ma si ferma quando vede Larissa.

"Lascia perdere, Gee. Sai con che frequenza Filippo cambia idea sulle donne."

"Larissa, questa volta è diverso. Una madre capisce queste cose."

Non serve risponderle. Lascia che Gee abbia l'ultima parola. Raccogliendo alcuni piatti e bicchieri dal tavolo, l'aiuta a ripulire. Continuano a chiacchierare della serata dei premi. Poi tornano a parlare di nuovo di Simona.

"La chiamo e le chiedo di questa cosa del seminterrato. Non sono sicura che sappia qualcosa. Comunque, farò attenzione a come le parlo. È suscettibile ultimamente come sai."

"Grazie Gee. Ho come sempre una scadenza, qualsiasi cosa riesci a scoprire mi può tornare utile. Ma soprattutto, dobbiamo scoprire chi la sta chiamando. Fammi sapere se vai a casa di Nonna che voglio venire anche io. Forse si aprirà di più se siamo in due? Sono davvero curiosa di sapere con chi sta avendo queste discussioni."

Gee la segue fino alla macchina, "Sai cosa Larissa? Pensandoci, potrei andare a Napoli da sola. Voglio passare del tempo con Simona solo noi due. Potrebbe pensare che ci stiamo tramando qualcosa se andiamo entrambe. Ti chiamerò non appena avrò scoperto qualcosa sul seminterrato."

Gee fa un cenno mentre si allontana in macchina. "Qualunque cosa tu pensi sia la migliore per Nonna. Buonanotte, ti voglio bene," dice Larissa salutandola dal finestrino. Dallo specchietto retrovisore vede entrambi i genitori agitare la mano e sorride. Giuseppe si era avvicinato alla madre sulla scalinata d'ingresso. A volte discutono, con Gee che solitamente ha la meglio, ma si supportano a vicenda.

Sulla via di casa, pensa al seminterrato. Gee le ha dato un'idea di come è stato usato negli anni. Ha molti ricordi di aver giocato là, ma sono passati talmente tanti anni da allora. Simona potrebbe non voler discutere delle cose orribili accadute durante la guerra, ma magari sa di Vladimir, dei tesori e di dove sono nascosti. Per il momento lascerà che Gee gestisca le cose, ma la preoccupazione su ciò che sta accadendo a Simona non l'abbandona.

Filippo è in piedi al bar ad aspettarla. Chiede al barista un altro espresso mentre lei gli va incontro. "Grazie," dice mentre beve il caffè, "a che ora devi essere all'aeroporto?"

"Ho un'ora. Avviamoci verso la stazione, prendo il treno delle due che va diretto all'aeroporto."

Lei accetta e fa per cercare il suo bagaglio, quando nota che ha solo un borsello. "Dov'è la tua valigia?"

"Oh, l'ho già fatta spedire dall'hotel, non volevo portarmela in giro. Quindi, cosa pensi che stia succedendo a Nonna?"

Larissa indossa la giacca, infilando le mani in tasca. La leggera nevicata ha smesso da quando hanno iniziato a camminare, ora con gli stivali calpestano il sottile strato di neve a terra. Filippo si infila il berretto, coprendosi le orecchie. "Non ne sono sicura, ma sembra che qualcuno la stia importunando. Se proviamo a chiederle chi la sta chiamando da oltreoceano, lei ci ignora dandoci delle impiccione. E poi, è polemica, più del solito. Gee ne sta soffrendo, soprattutto perché non si apre nemmeno con lei. "

Filippo rimane in silenzio mentre attraversano la strada. Un'improvvisa folata di vento fa svolazzare la neve giù da un tetto sopra di loro mentre camminano.

Del vapore esce dalla sua bocca mentre finalmente inizia a parlare: "Non so che dire, Nonna può essere testarda. Bè, in realtà lo sono entrambe... forse puoi chiedere a Gee di essere più paziente con lei. Magari alla fine si aprirà, no?"

"L'incidente che ha avuto non ha aiutato. Si sente impotente. Ma il problema maggiore sono queste telefonate internazionali che continua a ricevere. Sono sicura che non le stanno facendo bene all'umore. Filippo, e se qualcuno la stesse ricattando?"

Arrivati alla stazione, si abbracciano con Filippo che dice che può chiamarlo ogni volta che ne ha bisogno. "Larissa, smetti di farti film mentali. Sei molto più in gamba di quello che pensi. Non sono sicuro se ti sarà di aiuto, ma se hai bisogno di parlare, anche solo per sfogarti, chiamami."

Lei annuisce abbracciandolo. "Fai buon viaggio." E se avesse ragione lui? Il fatto che Alexey abbia detto che i suoi tesori sovietici siano nascosti nel loro seminterrato di famiglia sta oscurando il suo giudizio. Il KGB ricatterebbe davvero sua Nonna? La sua immaginazione sta andando troppo lontano. Ha bisogno di più fatti.

Capitolo Undici

SIMONA
1980

È la prima persona che vede mentre scende dal treno.

La faccia di Gee si illumina di sorpresa, "Non mi aspettavo di trovarti qui."

Si salutano baciandosi entrambe le guance ed escono insieme dalla Stazione Centrale di Napoli.

"Avevo voglia di uscire. Ti ho detto che mi sento meglio. Guarda, il gonfiore è quasi passato," dice Simona indicandole il suo ginocchio, "e mi sono tolta la fasciatura dal braccio. Riesco a muoverlo meglio di giorno in giorno."

"Ho notato che non zoppichi tanto. Ottimo, questa è una piacevole sorpresa." Gee prende sua madre sottobraccio mentre si avviano verso il parcheggio. Arrivate in macchina, Gee mette la sua borsa nel bagagliaio e si offre di guidare.

"Grazie, riesco a guidare. Non mi ero resa conto di quanto mi fosse mancato fino a quando non sono arrivata qui oggi. Ed è così bello camminare senza dolore al ginocchio." Questa è stata un'idea ben pensata. Guidare per andare a prendere Gee è la dimostrazione che può farcela da sola. Ora lei e Larissa possono smettere di preoccuparsi per lei. Per fortuna Laura, la sua vicina, ha smesso di presentarsi a casa sua ogni giorno. Continua sempre a passare di tanto in tanto per un saluto, ma non si ferma mai troppo a lungo. Quando il ginocchio e il braccio erano fuori uso, allora sì che aveva bisogno d'aiuto costante. Ma ora non più. Questo fine settimana Gee vedrà come ce la sta facendo da sola. Aveva già deciso di godersi un po' di tempo con Gee. Due giorni dovrebbero essere facili per rimanere calma e non lasciare che Gee si innervosisca. Se riuscirà a convincerla che va tutto bene, allora riuscirà a sentire meno il fiato sul collo da parte sua e di Larissa.

Sfortunatamente, poiché Larissa aveva preso la chiamata di Amelia, aveva sentito i segnali della chiamata internazionale. Ora ogni volta che parlano, chiede se ci sono state altre telefonate. Onestamente, le ha detto che avevano sbagliato numero! Laura ha risposto alle telefonate di Amelia da casa di Simona in diverse occasioni. Ha ovviamente riferito tutto a Gee e Larissa. Ed ora non la smettono di impicciarsi. Bene, possono andare avanti quanto vogliono. Non riferirà il nome di chi la sta chiamando. Non sono affari che le riguardano.

Parcheggiano la macchina fuori dal seminterrato e si dirigono verso il suo appartamento. È andato tutto liscio finora. Anche Gee deve aver deciso di mantenere questa visita in toni amichevoli. Prima di entrare in casa, incontrano Laura.

"Ciao," li saluta entrambe. "Com'è stato il viaggio in treno, Gee?"

"Bene grazie. Non era troppo affollato. Il caos natalizio non è ancora iniziato. È confemato per domani a pranzo, anche con Alessandro?"

"Sì, non vediamo l'ora. Ci vediamo domani."

Continuano a camminare verso l'appartamento dopo aver salutato Laura. Simona aveva suggerito di pranzare tutti insieme e Gee aveva accettato. Ora che non vede Laura più tanto spesso, Simona è felice di socializzare di nuovo con i suoi vicini. Il pranzo servirà anche per smorzare la tensione tra lei e Gee. Avere altre persone con cui parlare minimizzerà la possibilità di litigare. Vuole bene a sua

Capitolo Undici

figlia, ma a volte può essere veramente prepotente. Ci sono stati momenti in cui lei e Larissa hanno richiesto che si trasferisse a Roma. Ha dovuto impiegare tutte le sue forze per convincerle che è felice di vivere nella casa che condivideva con suo marito e dove Gee è cresciuta. Tutti i suoi ricordi sono qui. Le piace la sua indipendenza, che è ciò che alla fine le ha convinte a lasciarla stare.

Questo è il motivo per cui ha avuto difficoltà dopo l'incidente, affidarsi agli altri non è stato facile. Ora, Gee vedrà quanto si è ripresa. Questo fine settimana sarà piacevole, se ne renderà conto pure lei.

Capitolo Dodici

Allontana la cornetta dall'orecchio. Fissandola, si chiede cosa possa aver detto di sbagliato questa volta. Ogni volta la stessa storia con Simona. Riavvicina il telefono al suo orecchio. Alla fine riaggancia la cornetta e si avvia in terrazzo.

Amelia osserva svagata le onde infrangersi sugli scogli. È una noiosa giornata primaverile e minaccia di piovere. Il tempo sembra rispecchiare il suo umore. Infastidita da sua sorella minore, respira l'aria umida e salata. Non si ricordava che Simona fosse così testarda. Ovviamente, gli anni hanno cambiato il suo atteggiamento.

Fissando l'oceano grigio, il suo umore si fa più cupo. Come convincerà Simona ad incontrarsi? Ogni volta che tira fuori l'argomento, Simona si rifiuta di parlarne.

Bene, anche lei sa essere testarda. Continuerà a chiamarla più spesso.

William è nel garage a trafficare con la sua macchina. Cammina verso di lui, e con un finto tono spensierato, gli chiede se vuole una tazza di tè. Non sa ancora di Simona e delle telefonate, per questo deve fingere questo tono più allegro.

La sua testa è sotto il cofano, "Dammi solo un minuto... devo solo stringere qui... ah, ce l'ho fatta! Scusa, non ti ho sentito amore, cosa hai detto?"

Lo ammira mentre si asciuga il grasso dalle mani. Sta lavorando ad una Aston Martin DB5, il modello guidato da Sean Connery come 007 nel film Goldfinger. Le sue due passioni - macchine d'epoca ed i film di 007 - lo tengono impegnato in questo garage. Cimeli dei film coprono le pareti e quando lavora alla macchina il giradischi riproduce in continuazione la colonna sonora del film. Quanti viaggi hanno fatto in questa macchina fiancheggiando la meravigliosa costiera? È quello che amano fare tutti i fine settimana.

"Gradiresti una tazza di tè? Me ne sto preparando uno," ripete ancora una volta.

"Grazie, ma no. Sto andando all'officina di George, ha ordinato un pezzo per l'auto ed è arrivato. Hai bisogno di qualcosa mentre sono in città? Posso fare delle commissioni per te se vuoi."

"In realtà sì, ci sarebbe qualcosa. C'è un elenco in cucina. Aggiungo solo un altro paio di cose, così non devo andare laggiù domani."

La segue in casa asciugandosi le mani con uno straccio unto. "Lascia la lista sulla panca, la porterò con me. Prima voglio dare una pulita qui." Si dirige verso la lavanderia ricoprendo perfettamente il ruolo di meccanico professionista con la sua tuta macchiata di grasso.

Lei lo ammira. Sebbene abbia amato le auto da molto prima che si incontrassero, ha iniziato a ripararle solo negli ultimi dieci anni. Studia manuali, frequenta seminari ed occasionalmente da' una mano nell'autofficina di George. All'inizio, si sentiva nervosa a salire a bordo di un'auto che aveva aggiustato lui. Ma non aveva nulla di cui preoccuparsi, ha un talento naturale ed è molto portato per i lavori manuali.

"Beh, ci voleva un po' di pulizia" dice tornando in cucina e prendendo la lista, "Non ci vorrà molto," dice baciandola al volo sulla guancia.

"Grazie, mi risparmi un sacco di tempo domani. Così non devo tornare in città dopo il pranzo con le ragazze."

"Ne sono contento. Passa più tempo con le tue amiche e goditi un pranzo più lungo e con qualche bicchierino extra." Ridacchia mentre se ne va.

Lei mugugna poi sorride mentre lui le fa l'occhiolino. Dopo che se n'è andato, lei finisce il suo tè e si siede di nuovo in terrazzo, adagiandosi svagatamente sul dondolo. Una pioggia leggera inizia a cadere unendosi all'umida brezza marina. Un arcobaleno compare all'orizzonte. Il terrazzo dove si trova affaccia ad est verso la spiaggia ed in una giornata limpida si può scorgere il faro. Stare seduta qui la aiuta sempre a rilassarsi. È serena nel suo angolo di paradiso. Come vorrebbe che Simona fosse qui adesso.

È valsa la pena rimettersi in contatto con sua sorella. I pensieri astiosi della loro infanzia e la decisione che hanno dovuto prendere non la tormentano più come prima. Sono passati quarant'anni dall'ultima volta che si sono viste, nessuna di loro ha infranto la promessa che si erano fatte durante la Seconda Guerra Mondiale. Le telefonate tra loro sono diventate più frequenti ora. Sentire la voce di Simona l'ha fatta sentire di nuovo giovane, le ha dato uno nuovo scopo. Ma Simona rifiuta di ascoltarla quando vuole parlare del passato. Non vuole ricordare la guerra, soprattutto perché le ha tenute separate senza alcuna notizia per troppi anni.

Mentre torna in cucina, la pioggia inizia a battere contro la finestra. Il cielo sereno di dieci minuti prima è ormai un ricordo. Un'altra tempesta estiva si è scatenata verso ovest. Il cielo nero minaccia grandine. Questa è l'Australia, terra di incendi boschivi, alluvioni e violente tempeste estive. La loro casa è sopravvissuta a molte intemperie, è capitato che si inondasse il garage e la grandine piombasse dentro dalla finestra. Anche i famigerati incendi sono arrivati parecchio vicini; l'odore acre del fumo si è infiltrato molte volte nella casa. Carbone, cenere e polvere hanno ricoperto l'intero terrazzo e le loro macchine. C'è stato un incendio particolarmente violento appena tre anni prima, quando si sono svegliati sotto una pioggia di cenere, il terrazzo completamente annerito e la sua Mazda bianca coperta da uno spesso strato di sottile cenere grigia. Questo non è nulla in confronto a quello che è successo ad altre famiglie. Molti soffrono tragicamente quando Madre Natura decide di mostrare tutta la sua potenza.

Capitolo Dodici

Guardando fuori dalla finestra si chiede perché mai l'umanità vada in guerra? Perché ci distruggiamo a vicenda quando ci sono già temporali, cicloni, terremoti e tsunami a devastarci? Non c'è motivo per gli umani di uccidersi a vicenda, la natura può distruggerci indiscriminatamente senza preavviso. La guerra è un male inutile; lei spera di non dover mai più soffrire. Né chiunque ami. In effetti, nessun essere umano dovrebbe subire la guerra o qualsiasi altra atrocità per mano di altri uomini.

Un altro ricordo inquietante le si insinua nella mente. Lo manda via mentre la grandine batte sulla finestra della sua cucina.

Capitolo Tredici

Alexey è seduto nella sua piccola stanza d'albergo con il telefono incollato all'orecchio. La pioggia batte sulla finestra sporca mentre osserva le persone in strada andare in giro sotto i loro ombrelli, infilandosi i cappotti. Con una mano ulla fronte, si massaggia la tempia mentre aspetta di collegarsi con suo nonno. Questa stanza gli sta stretta. Pensa a Larissa ed al suo caloroso appartamento. La tensione si dissipa un po', è un buon antistress. La passione lo travolge mentre pensa a lei.

"Sì, Nonno, l'ho incontrata," dice Alexey a Vladimir. Deve stare attento a non rivelare che in realtà è coinvolto con Larissa. È più preso di quanto si aspettasse. Cerca di mantenere un tono poco emotivo.

Dopo un lungo attacco di tosse, Vladimir risponde, con la sua voce roca "Hai avuto la possibilità di andare nel seminterrato? Siete riusciti a contattare Amelia?"

Spiega quello che sta passando la nonna di Larissa e di come non desideri parlare di ciò che è accaduto durante gli anni della guerra."Amelia è la prozia di Larissa ed è morta verso la fine della seconda guerra mondiale. Sua nonna è Simona. Forse la tua memoria

Capitolo Tredici

non è più quella di una volta," dice mentre Vladimir ansima nel sentire questa notizia.

"Ho avuto una relazione con Amelia. Simona è sua sorella minore. Tuttavia, ho incontrato Simona solo una volta. Amelia era protettiva nei suoi confronti e ho incontrato Simona in circostanze tragiche, forse ha cercato di rimuovermi dalla sua mente. Inoltre, Amelia ed io eravamo d'accordo sul fatto che meno persone erano coinvolte in ciò che stavamo facendo, meglio era per tutti."

Alexey percepisce dolore nella voce di Vladimir mentre la sua tosse rompe di nuovo il silenzio tra loro. Suo nonno doveva aver pensato che sarebbe riuscito a vedere di nuovo Amelia. La tristezza lo invade, non solo nei confronti di suo nonno, ma anche per i suoi forti sentimenti verso Larissa.

Vladimir continua a raccontare ad Alexey storie di persone che a Napoli lo hanno aiutato a fuggire da situazioni pericolose. Gli racconta di come Amelia lo abbia aiutato in un periodo molto buio, nascondendolo nel seminterrato. E lui l'ha protetta a sua volta. Vivere durante la guerra ha risvolti tragici. Si è costantemente in modalità sopravvivenza. Le persone fanno cose che non farebbero mai in tempo di pace. Il loro amore era forte, ma in una circostanza come quella della guerra, era difficile che le cose fra loro potessero fuzionare. "Avevo intenzione di tornare a Napoli. Sono stato in Italia per un anno prima di tornare a casa. A questo punto la guerra era al suo massimo. Ho assistito a così tante morti ed alla distruzione..." Vladimir si interrompe, facendo un lugo respiro. Quando ricomincia a parlare, la sua voce si sente appena, "Tua Nonna aveva bisogno di me." Alexey non lo interrompe. "Ho continuato a fare la mia parte per salvare la nostra preziosa storia aiutando il museo nella loro opera di recupero. Quando la guerra finì, fu il direttore del museo a fare il mio nome per l'incarico all'NKVD.

Alexey non lo corregge perché ormai non importa. Sia che lo chiami NKVD o KGB, Vladimir rimane sempre un membro della polizia segreta. Suo nonno, sebbene emotivo, sembra divertirsi a rievocare questi ricordi. Se queste siano memorie distorte di un uomo che sta invecchiando o vicende realmente accadute, ad Alexey poco importa. Non prova altro che grande orgoglio nei suoi confronti.

"Non importa a chi appartenga il seminterrato adesso, Amelia o Simona. Per favore, scopri se è ancora di proprietà della famiglia della giornalista e trova una scusa per andare a vederlo. I tesori vanno restituiti, anche se io non sarò più in giro per vederlo accadere."

Alexey rassicura suo nonno che farà del suo meglio per saperne di più da Larissa, ma poi rimane sbalordito da quello che Vladimir dice subito dopo.

"Nipote mio, non sarò qui per molto a lungo," tossisce, "devi aiutarmi a realizzare il mio sogno prima che il mio rivale, il colonnello Bruskev, se ne accorga. È un uomo pericoloso, soprattutto perché è uno dei migliori infiltrati e spie dell'agenzia. Voleva la mia posizione da superiore da molti anni e non mi ha mai perdonato per aver accettato l'incarico che riteneva fosse giustamente suo."

Alexey conosce Bruskev e l'odio che ha per suo nonno. Bruskev non ha mai perdonato Vladimir per essere stato promosso suo superiore. Alexey inizia a preoccuparsi perché non si era reso conto che Bruskev lavorasse ancora per il KGB. Questa novità lo rende ancora più determinato a trovare il seminterrato. A parte la salute malata di suo nonno, tiene in particolare a non voler mettere in pericolo la vita di Larissa. Né il resto della sua famiglia. "Nonno, per favore, prenditi cura di te. Voglio vederti quando torno."

"Sì, prometto di star riguardato, nipote mio, ma certe cose vanno al di là dalle mie umili capacità umane. Bruskev non sa ancora che ti trovi in Italia, quindi siamo un passo avanti rispetto a lui. Addio."

Alexey riaggancia il telefono. Le sue mani stringono ancora la cornetta quando poggia la fronte sul tavolo. Pensa a ciò che suo nonno gli ha appena detto riguardo a Bruskev. Spera che abbia ragione sul fatto che Bruskev non sappia ancora che lui si trovi in Italia. Dovrà fare qualcosa riguardo Bruskev, non vuole ulteriori problemi per suo nonno. Affronterà questo problema in un altro momento.

Sospirando, compone il numero di lavoro di Larissa, ha cose più importanti da affrontare adesso. Lei risponde e le chiede di ascoltare attentamente. Racconta la sua conversazione con Vladimir riguardo lo scantinato.

"Proprio ora ero al telefono con mia madre. Ha confermato che Simona è ancora la proprietaria del seminterrato. Ha anche confermato che la mia prozia è morta, ma era in circostanze sospette. A mia Nonna non piace parlare di quello che è successo. Il che mi rende ancora più sospettosa. "

"Pensi che tua Nonna ci lascerà entrare nel seminterrato?"

"Non lo saprò fin quando non le avrò parlato. Ci vediamo più tardi, così ne possiamo discutere con calma."

"Sì, dobbiamo finalizzare il tutto. Ci vediamo stasera, sarò libero più o meno per le otto." Riattacca il telefono, prende la giacca ed esce da quella stanza deprimente. Non vede l'ora di vedere Larissa più tardi. Dopo le notizie su Bruskev, ora è ancora più protettivo nei suoi confronti.

Capitolo Quattordici

"Beh Nonna, stai sicuramente meglio dell'ultima volta che ti ho visto," dice Larissa salutando Simona con un bacio sulle guance mentre entra in casa.

"Ciao bella mia. Mi sento meglio grazie. È stato un tale sollievo togliersi la fasciatura. Ho ancora la fisioterapia da fare, ma sto meglio. E tu, congratulazioni per il premio! Non ci siamo più sentite da quando l'hai ricevuto."

Larissa risponde mentre serve il pranzo sul tavolo da cucina. "Oh, sì grazie, che serata! Ti dirò di più tra un minuto. Ora, ho comprato la zuppa di pollo ed il pane croccante che ti piace tanto dalla tua rosticceria preferita. Sto morendo di fame, e tu?" Si districa in cucina prendendo piatti e posate. "Ho un paio d'ore prima di tornare a lavoro, quindi abbiamo un sacco di tempo per aggiornarci."

"Oh, sono felice che tu non debba scappare. E sì, anche io ho fame. L'aspetto ed il profumo di questo cibo sono deliziosi."

Larissa osserva mentre sua nonna beve la zuppa calda ed inzuppa un pezzo di pane. Simona può essere dura con se stessa. Dice che è stato uno stupido incidente dovuto alla sua mancanza di concentrazione e goffaggine. Tuttavia, probabilmente era dovuto all'arenaria

Capitolo Quattordici

scivolosa. I vecchi gradini si sono consumati nel corso degli anni e possono essere pericolosi.

Guardando il lavoro a maglia poggiato sulla poltrona logora, Larissa sa che Simona sarà felice di riprendere a lavorare ai ferri. In maniera un po' reclusa, Simona si impegna a fare scarpette e cappellini per neonati prematuri.

"Allora, come va la fisioterapia?"

"Molto bene in realtà. Sono rimasta molto colpita da quanto in fretta gli esercizi mi hanno aiutato a far guarire il ginocchio. Non appena sono riuscita a camminare di nuovo senza alcun dolore, ho smesso di sentirmi così impotente."

Larissa e Gee sono consapevoli di quanto Laura sia stata d'aiuto per loro. Il fatto che Simona possa non rendersene conto la disturba, ma hanno già discusso abbastanza di questo. Larissa vuole che questa rimpatriata con sua nonna sia libera da tensioni.

"Ottimo! E una volta che riesci a muovere del tutto il braccio, puoi riprendere a lavorare a maglia. Non sarà fantastico?"

"Ho ripreso a lavorare a maglia questa settimana. Fin tanto che non lavoro per molte ore di seguito, va bene. Per fortuna le altre donne del gruppo hanno continuato a rifornire l'ospedale quando io non potevo. Ho anche ripreso a guidare. Gee non ti ha detto che la sono andata a prendere alla stazione?"

"Sì, me l'ha detto. È bello vederti di nuovo in forma Nonna." Aspettando che finisca di mangiare prima di iniziare a parlare del seminterrato, Larissa si alza per andare a mettere i piatti nel lavandino. Sceglie attentamente le parole da usare: "Ho notato che hai un sacco di legna da ardere, l'ha portata Laura qui per te?"

"Umm, sì un paio di giorni fa. Questa è un'altra cosa che potrò fare di nuovo da solo. Solo questa volta starò più attenta su quei due gradini."

Non volendo pensare alla caduta di sua nonna, Larissa continua a fare domande. "Da quello che mi ricordo è un spazio piuttosto ampio, cos'altro tieni lì adesso?"

"Sono ricordi da bambina, tesoro mio, non è così grande. Ci tengo la legna, passate di pomodoro, alcune conserve e l'olio. Non bevo più vino fatto in casa e la maggior parte di ciò che è rimasto l'ho dato via. Alcune tinozze e bottiglie vuote sono ancora lì. Ah, i ricordi dei bei tempi laggiù. Quando facevamo il vino, era un evento di gruppo. Lo preparavamo tutti insieme con i nostri vicini ed amici".

"Sembra divertente. Ultimamente con Filippo ci sono venuti in mente i giorni in cui andavamo a giocare laggiù."

"Gee mi ha detto che ti ha sorpreso con una visita. Che carino. Anche lui mi ha chiamato. È bello sentire la sua voce." Le si illumina il volto e continua, "Ah, mi ricordo di voi due svegliarvi presto per andare a fare i monelli laggiù. Oh, e quella volta che ti sei messa ad urlare perché un topo ti è passato davanti? Avevi promesso di non andarci mai più."

"Da quel che mi ricordo non credo di esserci più andata. Inoltre avevo solo dodici anni e mi prendevano tutti in giro perchè avevo paura. Soprattutto Filippo. Che è scappato da lì più in fretta di me fra l'altro." S'interrompe, Larissa decide che è il momento di chiedere "Parlando del seminterrato, sai se c'è qualcos'altro laggiù? Qualcosa che potrebbe essere prezioso?"

"Che intendi?" Simona è guardinga. "Perché mi stai chiedendo tutto questo? Qualunque cosa ci sia là sotto appartiene alla nostra famiglia da anni, ma se abbia valore o meno, non ne ho idea."

Larissa vede che è visibilmente scossa e si chiede perché. Questo le fa pensare che Simona le stia sicuramente nascondendo qualcosa. Decide di continuare a chiedere a sua nonna, poichè non ha molto tempo a disposizione. Alexey ha bisogno del suo aiuto adesso. La salute di Vladimir sta peggiorando. "Non intendevo turbarti Nonna. Ogni giorno persone trovano ogni tipo di oggetti di valore in scantinati come il tuo, quindi non si sa mai. Ho un collega interessato ad oggetti di valore scomparsi durante la seconda guerra mondiale. Un giorno stavamo parlando, e venne fuori l'argomento del nostro seminterrato di famiglia. Si è incuriosito e ha chiesto se poteva dare un'occhiata."

"Un collega? Deve essere parecchio più grande di te se ha un interesse per la storia della Seconda Guerra Mondiale e vuole entrare nel nostro seminterrato, no?"

"No, è più giovane di me. Comunque, cosa c'entra l'età adesso? Probabilmente è solo un passatempo. Senti, che ne dici se ci facciamo un caffè? Poi devo andare" dice percependo che Simona ne ha avuto abbastanza delle sue domande.

L'acuto squillare del telefono la sorprende. Alzando il ricevitore, sente i distintivi bip della chiamata internazionale prima di sentire il crepitio dovuto alla lunga distanza.

"Simona?" chiede la voce al telefono.

Allungando la cornetta verso sua nonna, Simona fa un gesto chiedendo chi sia.

Larissa fa spallucce, "È una chiamata internazionale."

Simona scuote la testa in segno di dissenso.

"Mi dispiace, temo che abbia sbagliato numero," risponde Larissa al telefono. Dopo aver riattaccato, chiede: "Chi ti sta chiamando da oltreoceano?" Per quanto ne sa, sua nonna non conosce nessuno dall'estero tranne che Filippo. La chiama solo per il suo compleanno, che non è oggi.

"Come hai detto, hanno sbagliato numero. A volte succede. Ora vado a prendere il caffè nel salone. Per favore, portamelo e poi vai. Ho bisogno di riposare."

Il tono sprezzante nella voce di Simona la sorprende. Ha visto sua nonna trattare Gee in questo modo, ma mai si sarebbe aspettata un comportamento del genere nei suoi confronti. In primo luogo, è stata infastidita dalle domande sulla cantina ed ora è scortese a causa di una strana telefonata. Il carattere irascibile di Simona è insolito. L'aver pensato qualche tempo prima che Simona fosse tornata ad essere sè stessa è stato un po' prematuro. Tutto questo ha risvegliato ancor di più la sua curiosità.

Ha due cose su cui concentrarsi adesso. Uno è convincere Simona a consentire ad Alexey l'accesso al seminterrato quanto prima. L'altro è scoprire chi è il chiamante sconosciuto che la disturba. Visto l'umore attuale di Simona, nessuno dei due sarà facile.

Capitolo Quindici

"Allora, chi ha risposto al telefono?" chiede Amelia. La lettera che ha scritto a Simona è poggiata sulla scrivania pronta per essere spedita. Ha provato a chiamare sua sorella prima di dirigersi all'ufficio postale per spedire la lettera. Il fatto che le abbiano sbattuto il telefono in faccia l'altro giorno il telefono la irrita ancora.

"Era Larissa. Mi è venuta a trovare ed abbiamo pranzato insieme. Mi è preso il panico quando mi ha detto che era una chiamata internazionale. Così le ho fatto credere che avevano sbagliato numero."

"Sì, ovviamente i bip gliel'hanno fatto intuire. Sarebbe stato meglio se avessi risposto tu. Ora è probabilmente sospettosa."

"Mi sento malissimo. Dopo essermi fatta prendere dal panico, mi sono comportata malissimo con lei. Non sono mai stata sgarbata con Larissa, ma il timore che lei e Gee scoprano la verità... Non posso... Non..." Simona scoppia a piangere. Di nuovo. Il suo dolore si percepisce anche dall'altro lato del telefono.

Amelia è esausta. Sembra impossibile convincere Simona a permetterle di incontrare Gee e Larissa. Ora, con Larissa fra i piedi che si impiccia del seminterrato e risponde alle sue chiamate, Simona è ovviamente spaventata. "Oh Simona, sorellina mia, per favore smetti di piangere. Non abbiamo pianto abbastanza?" Fa una pausa per permetterle di ritrovare la calma.

La sente tirar su col naso, "Quindi vuoi che le permetta di andare laggiù e trovarli? Così Larissa farà ancora più domande."

"Che scelta abbiamo Simona? Vladimir voleva che tornassero in patria dopo la guerra. Penso che glielo dobbiamo."

"Era il tuo amante, non il mio. Non gli devo nulla. Ti ho persa a causa sua. Ora, Larissa vuole portare un altro uomo nel mio seminterrato. No, non ci sto."

Di che uomo sta parlando Simona? "Pensavo fosse solo Larissa a chiedere del seminterrato. Chi è quest'uomo?"

"Apparentemente è un collega di lavoro. Non ho avuto modo di farle altre domande. La tua telefonata ci ha interrotte."

"Simona, scopri di più su quest'uomo. Perché sta chiedendo a Larissa queste cose? Sa qualcosa? Viene dall'Unione Sovietica?"

Sente Simona fare una grossa risata. "Stai correndo un po' troppo con l'immaginazione Amelia. Larissa ha detto che ha un interesse per la storia della Seconda Guerra Mondiale, il che non lo rende Russo."

"Beh, almeno ti ho fatto ridere. È meglio che sentirti piangere." Amelia nota l'ironia della sorte. È una coincidenza? Qualcuno che conosceva Vladimir ha mandato quest'uomo a parlare con Larissa? La sua mente si riempie di ipotesi di ogni genere. L'agenzia per cui ha lavorato Vladimir è a conoscenza di quello che ha fatto? Il governo comunista è coinvolto?

Sono di nuovo in pericolo? Larissa conosce il movente che spinge quest'uomo? "Simona, per favore, ascoltami. Non possiamo cambiare quello che è successo in passato. Quello che sto cercando di fare è migliorare il nostro futuro, il tuo ed il mio. Mi fa male vedere mia figlia..."

"Mi conosce come sua madre!" grida di nuovo Simona.

Amelia si compone prima di rispondere: "Apprezzo quello che hai fatto per allevarla, Simona. Quanto sarebbe bello se ci potessimo incontrare tutte insieme? Riunirci senza l'angoscia della nostra infanzia. Ho bisogno di vederti quanto di voler conoscere Gee."

"Amelia, devo andare al mio appuntamento di fisioterapia," dice Simona con voce calma.

"Sì...va bene Simona. Ti voglio bene, riguardati." Una volta riattaccato il telefono, Amelia continua a fissarlo. È vero che Simona l'ha persa a causa del suo amore per Vladimir. La decisione è stata presa in un momento di paura ed ora è di nuovo preoccupata per la loro incolumità. Quanto bene Larissa conosce questo collega? Un altro ricordo fluttua nella sua mente...

Stringe forte Simona. Anche lei ha paura. Per ora, sono al sicuro nel seminterrato. Sono scappate dal padre, Teodoro. È di nuovo tornato a casa delirante ed arrabbiato. L'hanno sentito arrivare prima che le vedesse, e si sono messe in salvo. Là non le troverà. Non sa nemmeno che hanno le chiavi del seminterrato, la madre ha mostrato loro dove nascondersi prima di morire. Fuori è una calda mattina di luglio. Il sudore gocciola sul suo corpo mentre cerca di calmare Simona. Rimarranno tutto il tempo necessario. Alla fine si addormenterà in un torpore ubriaco.

"È sempre arrabbiato adesso Amelia. Dobbiamo dire a qualcuno cosa sta facendo."

I tristi occhi marroni di Simona la guardano. Come vorrebbe poter allontanare il loro dolore, "Chi ci crederà? Si parla di guerra, le persone hanno problemi più grandi da affrontare. Abbiamo un posto dove vivere, cibo e un padre che ci mantiene. Questo è ciò che la gente vede."

"Ma non è vero, guarda cosa ti ha fatto. Cosa ci ha fatto."

"Nostro padre ha il potere Simona, per ora dobbiamo sopportarlo. Sono più grande di te, per favore ascoltami e insieme sopravviveremo a tutto questo. Te lo prometto." Lo dice con più convinzione di quanta se ne senta veramente. La sua paura è palpabile, ma non deve mostrarla a Simona. Lei è quella forte. Coccolando sua sorella, cade in un sonno arbitrario.

È metà mattina del giorno successivo quando decidono di uscire. Entrano in casa, è silenziosa. Amelia fa un sospiro; il suo cuore martellante rallenta. Entrambe si dirigono verso la camera da letto. All'improvviso, Amelia sente quasi strapparsi i capelli dal cuoio capelluto. Il dolore la attraversa mentre, è sul pavimento urlando: "Simona, corri!"

Lei non discute. Simona conosce la routine. Questo è successo prima...

Amelia prende la lettera. Lo strappa, non serve a niente inviarla ora. Prima vuole scoprire chi è l'uomo in questione. Questo potrebbe essere l'ennesimo ostacolo per avere l'approvazione di Simona di farle incontrare Gee.

Capitolo Sedici

Una voce che arriva dalla porta dell'ufficio la sorprende.

"Il programma è in onda con quindici minuti di anticipo Larissa, c'è un annuncio politico alle sette meno un quarto," la informa il direttore dello studio, "vai al trucco appena possibile."

La sua mente era focalizzata sulla sceneggiatura davanti a lei. Non ha ancora finito con l'ultima inchiesta della notte, ma decide che è in grado di improvvisare.

Si rende conto che se lo spettacolo inizia in anticipo significa che potrà tornare a casa prima. Questo le tira su il morale perchè vuol dire che potrà chiamare Alexey prima. È in missione a Londra. Non passa secondo in cui lui sia lontano dai suoi pensieri e sebbene nessuno dei due abbia detto niente, lei sa che il loro amore reciproco sta crescendo. Questi sentimenti euforici continuano ad invaderla, ma sa che presto dovrà partire per l'Unione Sovietica. E se non fosse più in grado di tornare? Vive in un paese comunista. Chi può dire se il governo gli permetterà di continuare a lavorare come ha fatto finora.

Alexey le ha promesso che richiederà incarichi in Italia. Vuole disperatamente che torni da lei. L'amore che prova per lui è qualcosa che non ha mai provato prima. Le ha rubato il cuore. Il volto le si illumina al pensiero di quello che prova per lui. Deve rimanere positiva. Tornerà da lei. Sa già che non puo' vivere senza di lui.

Allontanando la sedia dalla scrivania, si dirige verso il reparto trucco.

Rientrata nel suo ufficio alla fine del programma per prendere la borsa, nota la luce del messaggio che lampeggia sul suo telefono. Preme il pulsante e sente partire la voce di Alexey. È tornato a Roma. L'incarico a Londra è finito in anticipo. Compone automaticamente il numero del suo hotel. Lo sa a memoria. "Alexey, ciao. Come stai?"

"Sto bene. Mi sei mancata. Che ne dici di andare a pranzo insieme domani? Dobbiamo chiarire le cose con tua nonna. Parto presto per tornare a casa."

Sente il cuore fermarsi. Pensava fosse questa la sua casa, le ha detto che ama stare qui. Questo non significa voler rimanere con lei? Cerca di mantenere la sua voce allegra: "Mi sei mancato anche tu. E pranzo domani? Assolutamente. Non riesci a venire stasera?"

"Scusa no. Devo sviluppare queste pellicole e consegnarle domani mattina. Sai che preferirei di gran lunga stare con te?"

"Allora, vieni," scherzo, "no... dimentica quello che ho detto. So benissimo come va con le scadenze. Possono essere una maledizione. Ok, ci vediamo domani a *Piazza di Spagna*. Ciao tesoro." Riattacca il ricevitore, è delusa. Hanno avuto così poco tempo insieme. Se solo non fosse dovuto partire. Il suo aspetto fisico non è l'unica cosa ad attrarla, anche se ai suoi occhi è l'uomo più bello del mondo! C'è qualcosa di diverso in Alexey. Non pretende che si dedichi a lui. Altri uomini che ha frequentato si sono sentiti minacciati dalla sua carriera. Non Alexey, lui sembra accettare sia lei che la sua carriera, il che lo rende ancora più attraente nei suoi confronti.

"Sono qui" grida in direzione di Alexey. "Che ne dici di una pizza?" chiede mentre si baciano ed abbracciano, senza volersi lasciare.

"Tutto quello che vuoi. Finché sei con me, è tutto ciò che conta."

Dopo aver trovato un tavolo a *Il Re Degli Amici* in Via Della Croce, gli racconta dei suoi progressi con sua nonna. "Sono andata a trovare Simona mentre eri via. È stata molto cauta quando le ho chiesto se ci potesse essere qualcosa di prezioso nel seminterrato. Forse devi venire con me per convincerla a fartelo vedere?"

"Dobbiamo fare in fretta. Sei in grado di organizzare un'altra visita questo fine settimana? Potremmo andare fino a Napoli."

"La chiamo. Forse possiamo dirle che stiamo facendo ricerche per un programma e tu sei il mio collega di lavoro. Le ho già menzionato qualcosa. Non credo che dirà di no. Almeno, spero che non lo faccia. Era di umore molto strano quando la sono andata a trovare l'ultima volta. Poi, quando ho risposto a una telefonata internazionale, mi ha pratocamente buttato fuori. Invitandomi ad uscire perché aveva bisogno riposare."

"Stento a crederci da quello che mi hai detto di lei e visto quanto siete unite. Pensi che sia saggio mentirle?"

"Era strano. Fondamentalmente mi ha tagliato fuori e non voleva discutere ulteriormente. Mi ha ferito. E ti dico che qualcuno le sta dando il tormento. Non era un numero sbagliato, la signora dall'altra parte l'ha chiamata per nome. Quanto a mentirle, hai un'idea migliore? Non abbiamo tanto tempo."

Arrivano al tavolo le pizze. "Parliamo di una cosa alla volta, Larissa. Faremo tutto il necessario per guardare nel seminterrato. Ho una chiave, potremmo dare un'occhiata senza dirglielo?" Alexey prende un pezzo, lo piega e lo finisce in due morsi. "Oh, che delizia."

Larissa mangia solo due pezzi della sua pizza, poi la spinge verso Alexey. "Finisci anche la mia, non ho molta fame. E no, voglio il suo permesso. Non possiamo andare a frugare laggiù senza che lei lo sappia."

"È vero, è meglio che lo sappia," dice, "e finirò anche la tua pizza, se insisti." Alexey annuisce mangiando avidamente gli avanzi.

Il comportamento di Simona non le dà pace. Quando aveva menzionato l'accaduto a Gee, lei aveva riconosciuto il fatto che Simona fosse frustrata. Sua nonna, sebbene in via di guarigione, non stava affrontando bene le sue ferite.

"Fammi sapere subito appena hai finito di parlare con Simona," dice Alexey riempiendosi la bocca di pizza. "E per favore cerca di non preoccuparti troppo."

Lei inizia a ridere. Il formaggio filante gli penzola dal mento. La salsa di pomodoro oleosa gli copre la bocca. Afferrando il suo tovagliolo, gli asciuga scherzosamente la bocca, poi lo bacia. "Ti stai davvero godendo questa pizza."

"Certo che si," dice leccandosi le dita, "l'unico modo per mangiare una pizza è con le mani."

Una volta bevuto il caffè, Alexey paga e si avviano fuori. "Chiamerà Simona non appena sarà tornata in ufficio."

"Sarò a casa tua verso le sette," dice mentre l'abbraccia stampandole un bacio appassionato sulle labbra. "Insieme sistemeremo le cose con tua nonna."

Si dirige verso l'ufficio, desiderando di avere la stessa fiducia di Alexey.

"Larissa, aspetta." Si avvia verso il suo ufficio dopo aver finito le riprese, si gira in direzione di Brigite.

"Mi dimentico sempre di chiederti come vanno le cose con Alexey. Non abbiamo avuto molto tempo per parlare. Immagino che sia impegnata a spassartela."

"Proprio quello che sto facendo, anche se non sarà qui per molto," dice Larissa a Brigite mentre entrano nel suo ufficio. "Le cose stanno andando bene, è molto gentile e..."

"*Gentile?* Direi sexy, ammaliante, affascinante e caliente. Non userei la parola *gentile*."

Larissa sorride mentre inizia a preparare la sua ventiquattrore. "Ok, vuoi sapere la roba che scotta? Sì, è tutto questo. La notte dei premi siamo tornati a casa mia e da allora non ci siamo più separati. Solo quando è via per un incarico."

"Ben fatto Larissa. L'hai agganciato la prima notte."

"Beh, non proprio. Ci siamo andati piano per una settimana. Poi visto che tutto sembrava perfetto non sono riuscita più ad aspettare. Ho preso una bella cotta. Sembra provare lo stesso per me ma..."

"Sta per partire e non sei sicuro che tornerà?"

"Esatto. E se non gli fosse permesso di rientrare nel Paese? Non me l'aspettavo. Doveva essere un'avventura. Solo una distrazione per alcune settimane."

"Wow, non avevi lo stesso sguardo quando parlavi dei tuoi ex fidanzati. Ma devo dire che sta diventando un'abitudine uscire con uomini irraggiungibili."

"E vero," sospira. "È stato a Londra per tre giorni e ritornerà stasera. So che non riuscirò a togliergli le mani di dosso. Oh, Brigite, è così dolce... e gentile."

"Ancora quella parola," ride Brigite. "Oh bene, goditi tutto questo... qualunque cosa sia, finché dura.

Mentre escono dal suo ufficio, Larissa chiede a Brigite della sua vita amorosa.

"A differenza tua, al momento qui è calma piatta. Ora vai e divertiti con il tuo possente, biondo fidanzato," dice Brigite facendole l'occhiolino, "e goditi tutte le sue attenzioni."

Capitolo Diciassette

Dopo aver mangiato tutta quella pizza, Alexey decide di fare un po' di shopping prima di tornare al suo hotel. Vuole trovare qualcosa di speciale per suo nonno e dovrebbe comprare un altro regalo per qualcuno a cui non ha pensato fino a questo momento. Ha dovuto fare i conti con il senso di colpa per non aver menzionato questa persona a Larissa da quando l'ha incontrata, ma non può ancora dirglielo. In questo momento, ama trascorrere il tempo insieme a lei e desidera solo poter restare.

Dopo un paio d'ore di giri e shopping, passa davanti a un fioraio e decide di comprare per Larissa dodici boccioli di rosa in cellophane rosso. Uscendo dal fioraio una ventata di aria fredda colpisce il suo viso. All'inizio è uno shock, ma subito si rende conto che questo inverno Italiano non è niente in confronto agli inverni che ha vissuto a casa. Riponendo con cura le rose nella borsa insieme agli altri suoi acquisti, decide di tornare in hotel.

Mentre passa vicino a Piazza Barberini, si siede accanto alla fontana del Tritone del Bernini a guardare la gente camminare. Molti si affrettano a raggiungere il capolinea prima della partenza del treno. Dei piccioni girano intorno a lui, un anziano seduto vicino a lui gli sta dando da mangiare. Pensa a Vladimir. Tra dieci giorni lo vedrà di nuovo. Spera di potergli dare buone notizie sui manufatti.

Il signore che stava dando da mangiare ai piccioni gli si avvicina. Curvo, le gambe si muovono lentamente e con molto sforzo. Quando arriva da Alexey, gli chiede degli spiccioli. Frugando nella tasca del cappotto, gli dà tutto il resto che trova.

"Che Dio ti benedica, giovanotto." Detto ciò, si avvia verso la stazione.

Guardando il vecchio, si chiede dove sarebbe oggi se suo nonno non lo avesse preso con sè... senza tetto e senza un soldo come quel vecchio?

Il vento gelido ora sta turbinando più forte, quindi anche Alexey decide di dirigersi verso la stazione. Il treno lo riporterà in albergo in pochi minuti, il che gli darà il tempo di organizzare il suo prossimo incarico prima di andare all'appartamento di Larissa in Prato.

Mentre si dirige in direzione dei treni, pensa al fatto di trovarsi a Roma. È stato fortunato a vedere gran parte d'Europa. La sua professione ed il ruolo ricoperto da suo nonno nel KGB gli hanno permesso di farlo. Apprezza i sacrifici che Vladimir ha fatto per prendersi cura di lui dopo la morte dei suoi genitori. Come gli mancano e quanto desidera che possano vedere l'uomo che è diventato. Sa di essere fortunato ad essere qui a Roma, a gironzolare libero ed innamorarsi. Se solo potesse condividere tutto questo con loro.

Tenendo i fiori in mano, citofona al suo appartamento. Il cancello dell'atrio anteriore si apre. Spingendolo, entra nel condominio. Larissa è alla porta e fa un sorriso a trentadue denti uscendo dall'ascensore. I suoi occhi si spalancano quando le passa le rose.

"Questa volta sai da chi vengono."

"Alexey, sono stupendi, qual è l'occasione?" Li mette in un vaso disponendoli con cura e legando il nastro attorno alla base. Colloca le rose al posto d'onore sul camino mentre Alexey le risponde.

"Nessuna occasione ma ho una confessione da fare. Sono io l'ammiratore segreto della notte dei premi."

"Tu? Hai mandato quelle rose?" Rimane di stucco. "Aspetta... sapevi chi ero, ma come facevi a sapere dove abitavo? E chi ha fatto entrare il fattorino nel condominio?" La sua voce acuta è penetrante ed inizia a tremare.

"Prometti di calmarti e ti racconterò tutta la storia," dice Alexey poggiandole le mani sulle braccia in un tentativo di calmarla. Non si era aspettato una simile reazione.

Inizialmente esitante, Larissa si calma, "Va bene, lo prometto."

Inizia a dirle che la sua agenzia gli aveva fornito le foto dei candidati per i premi. Quando ha visto la sua foto, ha deciso che tale bellezza avrebbe dovuto ricevere altrettanto belle rose. Dopo aver fatto un po' di ricerche, era riuscito a trovare il suo indirizzo e con qualche lira Italiana ha convinto il suo portiere a far entrare il fattorino nel condominio."

"Sei un furfante, ma adorabile," dice, "e per favore promettimi che non mi spaventerai di nuovo così."

"Mi dispiace tesoro, non sapevo che fossi stata pedinata. Non arrivano troppe notizie mondane dove vivo io."

"No, certo, lo immagino. Ma niente più bugie per favore!"

Allarga le braccia, "Può un abbraccio farti sentire meglio?"

Si immerge tra le sue braccia accoglienti. Tutto è perdonato e dimenticato. Alexey emette un sospiro di sollievo.

Sono seduti sul balcone di Larissa, sorseggiando due bicchieri di Porto. Roma è decisamente invitante; non dovrebbe essere difficile abituarsi a vivere qui. Alexey sta ascoltando Larissa mentre racconta la sua conversazione con Simona.

"Ci è voluto un po' per convincerla, ma alla fine ha acconsentito a riceverci entrambi questo sabato. Quindi, il piano è di partire sabato mattina presto, offrire di aiutarla a liberare un po' di roba dal seminterrato e, si spera, trovare i manufatti."

"Lo fai sembrare così semplice. Sono sicuro che sono ben nascosti, altrimenti a quest'ora li avrebbero già trovati."

"Oppure, Simona nasconde qualcosa e non vuole che lo scopriamo? Non pensi che sia curioso che tuo Nonno abbia scelto proprio adesso per andarli a cercare? Ti dico che secondo me ci nascondono qualcosa. Ad ogni modo, è l'unica ad andare laggiù."

"Larissa, la tua mente giornalistica mi lascia di stucco. Smetti di creare storie prima di sapere ciò di cui Simona è a conoscenza."

"Te l'ho già detto, qualcosa è successo. Laura mi ha detto di averla sentita urlare di nuovo. Mia Nonna non urla. Almeno non l'ha fatto fino ad ora. Non mettere in discussione quello che so su di lei."

"Ok, ok!" Raccoglie entrambi i bicchieri insieme alla bottiglia di Porto e si dirige all'interno. Larissa lo segue alle sue spalle.

"Per favore, non essere arrabbiata con me. Sei fortunata ad avere una nonna che ti ama. È protettiva della sua privacy e non deve raccontare a te e Gee tutto quello che succede nella sua vita."

"Non mi piace la sensazione che ci stia nascondendo qualcosa di importante. Perché altrimenti sarebbe così sospettosa tutto all'improvviso?"

Lasciando la bottiglia e i bicchieri sulla panca, le mette le braccia attorno alle spalle. Baciandole il naso, dice: "Guarda, conosci tua Nonna meglio di chiunque altro. È stato inappropriato da parte mia dirti cosa fare."

I loro occhi s'incontrano, i forti sentimenti che prova iniziano ad emergere. La porta in camera da letto. Si spogliano, accarezzandosi delicatamente a vicenda. La loro piccola discussione è ora allontanata dai suoi baci. Tutto il suo corpo è sensibile al suo tocco. Immersi in una rapsodia d'amore e mentre si tengono stretti, Alexey sussurra il suo amore per lei.

"Sarò onesto, non ho mai provato niente del genere prima d'ora. Ho voglia di gridare a squarciagola 'Ti amo, Larissa Mina'."

Lei alza lo sguardo ammirando il suo viso, baciandolo leggermente sulle labbra, "L'ho saputo dal momento in cui ti ho incontrato."

Alexey sorride debolmente, "Uhm, c'è qualcosa che dovrei dirti."

"Davvero? Cosa? Niente più bugie spero?" Implorano i suoi occhi ma il suo viso è addolcito dall'amore che prova per lui.

Prima che possa iniziare a parlare, squilla il telefono. Lei gli chiede di non dimenticarsi di quello che deve dirle. Alexey lascia la camera da letto mentre alza il ricevitore.

È in cucina quando Larissa gli dice che la telefonata era di James.

Capitolo Diciassette

"Devo andare in studio; è in arrivo una grande notizia politica. Stiamo realizzando un'edizione speciale del sabato sera di Roma Tonight. Scusa Alexey, devo andare."

"Oh, va bene se vengo anch'io? Sarei interessato a vedere come viene prodotto uno dei tuoi programmi."

"Ottima idea, sono sicura che non ci saranno problemi. James potrebbe anche darti qualche lavoro da svolgere" ride. "Facciamo la doccia e andiamo perché sarò in onda tra tre ore."

Lo studio è in frenesia. Il direttore del piano dice loro che questo spettacolo di trenta minuti è dedicato al rovesciamento del governo. L'Italia è nota per i suoi sconvolgimenti politici e questo è un altro evento importante. James e il team di ricerca hanno già organizzato incontri ed interviste dal vivo.

Larissa raccoglie quante più informazioni possibili mentre Alexey osserva. Sente che i democratici cristiani sono al governo e sembrano aver resistito. A molte persone non sono piaciute le riforme sociali proposte dal governo attuale, ma in qualche modo i voti sono andati nel modo desiderato dal governo. In questo show riferiranno perché questo particolare rovesciamento non ha funzionato e Larissa intervisterà il Presidente in merito ai suoi piani per il futuro.

Il piano dello studio viene svuotato mentre direttori e tecnici entrano nella sala di controllo. Truccatori e assistenti di produzione escono di scena. Larissa è pronta per l'intervista. Alexey osserva nell'ombra e prende nota di tutto. Il suo lavoro di fotoreporter, che ama, è molto più solitario rispetto a quello che fa Larissa. Si meraviglia del lavoro di squadra e di come, sebbene sia caotico dietro le quinte, il pubblico televisivo non ha idea perché le storie vanno in onda con soluzione di continuità.

Lo spettacolo giunge al termine, il loro lavoro è finito. Alexey è sbalordito dal lavoro svolto. Sente che alcuni membri del personale suggeriscono di andare a prendere una cosa da bere al pub di zona.

"Ottima idea," concorda James. "Andiamo. Larissa e Alexey, vi unite a noi?"

"Puoi scommetterci," risponde Larissa. Alexey, che è in piedi accanto a lei, fa segno di assenso a James.

"Che fermento" commenta Alexey una volta seduto al bar. "Pensavo che il mio lavoro fosse eccitante, ma uno spettacolo dal vivo... non si batte."

"Sì, il mio cuore continua a battere," dice Larissa, "non c'è tempo per pensare, ognuno deve fare la suo parte per far filare tutto liscio."

James offre un giro di drink con applausi da parte di tutti. Discutono dell'attuale situazione politica e della possibilità di un'altra elezione. Alexey ascolta attentamente, non avendo mai votato in vita sua. Cosa darebbe per avere voce in capitolo nella gestione del suo paese. Guardare tutto questo ha smosso qualcosa dentro di lui, qualcosa che credeva non avrebbe mai potuto pensare, figuriamoci fare. Cioè, fino a quando non ha incontrato Larissa. Questo pensiero è diventato più forte ogni giorno trascorso con lei.

"Alexey, Andiamo? Non sarebbe bello andar via per il fine settimana?" chiede Larissa.

"Eh, scusa, fine settimana dove?"

"Terra chiama Alexey, sei con noi?" scherza Larissa, "un'amica di James ha una villa in Toscana. Ha chiesto se vogliamo andare il prossimo fine settimana."

"Sarebbe fantastico." Sarà il loro ultimo fine settimana insieme prima di tornare a casa a Leningrado. Percepisce quanto sia eccitata all'idea di andare, non oserebbe mai dirle di no.

Non sapendo quando tornerà di nuovo, più tempo riusciranno a trascorrere insieme meglio sarà. Stare lontano da lei è qualcosa a cui preferisce non pensare.

"Ok, lo farò sapere alla mia amica. Voi due potete partire il venerdì dopo lavoro, io sarò già lì perché faccio il weekend lungo."

"Oh, capisco. Quindi si tratta di un'amica speciale?" chiede posando la testa sulla sua spalla e alzando lo sguardo verso di lui, "vuoi dirmi di più?"

"Può essere. Quanto è speciale quest'amica è tutto da vedere. Non ci resta che aspettare e vedere."

"Hmmm, non vedo l'ora che arrivi il fine settimana."

Larissa solleva la testa dalla spalla di James e guarda verso Alexey chiedendogli cosa stava per dirle prima che uscissero di casa per andare allo studio.

"Oh niente. Dopo quello che è successo stasera, non è più importante." La stringe forte dandole un bacio sulla guancia.

Capitolo Diciotto

Parcheggiano l'auto in Via Posillipo. Questa strada è a pochi passi da Corso Garibaldi dove vive Simona. Camminando a braccetto verso casa di sua nonna, vedono Laura uscire in strada. Larissa lascia andare il braccio di Alexey. "Ciao Laura."

"Ciao Larissa, Simona mi ha detto che saresti venuta oggi." Laura guarda Alexey da capo a piedi.

Sentendosi a disagio per lui, Larissa lo presenta. "Questo è il mio collega di lavoro Alexey."

"Piacere di conoscerti." Stringe la mano a Laura.

"È di buon umore oggi?" chiede Larissa a Laura.

"Non l'ho vista stamattina. Sono andata ieri a trovarla. In realtà mi ha ringraziato per l'aiuto."

"E dovrebbe, Laura. Gee ed io apprezziamo moltissimo tutto quello che hai fatto. Speriamo che ora che sta meglio anche il suo umore si risollevi."

"Sono sicura di si. Ora devo scappare, vado a prendere mio marito alla stazione. Sta tornando a casa da una battuta di pesca." La guardano mentre si allontana, poi Larissa dice "Brrr, meglio muoverci Alexey." I pochi minuti ferma in questo angolo di strada l'hanno fatta infreddolire. Si avvolge il cappotto attorno mentre camminano verso casa di sua nonna.

Una volta arrivata a casa di Simona è felice nel constatare che il fuoco è acceso. Riscaldandosi, presenta Alexey dopo aver salutato Simona.

"Ciao, piacere di conoscerti. Il viaggio da Roma è andato bene?" chiede salutandoli entrambi con un grande sorriso.

Larissa emette un sospiro di sollievo. È di buon umore. "Tutto bene grazie Nonna."

"Piacere di conoscerla, signora Pittola. Grazie per avermi accolto in casa sua. Spero che si senta meglio," dice Alexey.

"Sto meglio, grazie per avermelo chiesto. Ora per favore, mettetevi comodi. Ho fatto il caffè."

"Ci penso io a servire il caffè Nonna. Ecco, siediti, lo vado a prendere." Sente di sfuggita Simona chiedere ad Alexey da dove viene e cosa lo porta in Italia.

"Sono un fotoreporter e vengo dall'Unione Sovietica. Faccio foto per vivere. Il mio lavoro mi porta in posti diversi a seconda dell'incarico."

"Sì, Larissa mi ha detto che vuoi vedere il mio seminterrato. C'è un motivo particolare per cui hai scelto proprio il mio?"

Prima che possa rispondere, Larissa parla per lui: "Nonna, la stazione televisiva per cui lavoro ha assunto Alexey per scattare delle foto per una storia su cui stiamo lavorando. Ricordi, ti ho parlato del mio collega?" Appoggia il vassoio sul tavolino. Alexey si serve, ma Simona sembra confusa, i suoi occhi vuoti fissano il nulla. Larissa nota il suo volto pallido mentre le passa la tazza, "Nonna, stai bene?"

"Sì cara, sto ascoltando il tuo amico, perché me lo chiedi?" In un attimo Simona è tornata ad essere presente di nuovo nella stanza. Larissa era certa che la sua mente fosse altrove; non sembrava aver ascoltato né Alexey né lei. "Oh niente, sembravi un po' distratta."

"Sai che non sono sicura di volere che un estraneo veda cosa c'è nel seminterrato di famiglia. Voglio davvero che uno dei membri della tua troupe televisiva vada a ficcare il naso là sotto? Le persone sono impiccione da queste parti."

Alexey spiega che vuole solo scattare alcune foto, "Non c'è bisogno di una troupe televisiva, basto io."

Larissa si siede in silenzio a guardare la faccia di Simona, fa finta di non sapere. Avevano già parlato di tutto questo. Simona sapeva che stavano venendo per guardare dentro il seminterrato. Ancora una volta, sembra distante. È quasi come se non avesse sentito Alexey. A Vladimir non rimane molto tempo. Alexey deve ispezionare il seminterrato oggi. Perché sua nonna si sta opponendo? "Nonna, va bene se Alexey da un'occhiata? Possiamo anche aiutarti a sistemare alcune delle cose di cui potresti voler sbarazzare. Avevi detto a me e Gee che volevi riordinare laggiù."

Con uno sguardo severo, Simona risponde: "Non vedo la necessità che tu vada laggiù quando ti ho già assicurato che non c'è niente da vedere. Solo un sacco di oggetti di famiglia carichi di ricordi per me." Beve un sorso di caffè senza guardarli.

"Vogliamo solo dare un'occhiata Nonna. Mi rammarica sapere che pensi potremmo causarti dei danni." Larissa ne ha abbastanza della sua testardaggine e si avvicina al camino per prendere la chiave. "Abbiamo bisogno di mezz'ora al massimo." Tenendo la chiave in mano, continua, "solo una rapida occhiata, è tutto ciò che chiediamo." Tenendo ancora la chiave, si avvicina a Simona. Non si accorge nemmeno che Larissa è in piedi accanto a lei, con quello sguardo lontano negli occhi.

Alexey mette la mano sul braccio di Larissa provando a calmarla. Posa la chiave sul tavolo poi prende le tazze di caffè vuote e le ripone sul vassoio. "Do una sciaquata e poi andiamo. Mi dispiace averti turbato."

Simona si gira a guardare la chiave. Riemerge da qualunque pensiero fosse stata presa e fa un cenno quasi impercettibile.

"È un sì Nonna?"

Annuisce di nuovo e le restituisce la chiave. "Mezz'ora. Non di più." Poi spiega loro che il seminterrato è dietro l'angolo nel vicolo vicino. "Svolta a destra dopo casa di Laura, quindi a sinistra nel vicolo. È il numero 20."

Larissa è sorpresa. A cosa é dovuto quest'improvviso cambiamento? Sta trovando difficile capire sua nonna al momento. Ma decide di non mettere in discussione le sue motivazioni, non c'è tempo. Larissa si è impegnata ad aiutare Alexey, e questo è ciò su cui si concentrerà.

L'odore rancido li colpisce mentre aprono la pesante porta di legno. Una valanga di ricordi la assale mentre scende nel seminterrato. Ricorda come Filippo la prendesse in giro per sentirsi male quando rimaneva qui troppo a lungo. Trova l'interruttore della luce. La lampadina è fioca. Strilla mentre un topo le passa sugli stivali.

Alexey è dietro di lei. "Cos'è successo?"

"Ugh, ratti. È così umido quaggiù, probabilmente ne è pieno. Filippo ed io eravamo soliti giocare qui da bambini. Un giorno me ne passò uno sui piedi. Questa è la prima volta che torno quaggiù da quando è successo".

Il suo viso rimane impassibile, concentrandosi sul loro compito. "Visto che non ti sei fatta niente, possiamo continuare. Ora, Vladimir mi ha detto di cercare un blocco di arenaria sul pavimento. Ha avuto il mortaio rimosso intorno ad esso. Ma trovarlo sarà un problema, guarda quando roba c'è qui. Da dove iniziamo?

Continuano a guardarsi attorno muovendo vecchi portabottiglie e formi di formaggi. Ci sono anche attrezzi da giardino e da fattoria, ferri antichi e tini coperti di polvere secolare spessa come il muschio. "Qui, Alexey. Questo sembra diverso."

Muove la tinozza vuota che copre la maggior parte della pietra. "Bel colpo Larissa. Suppongo che il motivo per cui Simona pensi che non ci sia nulla quaggiù è che nessuno ha spostato nulla da molto tempo. Guarda le mie mani." Le sue mani sono nere coperte di polvere fuligginosa dalla tinozza. Batte le mani e lei starnutisce. "Salute. Ora abbiamo bisogno di aiuto per spostare questo blocco. Oggi non possiamo fare niente."

Larissa sospira. Sembra che ci saranno altre negoziazioni da fare con Simona.

Capitolo Diciannove

Tornando verso casa di Simona incontrano di nuovo Laura. Questa volta è con suo marito, Alessandro. Larissa ricorda che è un costruttore, quindi coglie l'attimo. Dopo avergli presentato Alexey, chiede ad Alessandro se ha degli strumenti adatti per sollevare un blocco di arenaria.

"Ho ancora degli strumenti, ma sono alla fattoria. Quando ne hai bisogno e cosa stai cercando di fare esattamente?"

"Dobbiamo sollevare un blocco di arenaria dal pavimento del seminterrato. Stiamo andando a chiedere il permesso a Simona."

Alessandro la guarda interrogativo, ma non chiede il perchè. "Ho un cuneo di sollevamento. È vecchio ma dovrebbe ancora funzionare. Fammi sapere quando ti serve e lo andrò a prendere alla fattoria per te."

Larissa ammira sia lui che Laura. Sono amici di famiglia da quando sua madre era bambina. Qualunque cosa gli venga chiesta, sono sempre più che felici di dare una mano. Buoni amici come questi sono difficili da trovare. "Grazie, Alessandro. Fammi vedere se Simona è d'accordo con questo. Ti chiamo appena so."

Trovano Simona in cucina. "E questo non lo chiami tempismo? Esattamente trenta minuti."

"Grazie per aver acconsentito," Si gira guardando entrambi, "vorreste qualcosa da mangiare?"

Rispondono all'unisono "No grazie."

"Nonna, abbiamo trovato qualcosa. C'è una pietra laggiù senza cemento sopra e penso che ci sia la possibilità che qualcosa sia nascosto sotto di essa."

"Conosco la pietra di cui stai parlando. È così da prima che tuo nonno morisse. Almeno vent'anni." Simona si dirige verso la sua sedia. Si siede emettendo un lungo sospiro. "È solo un normale rialzamento del terreno. Non c'è nulla nascosto là sotto, ti assicuro."

Larissa ignora il suo tono testardo. "Sulla via del ritorno per vederti ci siamo imbattuti in Laura ed Alessandro. Ha tutta la strumentazione necessaria ed è disposto ad aiutarci a sollevarlo. Rimetteremo tutto in ordine per te. Inoltre, hai bisogno di tutte le cose che sono laggiù? Forse possiamo aiutarti a ripulire un po'?"

"Sì, certo. Molti di questi oggetti hanno un valore sentimentale. La legna accatastata laggiù la uso per il camino, come puoi vedere." Annuisce in direzione del camino.

"Capisco che hai bisogno di legna, ma di tutte quelle botti di vino ed i contenitori del formaggio - non produci più il tuo vino e formaggio, quindi perché conservarli?"

Simona spiega che fanno parte dei suoi ricordi, di momenti passati con il marito, con la famiglia e gli amici quando preparavano formaggi e vino. "A volte mi siedo lì e ricordo. I ricordi tornano a galla, sono così speciali. Ci siamo divertiti. Quante risate. Erano bei tempi," dice Simona guardando in basso verso le sue mani. Mentre alza la testa, i suoi occhi sono pieni di lacrime.

Il viso di Larissa si fa rosso, si sente male per averle rievocato quei ricordi. Questa è una delle poche volte in cui Simona ha menzionato qualcosa di positivo del suo passato. Parla raramente della sua infanzia, affermando semplicemente quanto fosse dura la vita quando era giovane. Quanto è stato difficile sopravvivere ogni giorno. Tuttavia, il problema rimane. Il tempo sta scadendo e lei vuole che tutto vada per il meglio per Alexey. "Che ne dici se per il momento spostiamo delle cose fuori? Quando avremo finito, riporteremo tutto dentro."

"Vi state dando una gran pena per qualcosa che potrebbe non esserci. Alexey, perché questo seminterrato? Chi te lo ha detto?

Larissa è sorpresa dal fatto che Simona interroghi Alexey in questo modo. Questo la rende ancora più sospettosa che Simona sia a conoscenza dei manufatti. "Nonna, perché stai chiedendo..."

Alexey la interrompe, "Larissa, va tutto bene. Tua nonna ha il diritto di sapere." Si piega in avanti, concentrandosi direttamente su Simona, "vengo da Leningrado. Durante la Seconda Guerra Mondiale alcuni manufatti vennero portati via da uno dei nostri musei. Faccio parte di un comitato di recupero di oggetti andati smarriti. Il suo non è il primo seminterrato che perlustro." Guarda verso Larissa, indicandole di rimanere in silenzio per lasciare che sua nonna elabori quello che le ha appena detto.

Dopo alcuni minuti di silenzio, Simona annuisce d'accordo, ma con una severa clausola che tutto deve tornare a lei: "Se mi dovessi accorgere che manca qualcosa, potrei arrabbiarmi molto. Sta a me decidere cosa tenere."

"Ok Nonna, grazie e per favore non stressarti. Chiamerò Alessandro e spero che riuscirà a portare gli attrezzi questo pomeriggio. Alexey ed io troveremo un posto dove dormire stanotte ed inizieremo la ricerca domani mattina presto. Va bene per te Alexey?" Le parole escono rapidamente dalla bocca. Vuole mettere in atto un piano prima che Simona cambi di nuovo idea.

"Va benissimo. Lavoreremo il più rapidamente possibile Signora Pittola. Meno disturbo le causiamo, meglio è."

Larissa emette un sospiro di sollievo mentre Simona dà loro il consenso finale.

La mattina dopo, Alexey siede coperto di polvere con Alessandro sulla scalinata mentre si riposano dopo ore passate a spostare oggetti fuori dal seminterrato. Larissa porta panini e birra per entrambi. Si tolgono i guanti e accettano il cibo.

"Grazie, sto morendo di fame. Non credo di aver lavorato così duramente da anni. Come può una persona avere così tante cianfrusaglie?" dice Alexey bevendo un sorso di birra.

Larissa ride e gli spiega che la sua famiglia non è nota per buttar via le cose. "Tendiamo ad accumulare cose. Come hai sentito da mia Nonna, non ha bisogno di tutte queste cose, ma non ha il coraggio di buttarle via. Siamo molto sentimentali da queste parti."

"Ora possiamo iniziare ad alzare la pietra. Abbiamo rimosso tutto quello che non serviva," dice Alessandro a Larissa con in bocca un pezzo di pane. "A proposito, c'è un motivo per cui lo state facendo? So che non sono affari miei, sono solo curioso perché è un sacco di lavoro e non stiamo buttando niente."

"È un lavoro di ricerca per una storia sui sotterranei a cui io e Alexey stiamo lavorando. Ecco perché Alexey stava scattando delle foto." Non fornisce ulteriori informazioni e lui non fa altre domande. Mentre si dirige verso l'appartamento con il vassoio, si gira verso di loro, "Torno appena posso per darvi una mano."

Di ritorno dopo dieci minuti, sbuca con la testa nel seminterrato, "Simona sta riposando di nuovo. Posso aiutarvi per un paio d'ore."

Mentre scende, Alexey dice: "Guarda cosa ho trovato mentre eri di sopra." Larissa prende una vecchia foto in bianco e nero da Alexey. "È tua nonna o forse tua zia Amelia?" chiede indicando la donna nella foto. "Sono sicuro che il giovane è Vladimir. Ho visto altre sue foto nella stessa uniforme."

Lei esclama: "Questa è mia Zia! Guarda, il suo nome è scritto sul retro. " Entrambi esaminano la foto con delicatezza. Dai deboli segni di inchiostro si puo' leggere il suo nome. Vi sono altri segni di inchiostro, ma non sono più leggibili. Entrambi concordano nel mostrare la foto a Simona una volta fuori. Larissa non ricorda che ci siano altre foto di sua prozia da nessuna parte. Né a casa di Simona né in quella dei suoi genitori. La ripone sullo scaffale traballante dicendo: "Ricordami di portarla con noi quando finiamo qui."

Dopo un'ora di tentativi, la pietra finalmente inizia a sollevarsi. Il blocco non è largo, ma è la profondità che sorprende Alessandro. "Questa pietra è stata danneggiata," dice, "è stata rotta a metà. La maggior parte dei blocchi utilizzati per costruire in quest'area sono ben più profondi di questo."

Né Larissa né Alexey rispondono. Alexey punta la torcia verso l'apertura nel terreno. Trovano un piccolo baule chiuso da una serie di lucchetti arrugginiti. Alexey tira fuori la scatola dal suo nascondiglio. Gli insetti si muovono freneticamente dentro e intorno al buco lasciato dalla scatola. Larissa fa una smorfia di disgusto ma ormai è abituata agli odori e agli abitanti di questo seminterrato.

"Larissa, dai un'occhiata a questa mentre rimettiamo gli oggetti nel seminterrato?" chiede Alexey.

Lei è felice di soddisfare la sua richiesta. La stanchezza prende il sopravvento, le sue gambe sono pesanti come il piombo. Non essendo abituata a questo sforzo fisico, ha usato muscoli che non sapeva nemmeno di avere.

"Ok, questo è l'ultimo," dice Alessandro battendo le mani. Una folata di polvere colpisce Larissa facendola starnutire di nuovo. "Salute."

"Ah, grazie. E grazie per il tuo aiuto oggi. Questo non sarebbe stato possibile senza di te e dei tuoi preziosi strumenti. Per favore, lascia che ti offra qualcosa per il tuo tempo."

"Non essere sciocca. A cosa servono i vicini? Mi ha fatto piacere usare di nuovo questi vecchi strumenti. Sono fermi alla fattoria senza che nessuno li usi, specialmente questo cuneo di sollevamento." Con ciò raccoglie l'attrezzatura e la carica sul camion. "Sono stato felice di essere di aiuto. Buona fortuna con il programma, non vedo l'ora di vederlo."

È leggermente imbarazzata per avergli mentito. Tuttavia, tra qualche giorno si sarà probabilmente già dimenticato di tutto questo. Lo saluta mentre si allontana ed è felice che non sia rimasto con loro a vedere cosa c'era nel bauletto.

"Oh, mi fanno male le ossa. Sono contento di essere finalmente fuori," dice Alexey allungandosi, "ma ne è valsa la pena, vero? Abbiamo trovato i manufatti."

"Non dovremmo aprirlo? E se non fosse quello che stai cercando?"

"Vladimir mi ha dato tutte le informazioni su come sarebbe stato. Questa è la scatola. Me l'ha descritta in legno scuro con questo intarsio floreale. Ho visto anche una foto. È meglio non aprirla qui. Apriamola davanti a Simona, senza il suo permesso a farci scendere laggiù questa scatola sarebbe ancora sepolta," dice.

Capitolo Diciannove

Lo sguardo sul viso di Alexey, un misto di orgoglio e contentezza, le fa venire i brividi. Sta realizzando il sogno di suo nonno; qualcuno che Alexey ama con tutto sé stesso.

Larissa li fa accomodare entrambi in casa.

Simona vede Alexey tenere in mano una scatola e gli lancia uno sguardo interrogativo, "Hai trovato qualcosa? Avrò il privilegio di sapere finalmente di cosa si tratta?"

Lo sguardo sul suo viso non rispecchia il suo tono allegro. In effetti, non sembra per niente star bene. "Nonna, sembra che tu abbia visto un fantasma."

"Più o meno. Quella scatola... apparteneva a mia madre. Pensavo fosse andata persa durante i bombardamenti."

Larissa mette il braccio attorno alle spalle di sua nonna, "Oh, vuoi dire che abbiamo inavvertitamente trovato un altro cimelio?"

"Sembra...proprio...così," borbotta Simona prima di iniziare a piangere. Larissa l'abbraccia mentre Alexey posa la scatola davanti al camino e apre con cura il coperchio. Rimuovendo alcuni vecchi strati di giornale, trova oggetti avvolti in tessuto. Ci sono tre pezzi. Ognuno è spettacolare a modo suo.

"Sono splendidi, non è vero?" dice Larissa mentre Simona sussulta.

"Sono d'accordo ma sono di nuovo sotto shock. Riconosco quel tessuto. Viene dall'abito da sposa di Amelia." Simona inizia a tremare. Larissa l'aiuta a sedersi sulla sedia, "Ti porto un bicchiere d'acqua." Sua nonna ha subito la perdita di sua madre e di sua sorella. Entrambe in circostanze tragiche. Poi suo marito è morto in giovane età. Queste sono perdite veramente difficili da affrontare. Larissa non ci aveva pensato. Scavare nel seminterrato significava scavare nel passato di Simona, un passato di cui parla raramente.

Passandole il bicchiere, Larissa dice: "Mi dispiace di riportare a galla tutti questi ricordi. Quando te la senti, vorresti parlarci di questa scatola?"

Simona beve un sorso e poi dice: "Nostra Madre la teneva nel suo comò. Lo stesso che ho ora in camera da letto, quello in noce scuro."

"Sì, ho presente. Hai idea di come sia finita questa scatola nel seminterrato?"

"Non saprei proprio."

Sua nonna le sta mentendo? O è vero che non ne ha idea? Amelia potrebbe non averle detto dei manufatti per proteggerla. Se qualcuno li avesse trovati durante la guerra, probabilmente Simona non sarebbe qui oggi. Larissa è grata che Amelia non le abbia detto niente. Ma questo non spiega perché Simona fosse così insistente sul fatto che non entrassero nel seminterrato. Larissa è curiosa, cosa nasconde? Glielo chiederà un'altra volta e cercherà di essere più diplomatica, turbare sua nonna non aiuta Alexey.

Mentre discutono del bauletto, Alexey scatta alcune foto agli oggetti. Quindi li avvolge con cura e li ripone nella scatola dicendo: "Mostra a tua Nonna la foto, Larissa. Penso che abbiamo trovato due oggetti preziosi per lei oggi."

"Oh sì, guarda cos'altro abbiamo trovato oltre ai manufatti. Era in questa busta avvolta nella stessa stoffa," dice Larissa mentre consegna a Simona la foto della coppia, "È la Zia Amelia?"

Simona osserva la foto per qualche instante senza commentare. I suoi occhi si bagnano ancora una volta, "Sì, lo è," sussurra.

Larissa si avvicina a lei per stringerle la mano. "Nonna, mi dispiace così tanto. Questo è veramente tanto da digerire."

"Ci sono così tanti ricordi che mi invadono la mente in questo momento. Eppure, questa foto, non ricordo di averla mai vista," sussurra di nuovo mentre le lacrime cadono silenziose sul suo viso. Accarezza il volto di sua sorella con un dito.

"So che è passato molto tempo, ma vuoi parlarne? Vorrei sapere com'era." Mentre glielo domanda, Alexey torna nel salotto e si siede accanto a Larissa. Entrambi ascoltano Simona.

Continua a raccontare loro storie della sua infanzia e di come Amelia sia diventata la sua protettrice dopo la morte della madre. "Erano tempi turbolenti. Doveva crescere in fretta e assumere i doveri di nostra madre. Era quello che nostro padre pretendeva." Simona continua spiegando che l'uomo in piedi a fianco di Amelia nella foto potrebbe essere un uomo di nome Vladimir. Amelia lo aiutò a riprendersi dalle ferite di guerra. "Ma non ne sono sicura perché l'ho incontrato solo una volta. Di certo non è il marito di Amelia; non era alto come quest'uomo in piedi accanto a lei. In realtà, sembra avere più o meno la stessa età di Alexey. C'è anche una certa somiglianza. "

Alexey chiede di guardare di nuovo la foto, "Hmm, immagino di sì," dice senza impegnarsi più di tanto, "se per lei va bene posso farne fare una copia e far risistemare questa se vuole?"

"Sarebbe adorabile, grazie Alexey. La farò incorniciare e custodirò con cura."

Alexey sorride, "Simona la ringrazio per averci permesso di fare tutto questo. Ho apprezzato molto la sua ospitalità questo fine settimana. Sono onorato di essere riuscito a trovare questa foto. È un ricordo di sua sorella, un ricordo che so valere molto per lei." Poi si volta verso Larissa, "penso sia il momento di andare."

Lei annuisce e si gira verso Simona. "Nonna, vuoi che chiami Laura? Hai bisogno di compagnia stasera? È stata una giornata pesante per te."

"Grazie ma no. Andrò a letto presto. Voi due fate buon viaggio. È stato un piacere conoscerti Alexey."

"Piacere averla conosciuta, signora Pittola. Grazie ancora per averci dato il permesso." Rivolgendosi a Larissa, dice "Vado a prendere la macchina. Assicurati di aver preso tutto."

Larissa annuisce, "Sì, va bene." Mentre si allontana, si gira verso la nonna e la abbraccia, "So quanto è stato stressante questo fine settimana per te. Come ha detto Alexey, apprezzo molto il fatto che tu ci abbia permesso di rovistare in questo modo."

Simona prende la mano di Larissa e la mette nel suo cuore, "Sei la mia unica nipote. So che a volte sono testarda, ma oggi mi hai permesso di rievocare i miei ricordi. C'è una cosa che ti devo chiedere, qualunque sia l'uso che farete delle foto, ti prego di non rivelare dove si trova lo scantinato. È possibile?"

"Sono sicura che non sarà un problema."

"Per favore, fai il possibile."

"Lo farò Nonna. Prometto che una volta che ci saremo occupati del bauletto di tua Madre te lo farò restituire."

Quando ha finito di parlare, Alexey entra e raccoglie il bauletto.

"Ci prenderemo sicuramente cura di questo. Non ha idea di quanto sia stata d'aiuto oggi," dice chinandosi per baciare la guancia di Simona. Quindi, rivolgendosi a Larissa, dice: "Andiamo. Abbiamo un lungo viaggio davanti a noi."

Capitolo Venti

"Questi manufatti sono estremamente preziosi," informa il professore, "stimiamo che siano tra la fine del XIX e l'inizio del XX secolo... e sono sicuramente di origine Russa."

Larissa sorride ad Alexey. I tre sono in piedi attorno a una massiccia panca di mogano nell'ufficio del professor Ortonio, che è rapito dal boccale che tiene in mano. Aveva seguito il suo corso di Evoluzione e Sociolinguistica come materia extracurricolare quando era studentessa universitaria. Il professore è più paffuto, la sua testa è ora priva di capelli ma è ancora la persona amabile che ricorda. Quando l'ha chiamato per fissare l'appuntamento chiedendo il suo aiuto, lui ha subito acconsentito.

I manufatti sono disposti con cura su alcuni tappetini protettivi davanti a loro. Il professore raccoglie il boccale indossando i guanti. Indica un'iscrizione sul lato inferiore, spiegando che il suo significato è sconosciuto. Il boccale è stato disegnato con un coperchio con manico in puro argento. Il coperchio da solo pesa diversi chili. "Questo pezzo è datato primi del XX secolo, il marchio Bock che vedete significa che è stato realizzato da Karl Ioganovich Bock, che è stato nominato gioielliere di corte per gli zar dell'epoca. Guarda questa scenetta nella foresta intagliata nel vetro e con incisioni argentee, queste sono le caratteristiche tradizionali delle sue opere. Il suo atelier è stato al servizio reale dal 1901. Durante la rivoluzione Russa e l'abdicazione forzata di Nicola II molti oggetti preziosi furono distrutti, persi o rubati. Questo oggetto è magnifico ed è in condizioni quasi perfette. Incredibile... vista la distanza percorsa." Ripone il boccale sul tappetino, raccogliendo il bracciale e porgendolo a Larissa.

"Il bracciale è di fine Ottocento e contiene oro, rubini, perle e parti smaltate. All'epoca era un articolo di alta moda."

Larissa tiene in mano il bracciale mentre il professor Ortonio continua. Spiega che i reali e le donne facoltose li indossavano su camicette di seta a maniche larghe. La moda all'epoca era quella di rimboccare il tessuto sopra il bracciale ottenendo un effetto rigonfiato della manica. Queste camicette erano fatte di seta fabbricata esclusivamente per i ricchi. "La collana con il medaglione a croce è realizzata in oro, rubini, smeraldi, diamanti e perle. Questo articolo proviene da Mosca ed è stato realizzato nel 1860. Aver trovato questi meravigliosi pezzi è una tale scoperta, sono di inestimabile valore," conclude il professore. Tiene la collana pesantemente adornata con entrambe le mani, facendone tesoro.

"Professor Ortonio, è stato un piacere rivederla. Grazie per aver dedicato del tempo a valutare questi manufatti" afferma Larissa con una calorosa stretta di mano.

Alexey ripone i manufatti nel bauletto. "È stato un piacere conoscerla, Professore. A nome di mio nonno la ringrazio. Ha parlato di questi oggetti con grande orgoglio. Preservare la storia sovietica è stata la sua passione durante gli anni della guerra."

Il professore sorride: "È stato un onore per me averti conosciuto Alexey. Capisco le motivazioni di tuo nonno. Non sono in molti che desiderano salvaguardare tesori culturali per le generazioni future. Secondo me tuo Nonno e i suoi compagni sono una fonte d'ispirazione. Non vedo l'ora di sapere quando questi oggetti saranno tornati al sicuro al luogo a cui appartengono."

Larissa si dirige verso la porta mentre Alexey dice: "Aspetta un attimo Larissa, ho una domanda prima di andar via." Si volta verso il professore, "Mio nonno mi ha parlato di alcuni commilitoni che lo

Capitolo Venti

aiutarono a portare altre opere d'arte in Italia. Si sono sparpagliati in tutta Europa. Succedeva spesso agli eserciti partigiani?"

"Sì, gli eserciti partigiani hanno aiutato molte persone a sfuggire alle tirannie della guerra, ma hanno anche contribuito a preservare preziose opere d'arte e di storia. Tuo nonno era uno dei tanti eroi del genere. Mentre parliamo ci sono ancora persone alla ricerca di tali manufatti. Speriamo che abbiano successo come te."

Larissa li osserva. Alexey è raggiante di orgoglio per gli sforzi eroici di suo nonno. Continua a raccontare di come Vladimir sia sempre stato avverso alla guerra ma fosse stato costretto a arruolarsi. Molti dei suoi compagni provavano lo stesso, motivo per cui si sono arruolati nell'esercito partigiano. Tutti volevano che la guerra finisse in fretta.

"Anche se Vladimir era un membro di alto rango dell'NKVD, ora noto come KGB, detestava la violenza nei confronti di innocenti. Mi ha raccontato molte storie di vittime innocenti che ha visto torturate, massacrate ed uccise. Pensava, come molti in quel momento, che la guerra si fosse protratta troppo a lungo e voleva fare del bene, non del male."

Il professore annuisce e schiarendosi la voce dice: "Sfortunatamente, molte persone in Europa conoscono qualcuno che ha subito atrocità durante la guerra, la mia famiglia inclusa."

"Ancora una volta, vorrei ringraziarla per il suo tempo, Professore. Apprezzo molto il suo aiuto."

"È un piacere Alexey. Ringrazio entrambi per avermi permesso di dare un'occhiata a questi tesori e se avete bisogno d'altro sapete dove trovarmi."

Alexey apre la pesante porta per Larissa mentre escono dalla Grand Hall. "Ecco dammi la scatola. Ora possiamo concentrarci sul ritorno di questi preziosi manufatti." Larissa avanza nel vento mentre camminano verso la macchina. Gli occhi di Alexey sono pieni di dolore. Vuole che Vladimir sia con lui al momento di riportarli in Unione Sovietica, ma da quello che gli ha detto, la sua salute potrebbe non permetterlo. "Questa è una storia che merita di essere raccontata. Con il tuo permesso chiederò a James di dedicare una puntata, magari in prima serata. Il pubblico deve sapere dell'esistenza di persone come tuo nonno ed il bene che hanno fatto durante questo orribile periodo di storia."

Alexey è titubante, "Mio Nonno è un uomo riservato. Non sono per niente sicuro che voglia che tutto questo sia reso pubblico. Né tantomeno far parte del tuo programma. Scusa, ho bisogno di un po' di tempo per pensare a come restituire i manufatti."

Questo è un improvviso cambiamento di atteggiamento che non si aspettava. Quando ne avevano discusso subito dopo aver trovato i manufatti, sembrava essere aperto alle sue idee. E pensare che ha già iniziato ad organizzare un'edizione speciale. Decide di lasciar perdere per ora, sceglierà un momento migliore. La storia verrà raccontata, in un modo o nell'altro, farà in modo che accada.

Capitolo Ventuno

Viktoriya è andata a prenderlo all'aeroporto di Pulkovo ma è l'ultima persona che vuole vedere al momento. Bacia il suo fidanzato sulla guancia. Mentre escono dall'aeroporto, lei infila il braccio tra le sue braccia. Parla di cose insignificanti. Alexey rimane in silenzio. "Tuo Nonno ti sta aspettando a casa," dice, "ho preparato un pasto che non dimenticherai. Sono uscita a comprare la carne presto questa mattina."

Nemmeno la menzione di cibo lo libera da quel silenzio. È stanco per il viaggio di otto ore. Ha perso il volo di scalo all'aeroporto di Vnukovo, per questo ci ha messo di più. Viktoriya lo riporta a casa in silenzio. Sa che è infastidita da lui, ma in questo momento vuole evitare di litigare. Ha cose più importanti a cui pensare.

"Bentornato a casa, nipote mio."

"Grazie, stai bene Nonno?" chiede Alexey anche se sa già la risposta.

"Per chi ha vissuto una vita intensa come la mia, non ci si può aspettare niente di meglio."

Questo è vero, Vladimir ha vissuto ogni minuto della sua vita al massimo. Alexey sa che suo nonno è fortunato ad essere ancora vivo, ha collezionato molti nemici nel corso degli anni. Le sue medaglie e i suoi successi hanno solo accentuato l'odio e il disprezzo degli altri compagni durante e dopo la guerra. Tuttavia, sembra un uomo felice che ha vissuto come desiderava.

Viktoriya serve il pranzo e si siedono tranquillamente mangiando lo stroganoff razionato ma delizioso. È una ragazza di campagna che si è trasferita con Alexey qualche mese dopo essere arrivata a Leningrado. Si erano conosciuti tramite amici. È stato subito attratto dal suo comportamento timido. Se non avesse incontrato Larissa, le cose tra loro avrebbero potuto funzionare. A venticinque anni, sembra più giovane della sua età, con una figura minuta e lunghe ciocche bionde che le arrivano ai glutei. È decisamente attraente, ma Larissa è nella sua testa adesso, quindi come può stare con Viktoriya?

Sta tentando di fare conversazione ed è particolarmente interessata a sapere di Roma. Ma lui continua ad ignorarla. Le sue risposte brevi e sbrigative iniziano ad infastidirla. Fa un ultimo tentativo di conversazione. Ancora una volta, la ignora. "Mi scuso con entrambi, ma devo riposare un po'. Nonno parleremo più tardi." Suo nonno annuisce e Viktoriya si limita a guardare. Sceglie di continuare ad ignorarla. Sa cosa si aspetta da una relazione con lui. Avere un fidanzato fotoreporter rappresenta una possibile chiave per l'Occidente. Questo è il sogno di Viktoriya. Ha menzionato molte volte il suo desiderio di vivere in Italia, o forse in Francia. Sa di essere il veicolo per realizzare il suo sogno.

Raggiunta la camera da letto, la sente dire a Vladimir che sta tornando al lavoro. Lavora in una panetteria locale, e nonostante ciò non riesce a garantire abbastanza pane fresco per loro tre.

Sdraiato sul letto mugugna, si distende e si mette a proprio agio. Si addormenta facilmente, lasciare Larissa lo ha esaurito emotivamente e fisicamente. Più di quanto credesse possibile. È veramente rapito da lei.

Si sveglia vedendo il sole tramontare, ha dormito profondamente per ore. Mettendosi seduto si infila una maglietta e lascia la camera da letto. Trova suo nonno che guarda il piccolo televisore poggiato sullo scaffale della cucina.

"Immagino che ti senta meglio. Viktoriya è andata a lavoro subito dopo che sei andato a dormire."

"Sì, grazie." Prende una bottiglia di vodka e due bicchieri dall'armadietto della cucina. Li mette di fronte a suo nonno e dice, "alla nostra salute."

"Alla nostra salute."

Fanno toccare i bicchieri, poi li buttano giù in un sorso. Alexey sente il bruciore in gola. Non c'è niente che ti rimette in sesto come la vodka Russa. Quindi procede a dire a Vladimir cosa è stato in grado di scoprire. Confermando la riluttanza di Simona nel parlare della guerra e la sua testardaggine nel voler mostrare il seminterrato. "Alla fine ci ha permesso di entrare. Siamo stati fortunati e li abbiamo trovati in un fine settimana. Uno dei vicini di Simona ci ha aiutato."

Vladimir annuisce con la testa: "È stato un momento terribile per l'intera Europa, troppe persone sono morte e coloro che non sono morti, hanno vissuto troppe atrocità. È difficile dimenticare queste cose." Fa una pausa, poi continua, "Hai detto di aver avuto bisogno dell'aiuto di un vicino? È stato saggio?

"È un amico di famiglia di Larissa. Sua moglie era una cara amica di Amelia e danno una mano con Simona. Queste persone non sono pericolose, non causeranno problemi. Ora dovrò tornare di nuovo a Roma. Il mio prossimo viaggio dovrà durare più di sei settimane. La consegna dei manufatti richiederà tempo." Mentre Alexey dice queste parole, si preoccupa di lasciare di nuovo suo nonno.

"È importante che tu vada. Non voglio che nessun altro gestisca quei tesori. Sono con Larissa presumo? Qualcun altro a parte Simona ed i suoi vicini ne sono a conoscenza?"

Alexey scuote la testa in segno di no. "Meno persone sono coinvolte in questa faccenda e meglio è per tutti. Me l'hai già detto. Se la pietra non fosse stata un problema da spostare, l'avrei fatto da solo."

Vladimir tossisce. Il suo respiro di nicotina arriva ad Alexey, "Devi essere tu a riportarli in Unione Sovietica a mio nome. Dopo di che, se lo desideri, potresti voler convincere il nostro governo a trovare gli altri tesori nascosti in altre parti d'Europa dai miei compagni."

Alexey dice a suo nonno di non preoccuparsi, organizzerà un altro incarico con la sua agenzia. Vladimir continua a tossire.

Alexey va al lavandino e riempie un bicchiere d'acqua, ponendoglielo.

"Arrghh! Acqua, è disgustosa. Versami altra vodka."

Riempie di nuovo il bicchierino di suo nonno e sorride al pensiero di quanto sia resistente, non importa quanto malato, continua ad bere giorno dopo giorno. Ma le sue preoccupazioni per la salute di Vladimir ora occupano il secondo posto. Larissa è la sua priorità numero uno. Pensa di vederla di nuovo. È con lei che vuole disperatamente stare.

I suoi pensieri si rivolgono a Viktoriya. Sono stati fidanzati per sei mesi. Il fidanzamento era una sua idea ed era felice di andare avanti. All'epoca. Non adesso. La sua vita è cambiata. Ha capito cosa sia l'amore vero dopo aver incontrato Larissa. Ascoltando la storia di suo nonno sull'amore che provava per Amelia e su come era pronto a rinunciare a tutto per lei, Alexey capisce di provare lo stesso amore per Larissa. Il suo cuore batte al solo pensare a lei. Troverà un modo per stare con lei in modo permanente. Non è stato abbastanza forte da dire a Larissa che era fidanzato. Era riuscito a farsi coraggio una volta, ma poi il telefono li aveva interrotti.

Ora, fidanzato o non fidanzato, non gli importa. Viktoriya non è il suo futuro. Larissa lo è, lei è l'amore della sua vita.

Ha solo una preoccupazione. Come funzionerà la loro relazione? Vorrà mai trasferirsi in Unione Sovietica?

È improbabile, devo essere realistico, se fosse nei suoi panni si sposterebbe?

No, non si aspetterebbe che lei rinunci alla sua libertà. Più pensa a questa situazione, più il pensiero che non possa funzionare si sentire - ma che dire del nonno e del suo sogno di far tornare i manufatti?

Mettendo da parte tutti questi pensieri, prende il telefono e chiama la sua agenzia.

Capitolo Ventidue

"Il Colonnello Bruskev per favour."

"Il Colonnello la sta aspettando?"

"Gli comunichi che Alexey Dubrovnik desidera parlare con lui."

Alexey si siede scomodo sulla vecchia sedia sbilenca nella reception malamente arredata e rimane in attesa. Nessuno degli uffici di ufficiali è mai invitante e questo non fa eccezione. L'orologio da parete ticchetta incessantemente mentre aspetta.

Un'ora dopo essersi seduto, continua a chiedersi se Bruskev lo riceverà mai, quando l'addetto alla reception finalmente lo accompagna nel suo ufficio.

"Signor Dubrovnik, a cosa devo il piacere? Si sieda, si metta comodo."

Alexey lo guarda con disprezzo per un uomo del suo calibro, "Ho sentito dire che è andato a trovare mio Nonno." Si siede sulla sedia di cuoio screpolata, sprofondando più in là di quanto si aspettasse. Il KGB non sa comprare sedie decenti?

"È un crimine andare a trovare un vecchio amico?"

"Per quale motivo ha chiesto di me? Da quando quello che faccio interessa al KGB? Sono un fotografo e conosce benissimo l'agenzia con cui lavoro. Sono affidabili."

"Alexey... posso chiamarti per nome?"

Non risponde. Il modo in cui lo chiama non ha alcuna importanza.

Bruskev continua impassibile, "Stavamo parlando della tua famiglia in generale, è stata una domanda innocente."

Non c'è nulla di innocente né su Bruskev né sul KGB. Alexey resta in guardia. Anche se è seduto a un buon metro da lui, vede il labbro superiore di Bruskev che brilla di sudore. Si sente minacciato anche se c'è una grande scrivania di legno che li separa? Il pensiero che Bruskev possa aver paura di lui lo diverte. "Mio Nonno è molto malato, non ha bisogno di ulteriore stress. Se desidera parlarmi, dovrebbe contattare direttamente me. O tramite l'agenzia Dusitrovii per cui lavoro."

"Per favore, non desideravo disturbare tuo Nonno. Né tantomeno te. È stato proprio per la sua salute cagionevole che gli ho fatto visita."

"L'attività del KGB non riguarda più Vladimir Dubrovnik. Non ha il diritto di disturbare mio nonno in questo modo." Alexey si alza dalla sedia scomoda e si gira verso la porta dell'ufficio. Si ferma mentre Bruskev parla di nuovo.

"Non è un segreto che Vladimir ed io abbiamo avuto scontri nel corso degli anni, ma il passato, è passato, è tutto dimenticato..."

Alexey decide di non ascoltare e non si preoccupa di guardare indietro, sa che qualunque cosa Bruskev dica è solo una cortina di fumo. Non ci si deve fidare di un uomo come Bruskev. Mai.

Entrando nel suo appartamento, viene accolto da un'allegra Viktoriya. È eccitata e vuole dargli una buona notizia. Lui le chiede di aspettare fino a quando non avrà parlato con suo nonno, dandole un piccolo regalo che aveva preso per lei. Lei lo ringrazia dicendogli quanto sia grata per questo regalo. Annuisce con un mezzo sorriso, quasi sperando di non averlo mai comprato. L'ha fatto per il senso di colpa? Probabilmente.

Vladimir, che lo sta aspettando nel salottino, saluta suo nipote. Iniziano a discutere degli eventi del suo viaggio. "Speriamo che lo spettacolo riesca ad andare in onda il mese prossimo. Larissa sta lavorando al trasporto con la sua squadra. I due Presidenti devono coordinare i loro appuntamenti prima di fissare la data per andare in onda. Ti terrò informato. Ora, cosa ti ha detto Bruskev?"

Vladimir non voleva un tale clamore sul ritorno dei manufatti ma si è fatto convincere dopo aver sentito l'entusiasmo di suo nipote per la giornalista e la sua idea. Non è orgoglioso di aver salvato questi oggetti di valore, parte fondante della storia della Unione Sovietica? Ci è voluto un po', ma alla fine è riuscito a convincerlo.

"Vuole parte del merito sul ritrovamento dei manufatti, immagino. Soprattutto ora in vista del rientro in patria. Gli è sempre piaciuto essere al centro dell'attenzione. Perché altrimenti verrebbe a visitarmi dopo così tanti anni?"

Alexey sorride. Sì, Bruskev è un uomo che sembra essere dovunque sia necessario per portare avanti la sua carriera. Ha sempre avuto un talento nel ficcare il naso dove non dovrebbe. Questo passaggio di consegne è uno di quei casi.

Entrambi concordano sul fatto che Bruskev non avesse nulla a che fare con gli sforzi dell'esercito partigiano e quindi non merita alcun riconoscimento, smettono di discutere e si concentrano su questioni più importanti.

"Nonno, abbiamo trovato questa foto nel seminterrato. Vorrei che confermassi che sei tu accanto ad Amelia. Simona ha già confermato che la donna nella foto è sua sorella."

Vladimir prende la foto. Fissandola, le lacrime iniziano a scivolargli sul viso.

Alexey è sbalordito dal vederlo emozionarsi e mette una mano sulla spalla di suo nonno.

Vladimir si schiarisce la voce, torna al suo io stoico e conferma che è davvero lui che sta accanto ad Amelia. "Il mio unico rimpianto è non averla mai più rivista. In quei tempi difficili, non era facile mantenere le promesse," dice mentre inizia a raccontare la storia di come sia riuscito a tornare a Leningrado. Il fatto che sia riuscito a tornare senza ferite è principalmente dovuto all'esercito partigiano che gli ha garantito protezione.

Alexey è inorridito quando suo nonno gli racconta di come ha contribuito a seppellire molti corpi resi irriconoscibili dai bombardamenti. Come le persone mutilate e insanguinate siano state assistite in accampamenti medici improvvisati. Gli edifici che erano ormai abitabili sono diventati rifugi temporanei per coloro rimasti senza casa. Bambini innocenti, soli e senza genitori, erano senzatetto e terrorizzati. Dopo che Vladimir lasciò Napoli, le atrocità a cui fu testimone rimasero per sempre nella sua memoria. "Nessuno si fidava di nessuno ed era difficile aiutare alcune persone, ma abbiamo fatto quello che potevamo. Il tuo cuore si fa duro e fai ciò che deve essere fatto. Vedere i bambini soffrire è stata la cosa peggiore." Vladimir sospira e rimane in silenzio per alcuni minuti.

Alexey non può capire il terrore che la gente ha subito durante la guerra. Le generazioni nate dopo questa guerra distruttiva e crudele sono fortunate, generazioni come la sua. Ascoltando queste storie, si rende conto che nessuno ha effettivamente vinto. Tuttavia, si meraviglia di quanto possano essere forti gli esseri umani. Persone come suo nonno sono sopravvissute per raccontare le loro storie. Storie che non dovrebbero mai essere dimenticate.

Sempre tenendo la foto, Vladimir chiede di essere aiutato ad andare a letto. Alexey inizia a dire qualcosa, ma la mano di Vladimir si alza fermandolo prima che possa iniziare a parlare.

Dopo essersi assicurato che Vladimir sia comodo, Alexey trova Viktoriya a preparare la cena per loro in cucina. L'aiuta a tagliare alcune verdure e commenta il peggioramento delle condizioni di suo nonno. "Non credo che starà con noi per molto," mormora Alexey con emozione.

Viktoriya cerca di rassicurarlo dicendo: "Tuo Nonno è malato e non c'è niente che possiamo fare per aiutarlo se non stare con lui, supportarlo e fare in modo che si senta a proprio agio. Possiamo prenderci cura dei suoi bisogni, ma è tutto." Mette giù la pentola che tiene in mano e poi posa delicatamente entrambe le mani sulle sue spalle e lo guarda negli occhi, "Forse quello che devo dirti ti tirerà su il morale," dice baciandolo leggermente sulle sue labbra "Sono incinta."

Alexey è senza parole! L'ha davvero sentita dire che è incinta? Pietrificato, è paralizzato dall'incertezza.

"Sono incinta di tre mesi. Non lo sa ancora nessuno. Sei la prima persona a cui ho detto perché volevo esserne sicura."

La sua mente è confusa. Un bambino... tre mesi. È successo prima della storia di Vladimir, prima del viaggio in Italia, prima di Larissa.

"Alexey non dici niente? Capisco che è una sorpresa ma... "

"Viktoriya io... è sconvolgente. Certo, sono elettrizzato. Ma umm, veramente inaspettato. Non abbiamo nemmeno discusso di avere figli," dice confuso. Né tantomeno hanno discusso di una data per sposarsi. Cammina verso l'area salotto, bisognoso di spazio, cercando di mettere insieme i propri pensieri.

"Sono cose che capitano. Anche io sono elettrizzata. Possiamo decidere la data del matrimonio ora? Cosa ne pensi, prima o dopo la nascita?" chiede a Viktoriya di seguirlo.

Questo non può succedere ora. Ci sono in ballo Larissa, i manufatti, il sogno di suo nonno da realizzare... come si fa ad infilarci un bambino in una vita del genere? Le suggerisce che ha bisogno di un po' di tempo per abituarsi al fatto che è incinta prima che inizino a discutere i piani di matrimonio.

Lei annuisce ma la delusione le inonda il viso.

Oltre alla cattiva salute di Vladimir, Bruskev e Larissa, questo non è ciò di cui ha bisogno in questo momento. Nota lo sconforto sul viso di Viktoriya mentre la sua felicità si trasforma in rammarico. Si allontana da lui senza dire una parola e si precipita verso la loro camera da letto.

Alexey si siede al tavolo della cucina con una bottiglia di vodka e non si muove finché non arriva Viktoriya per preparare la tavola. Senza guardarlo, gli chiede di andare a svegliare Vladimir. Si avvia obbedendole, ancora sconvolto dalle notizia. È furiosa per la sua apatia.

Scolandosi la bottiglia di vodka bicchiere dopo bicchiere, ha cercato di capire quale sarà la sua prossima mossa.

Entrando nella stanza dove aveva lasciato dormire suo nonno, lo trova con la foto premuta sul suo cuore. "Nonno, vuoi qualcosa da mangiare?"

Vladimir sussurra, "No. Alexey trova Amelia; dille che la amo."

Alexey si avvicina e tocca il braccio di Vladimir. Dice ancora a suo Nonno che Amelia è morta, ma Vladimir sbuffa con il suo ultimo respiro, "Ti voglio bene Alexey, prenditi cura del tuo..."

"No. No Nonno, non ora. Non ancora." Bisbiglia, con la voce rotta dai singhiozzi "No."

Con la testa abbassata, le spalle tremano mentre piange lacrime silenziose. La sua voce lo ha abbandonato ed è paralizzato, non vuole lasciare il capezzale di Vladimir.

Alla fine, svuotato ed esausto, esce dalla stanza lasciando Vladimir come lo ha trovato, stringendo al cuore la foto di lui ed Amelia. Ritorna in cucina con la faccia pallida, "Il Nonno è morto".

Il funerale di Vladimir Dubrovnik è un evento pubblico. Amici e nemici partecipano alla cerimonia in stile militare mentre i pochi membri del clan di Dubrovnik seguono la processione. Suo fratello, Nicolai, viene a rendere omaggio. Alexey ignora suo zio. Troppo poco e troppo tardi. Dov'era quando suo fratello aveva bisogno di lui.

Camminando dietro il carro funebre, entrano nel cimitero dove riposano i suoi genitori. I suoi stivali scricchiolano sulla neve, compattandola in torbida fanghiglia. Viktoriya ha il braccio stretto tra le sue braccia. Hanno parlato poco da quando gli ha dato la notizia, che a lui non dispiace. Il dolore per la morte di suo nonno è abbastanza al momento. Ed anche quello per Larissa. Soffre per lei. Il dolore di averla lasciata è profondo quanto il dolore per la morte di Vladimir. Devastato dai suoi sentimenti di perdita e dalla recente notizia di Viktoriya, Alexey attraversa un periodo duro. Il funerale è un insieme di emozioni contrastanti e confuse.

Sta parlando a Larissa con la mano sul ricevitore, non vuole che Viktoriya ascolti. Ascoltare la sua voce lo allontana dal dolore. Lui ascolta ed è felice di sapere come sta procedendo con l'organizzazione della consegna. Lei sta aspettando che ritorni in modo che possano discutere la presentazione dei manufatti ai dignitari. Sa che deve tornare in Italia. Le lacrime gli scendono dagli occhi mentre spiega a Larissa che suo nonno è morto. Era troppo tardi; Vladimir non vedrà il suo sogno realizzarsi. Piangono e rimangono in silenzio, entrambi si danno il tempo di assimilare la notizia.

Le racconta del funerale, "Penso che sarebbe stato contento. L'agenzia ha fatto tutto il possibile per onorare la sua memoria, persino i suoi compagni in pensione hanno indossato l'uniforme. È stato molto commovente."

"Mi dispiace tanto Alexey," singhiozza Larissa, "tu volevi che vedesse il loro ritorno, ma il tempo non ci è stato favorevole. È bello che tu fossi con lui. Si sarebbe consolato dal fatto che tu..."

Improvvisamente, non c'è comunicazione, la linea telefonica si interrompe. Alexey impreca e sbatte il telefono, fissandolo. Scuote la testa decidendo di non richiamarla. Saranno presto di nuovo insieme, deve tornare per la consegna. Ora, è ancora più importante per lui fare le cose come si deve. Il sogno di suo nonno sarà realizzato.

Capitolo Ventitré

Simona è seduta in un ristorante vicino al lungomare e guarda in direzione del Vesuvio. Le luci di Natale arrivano fino all'esterno del ristorante. Ha scelto Pizzeria Visconti per questo incontro perché di solito è un ristorante tranquillo lontano dalle principali trappole per turisti. Perché il pensiero di aver accettato di incontrarla continua a preoccuparla? Il passato è passato e hanno deciso che deve rimanere tale. Perché Amelia viene qui dopo tutti questi anni? Preoccupata o no di cosa significhi per la sua famiglia, ormai è troppo tardi. Si siede in attesa mentre una piccola parte di lei è eccitata ed entusiasta di rivedere sua sorella. Nervosa per il loro incontro, ha cambiato i vestiti quattro volte. Come ti vesti per un incontro del genere? Esiste un codice di abbigliamento per ricongiungersi con una sorella perduta da tempo? Il suo guardaroba è pieno per lo piu' di colori neri e scuri. Dalla morte di suo marito non è mai piu' riuscita ad indossare di nuovo qualcosa di colorato. Anche se è morto da parecchi anni ormai.

Guardando verso l'entrata, una donna elegante si avvicina al suo tavolo. È sua sorella maggiore, Amelia. Indossa una giacca di un rosso brillante; i suoi capelli sono più corti e di colore più chiaro, ma non c'è dubbio che sia lei. Amelia sembra più giovane di Simona, che ora si sente triste e vecchia nel suo abito di lana grigio. Cammina dietro la cameriera, il viso si illumina nell'istante in cui vede Simona. Amelia cammina verso di lei e mentre si trova di fronte a lei, la risolutezza di Simona si scioglie. Si lascia abbracciare da sua sorella e gli anni scivolano via. Entrambe singhiozzano apertamente. Entrambe ignare delle persone che le fissano.

Alla fine Simona fa cenno di sedersi. La cameriera chiede immediatamente se desiderano ordinare dopo aver posizionato due menu sul tavolo. "Per favore, ci puo' dare un minuto?" La cameriera annuisce con uno sguardo insofferente ma Simona decide di ignorarla. "Grazie" Poi guarda Amelia e chiede: "Com'è andato il volo? Che emozione deve essere salire su un aereo."

"Noioso. L'Australia è molto lontana dall'Europa. Non hai idea," guarda a Simona con le lacrime ancora luccicanti negli occhi, "Ma essere qui vale tutto il viaggio. Sono cosi felice di vederti."

"Anche io lo sono, ma sono stata in ansia per quest'inconctro. Voglio sapere, perché adesso?" Sedendosi così vicino ad Amelia, nota le linee sottili intorno ai suoi occhi. Anche lei ha sofferto.

"Sei sempre stata nei miei pensieri. Ultimamente, ho sentito il bisogno di vederti da quando ho visto una giornalista in uno dei vari programmi di informazione. Era una versione più giovane di te. Non potevo far finta di niente. Onestamente, mi stava facendo impazzire."

"Amelia, per la mia famiglia sei morta. Questa era la storia che abbiamo creato, ricordi? Mi hai chiesto di attenermi a questa storia e, con molta difficoltà, l'ho fatto. Sei stata tu che te ne sei voluta andare. Mi hai lasciato con tutto il casino mentre sei partita per la tua avventura per andare a trovare Vladimir. Bene, ho sistemato il casino che hai creato e ora vuoi tornare a far parte della famiglia?" Simona ricorda la telefonata otto anni dopo che Amelia se n'era andata. Aveva chiamato con il desiderio di riconnettersi, facendole sapere che era sopravvissuta e viveva in Australia. Per quanto Simona fosse sollevata nel sentire che sua sorella fosse ancora viva, otto anni sono una vita per un bambino. Gee conosceva Simona come sua madre, ed è così che doveva rimanere. Spiegò ad Amelia che suo marito aveva accettato Giovanna come se fosse sua. Cambiare le cose non avrebbe aiutato nessuno. Ed il nuovo marito di Amelia? Come avrebbe potuto sentirsi? Litigarono, ma alla fine riconobbe che aveva ragione. Così fu Amelia a suggerire di mantenere il segreto tra loro.

"Non avevo per niente intenzione di venire qui Simona. Fino al momento in cui ho visto la giornalista, mi bastavano le nostre telefonate. Sentire la tua voce era sufficiente. Ma poi non più. Ho bisogno di sapere chi è. Devo rivedere mia figlia."

Simona rimane in silenzio. Si agita, gli occhi bassi fissano le posate. Le mette a posto senza motivo.

Dando un colpetto di tosse, la voce di Amelia è roca: "Abbiamo preso una decisione difficile. Entrambe abbiamo vissuto molti traumi a causa di nostro padre... "

Simona mette la mano sul braccio di Amelia "Non farlo! Abbiamo deciso di non parlare mai più di lui."

Amelia si ferma ed annuisce triste. Ancora una volta, un silenzio imbarazzante regna tra loro. La cameriera si presenta ancora una volta per prendere i loro ordini. Ordinano ma Simona non ha più fame.

Amelia prende la mano di Simona tra le sue e la guarda dritta negli occhi, "Devo vederle, almeno una volta."

Amelia tira fuori quello sguardo perfezionato nel corso degli anni. Simona ricorda quell'occhiata da molti anni prima. La turbava sempre. Questo era lo sguardo che Amelia usava sempre quando voleva qualcosa a tutti I costi "Sei fuori di testa Amelia? Se vuoi incontrare Gee e Larissa come faccio a spiegargli che non sei morta? Sapranno che gli ho mentito in tutti questi anni e vorranno sapere perché. Non sono disposta a scavare nel nostro passato Amelia, sei stata tu quella ad essersene andata. Questo è quello che volevi. Non saresti mai dovuta tornare." Stringe i pugni, la mascella è ferma. Simona è furibonda, ora desidera non aver accettato mai questo incontro. Per quanto sia bello rivedere sua sorella, non vuole che lei incontri Gee e Larissa. Sono sua figlia e sua nipote, e questo è quello che continueranno a credere. Immagina il trauma a cui potrebbero andare incontro se venissero a sapere la verità. Qualcosa che lei e Amelia hanno seppellito molto tempo fa. No, rimarrà decisa. Il loro segreto resterà tale.

La cameriera getta il cibo sul tavolo e Amelia fa un commento

Capitolo Ventitré

sulla mancanza di professionalità, ma Simona non è disposta ad assecondare piccole chiacchiere insignificanti. "Amelia, non puoi restare, hai capito?"

"Ascoltami, è mia figlia. L'ho avuta io, non tu," dice Amelia con la rabbia che la consuma. Il dolore inonda la faccia di Simona. Le lacrime scorrono di nuovo. La voce di Amelia si addolcisce, "Non puoi capire cosa si provi ad averla abbandonata. Ricorda tutte quelle volte che ti ho protetto. Quel seminterrato era sia il nostro santuario che il nostro obiettivo. Quello che è successo ha influenzato entrambe."

Simona non risponde subito. Sta pensando a quanto folle sia sua sorella persino a pensare una cosa del genere, dopo tutto quello che ha fatto per farsi una vita senza di lei. Non si rende conto di quanto sia stata dura per lei far finta di essere morta, perfino cercare di dimenticare la sua esistenza? "Amelia, hai una famiglia in Australia. Non pensi a loro? Non sono a conoscenza di nulla. Vuoi davvero ferire tutte le persone che ami per qualcosa che non possiamo cambiare? Ed io? La famiglia che ho qui adesso?" Simona sta urlando questa volta. Non le importa delle persone che hanno ricominciato a fissarle.

Amelia abbassa gli occhi e resta silenziosa a far girare la pasta nel piatto. Anche Simona ha lasciato la sua pizza. Amelia deve capire che ha ragione lei, non c'è nessun motivo valido per rivelare il loro segreto. Lei aspetta. Il viso di Amelia è un tormento di emozioni. C'è così tanto da valutare. Come reagirebbero Gee e Larissa? Conoscono solo una versione della storia; quella con cui Simona è stata costretta a convivere, facendo finta che sua sorella fosse misteriosamente scomparsa. Questo è quanto. No, non le permetterà di incontrarle.

"Forse questa è stata un'idea folle? Avevo idealizzato questo momento, tutto sarebbe stato perdonato e saremmo potute essere di nuovo una famiglia. Ma è passato troppo tempo. Simona, immagino tu abbia ragione. È stato sbagliato da parte mia venire, ma sono a Roma per altre quattro notti, ti andrebbe di stare con me? Possiamo passare un po' di tempo insieme. Come ai vecchi tempi."

La mano di Amelia è di nuovo sul suo braccio. I suoi occhi tristi la supplicano di rispondere. Anni di emozioni soffocate si agitano in lei. La tensione stringe la parte posteriore del collo come una morsa. Cerca di massaggiarlo leggermente, ma invece iniziano a scorrere le lacrime. Può perdonare Amelia? Il fatto di averla qui è surreale, quasi come se tutti quegli anni orribili non fossero mai accaduti. È tornata ad essere la sorellina di Amelia, quella che aveva sempre bisogno di protezione. Lacrime salate le rigano le guance mentre concorda: "Ora che il ginocchio ed il braccio sono guariti, sarò in grado di riprendere il treno per andare a Roma con te. Ma ci sono delle condizioni; non lo diciamo a nessuno, non parliamo più di nostro padre, poi torni a casa dalla tua famiglia e mi lasci qui con la mia."

Amelia annuisce senza dire una parola. Simona non è sicura che Amelia si atterrà a questo piano, ma per ora si godrà di nuovo dei giorni insieme a sua sorella maggiore.

Capitolo Ventiquattro

È spettinato e con la barba lunga seduto nel suo appartamento senza suo nonno. Dalla morte dei suoi genitori quando aveva dodici anni, Vladimir si era preso cura di lui. Erano solo loro due a prendersi cura l'uno dell'altro. Lo aveva deluso. Avrebbe dovuto riportare a casa i manufatti e consegnarli a Vladimir per la consegna.

Prende un altro sorso. Le bottiglie di vodka sono sparse in giro. È scoraggiato. Quando vedrà di nuovo Larissa? La rivedrà mai? Quando se ne andò stavano ancora discutendo della consegna dei manufatti. Aveva bisogno di una risposta. Voleva una consegna pubblica? Dalla morte di Vladimir questo seme di dubbio si era impiantato nella sua psiche. Era egoista voler prendere la gloria dopo che suo nonno gli aveva detto di proteggere la sua privacy? Vladimir voleva che i manufatti tornassero alla loro legittima dimora, ma era felice di rimanere in secondo piano. Alexey dovrebbe seguire l'umiltà di suo nonno? Rimani nell'ombra? Ma come? Chi è rimasto a fare la consegna se non lo fa? E non c'è modo che conceda a Bruskev questa gloria! Anche se si tratta di una possibilità, non lascerà scappatoie. Bruskev ne trarrebbe vantaggio, di questo è assolutamente sicuro.

Amelia era stata il vero amore di suo nonno. Questo fatto Alexey aveva scoperto troppo tardi. Dubitava dell'amore di suo nonno per questa donna, pensando di essere un vecchio senile aggrappato a ricordi sbiaditi. Ora è innamorato di qualcuno che potrebbe non rivedere mai più. Questo forte desiderio nel suo cuore è probabilmente quello che Vladimir aveva provato quando aveva lasciato Amelia. Una vita senza Larissa è un pensiero insopportabile. È un'altra perdita. Una perdita che non può sopportare.

Guarda attraverso gli occhi annebbiati e ubriachi mentre Viktoriya gira intorno. Probabilmente prende il suo comportamento come parte del processo del lutto. Aveva parlato con i suoi genitori e stava iniziando a fare piani per il matrimonio. Alexey non aveva l'energia né una buona ragione per bloccarla. Sembra diversa, la gravidanza è d'accordo con lei. La sua figura leggera, uno dei motivi per cui era stato attratto da lei, stava cominciando a lasciare il posto al bambino che cresceva. Il suo viso si illumina. Certo, aveva pensato di avere figli e diventare padre. Questi pensieri si cristallizzarono subito dopo aver incontrato Larissa. Voleva avere figli con lei, non Viktoriya.

Seduto sul pavimento con i gomiti sulle ginocchia e le mani tra i capelli, sospira. Tutto ciò a cui può pensare è questo vuoto che ha preso il sopravvento dopo aver perso suo nonno e Larissa, entrambi allo stesso tempo.

"Alexey sei pronto?" gli sta urlando, "ti ho chiamato tre volte. Rispondetemi."

Lui alza lo sguardo. Gli aveva chiesto di accompagnarla nelle stanze dell'ostetrico per uno dei suoi primi controlli. Nel profondo dei suoi pensieri non l'aveva sentita. Con riluttanza, mette fuori di testa Larissa e segue Viktoriya fino alla macchina. Farà il suo dovere per il nascituro.

"Alexey, quanto hai dovuto bere? Smetti di sterzare, mi stai spaventando. Ferma l'auto! Lasciami guidare."

"Sto bene," sbuffa con un cenno della mano. Mentre si dirige verso la strada principale di Leningrado, la pioggia lancia il parabrezza. La sua mente è di nuovo su Larissa. Potrebbe vivere a Roma? Come è stato tutto invitante. Questi pensieri di defezione stanno diventando più forti, qualcosa che pensava di non provare mai come un orgoglioso Sovietico.

Capitolo Ventiquattro

Un clacson squilla dalla macchina dietro. Il semaforo era diventato verde e non se ne era accorto. Decide di concentrarsi meglio sulle strade scivolose, i tergicristalli che sfrecciano freneticamente davanti a lui.

Viktoriya, ora più calmo, inizia a parlare dei piani di matrimonio. Non ha interesse ad ascoltarlo. Come può prendere in considerazione l'idea di sposare Viktoriya quando ama Larissa? È davvero tenuto a rimanere? Conosce la risposta a questa domanda. La sua responsabilità ora ricade sul nascituro. Lasciare suo figlio non ancora nato per sempre non è un'opzione. Non riesce a vedere alcuna alternativa a questa triste situazione in cui si trova, Viktoriya sarà sua moglie.

Arrivando nell'ambulatorio, Alexey sceglie di rimanere in macchina anche se Viktoriya vuole che lui sia con lei. Lei lo acciglia mentre lascia l'auto mormorando, "a che serve?" sottovoce.

La pioggia si attenua mentre sbatte la portiera della macchina. La osserva mentre cammina attraverso le pozzanghere verso il blocco grigio degli uffici. Sa che lo sta maledendo; ha l'abitudine di sussurrare storte sottovoce. Lasciala arrabbiare, a lui non importa.

Pulendo il finestrino del guidatore con il braccio, guarda fuori. La pioggia leggera si riversa nelle pozzanghere sulla strada. Per lui, Leningrado è bellissimo anche quando piove. Le ampie strade; le torrette, il barocco Palazzo d'Inverno, il fiume Neva … e quando nevica, per l'occhio fotografico di Alexey, è nella sua forma più bella. Rispetto a molti sovietici, la sua vita qui è stata comoda. Non aveva motivo di andarsene. Ma ora i suoi sentimenti per Larissa lo stanno allontanando. Chiude gli occhi e sogna di vederla di nuovo.

L'apertura della portiera della macchina lo sorprende. Viktoriya si siede. È di umore migliore e inizia a parlare subito, dicendogli che va tutto bene durante la gravidanza. Il medico ha detto che la sua giovinezza e la salute sono un vantaggio. Il battito del cuore del bambino è forte. Alexey è grato per questa piccola misericordia; un bambino sano è ciò che entrambi vogliono, e lo rende chiaro a Viktoriya.

Lei sorride tenendogli teneramente la mano. La sua faccia arrossì di felicità. Il senso di colpa si manifesta nella mente di Alexey, ma lui lo allontana mentre le permette di tenere la mano.

Tornando a casa, si fermano al mercato per acquistare alcuni elementi essenziali. Viktoriya gli sta chiedendo cosa si prova a mangiare ma non ha voglia di rispondere, con la testa pesante, la vodka che prende il pedaggio.

"Siamo stati fortunati oggi, alcune delle verdure sono fresche," cinguetta Viktoriya, "e questa coda non è troppo lunga."

Sorride distrattamente, sperando che la coda si muova. Vuole solo tornare a casa, così può continuare ad affogare i suoi dolori. Con solo un mese dalla morte di suo nonno, il dolore è ancora crudo. Gli manca tanto quanto gli manca Larissa.

Decide di assumere alcuni incarichi che lo tengono nella regione baltica. Accettando i lavori, è felice di avere qualcosa per distogliere lo sguardo da Viktoriya, dal loro matrimonio e dal bambino che cresce dentro di lei. Anche con tutto ciò che accade, Larissa è sempre con lui. La sua passione di stare con lei non è diminuita.

Di ritorno da un incarico di Crimea e del Mar Nero, sta mettendo la giacca nell'asciugatrice quando sente le urla di Viktoriya. Getta i suoi bagagli nella hall e corre verso le urla. "Viktoriya, che cos'è?"

La trova sul pavimento del bagno. Un asciugamano intriso di sangue sotto di lei. Il suo corpo è devastato dai singhiozzi. "Sto chiamando un medico," dice in preda al panico mentre corre al telefono e chiama l'emergenza. Quindi torna in bagno e trova Viktoriya che cerca di alzarsi. "No, non provare a muoverti. Presto arriverà un dottore." Cerca di rassicurarla stringendola tra le braccia. È debole, chiudendo gli occhi il respiro rallenta, "Viktoriya, stai sveglio, per favore. Saranno qui presto. L'aiuto sta arrivando." Sentendosi inutile, conta i secondi nella sua testa. Per favore sbrigati.

Il cicalino della porta lo fa entrare in azione, "Non muoverti," le dice. Viktoriya gli fa un debole cenno del capo.

Si precipita ad aprire la porta. Entrano due paramedici e li conduce in bagno spiegando come ha trovato Viktoriya in questo modo quando è tornato a casa. Entrambi i paramedici si guardano mentre guardano la scena. Immediatamente Alexey sa che la situazione è triste, peggio di quanto avesse pensato.

Capitolo Ventiquattro

Il primo paramedico, che sembra essere in carica, gli chiede da quanto tempo è sul pavimento mentre l'altro paramedico si dirige verso l'ambulanza. Ritorna con una barella.

Alexey è sopraffatto dal rispondere: "Non ne sono sicuro. L'ho trovata così quando sono tornata a casa. Starà bene?" chiede soffocando le lacrime, "Perché è successo?"

Il paramedico risponde con voce monotona: "Fino a quando non eseguiremo ulteriori test, non lo sapremo. A volte non c'è risposta, queste cose accadono e basta. La porteremo in ospedale dove eseguiranno alcuni test. Si riposerà e starà bene, non ti preoccupare."

"Ok. Sì, umm ... grazie."

Mentre aspetta nel corridoio del reparto per vedere Viktoriya si sente stranamente preoccupato di vederla. Cosa dirà? Sente emozioni estranee a lui; come affliggi un bambino che non hai ancora incontrato? Nel profondo del pensiero, non sente l'infermiera mentre lei gli chiede di seguirla.

Entrando nella stanza dove Viktoriya riposa, sussurra delle scuse.

"Shhh, non parlare, basta riposare." Lei chiude gli occhi mentre lui le tiene la mano. I suoi sentimenti vanno dalla rabbia all'incredulità. La perdita è schiacciante. Il suo corpo trema e la nausea lo attanaglia. Prima i suoi genitori, poi suo nonno e ora la morte di suo figlio. La stanza d'ospedale si chiude su di lui. Si strofina il viso con la mano, annusando e asciugandosi le lacrime. Le sue emozioni lo ostacolano. L'angoscia e la rabbia guidano un pensiero nella sua mente. Non importa quanto tenti di reprimerlo, è troppo forte. Distoglie lo sguardo da Viktoriya, lasciandole andare la mano. Lei non si muove. Lasciando un sospiro cercando di mettere a tacere il pensiero, non serve a niente. Il sospiro è pieno di sofferenza. Decide che se ne andrà. Cosa lo sta trattenendo in questo paese adesso? Il nonno non c'è più, non ha altra famiglia e non ama più Viktoriya. L'odore puzzolente di candeggina, antisettici e sostanze chimiche medicinali lo investono. Le vertigini lo sopraffanno. Respira profondamente, impedendosi di svenire.

Aprendo gli occhi, si gira guardando Viktoriya. Non si è ancora mossa. Sembra tranquilla nel suo stato indotto dalla droga. Come la gestirà quando si sveglierà? Cosa dovrebbe dire quando tutto ciò a cui sta pensando è lasciarla? Ha vissuto un'esperienza traumatica. Entrambi hanno. Ma non è innamorato di lei. Questa è la sua verità.

Capitolo Venticinque

L'incarico di Alexey viene annullato a causa di una tempesta di neve. Sta tornando a casa in anticipo. Non aveva telefonato a Viktoriya per informarla, decidendo di farle una sorpresa. Il comportamento nei suoi confronti dopo l'aborto era stato perfido. Ha deciso di riconciliarsi, il trauma che ha subito è ancora in corso. È stata drenata sia fisicamente e mentalmente da quando l'ha trovata sul pavimento del bagno.

Girando la chiave della porta di casa sente Viktoriya ridere. Che suono piacevole, non ha più riso da quando è successo. In effetti, non gli aveva quasi più rivolto la parola. Si erano Pratocamente ignorati l'un l'altra. Avrebbe dovuto fare uno sforzo maggiore per supportarla. Inoltre, voleva trovare il momento giusto per parlarle delle sue intenzioni. Le risate arrivano dalla camera da letto.

"Viktoriya, sorpresa!" esclama mentre apre la porta della camera da letto.

Si tira su sbalordita. Raccogliendo il lenzuolo per coprirsi il seno nudo, il suo sguardo passa da Alexey a Mikhail, poi inizia a parlare mangiandosi le parole: "Cosa ci fai a casa? Ehm, voglio dire, ciao..." La sua testa fissa prima uno poi l'altro, a bocca aperta.

Alexey è paralizzato. Li fissa. E pensare che voleva tornare ad essere gentile con lei. Per essere più rispettoso del suo dolore. Ed è così che lo tratta?

Tenendo ancora la maniglia della porta, grida: "Vattene da casa mia!"

Ora è veramente libero.

Capitolo Ventisei

Amelia si siede da sola sul terrazzo, con il caffè in mano. Fissando le onde, l'umida brezza che arriva da Oriente regala un po' di sollievo dal caldo. Questa mattina William le ha fatto delle domande sulla bolletta del telefono. Perché l'improvviso picco? Gli ha confessato delle sue chiamate a Simona. Ha chiesto il perché di tutta questa segretezza. Pensava che non le avrebbe permesso di chiamare sua sorella?

"Pensavo avessi una relazione. Soprattutto quando sei partita improvvisamente per quel viaggio con le tue amiche. Ti rendi conto che sollievo sapere che tua sorella che chiamavi?" Le dice. Gli ha mentito sul suo viaggio. William pensava che fosse andata in Tailandia con le sue amiche. All'epoca stava organizzando un viaggio in macchina fino a Melbourne con i suoi amici, quindi non aveva prestato molta attenzione al suo viaggio. Con il senno di poi, avrebbe dovuto confidarsi con lui. Niente di tutto ciò è stata colpa sua.

La sua ultima conversazione con Simona quella mattina era stata breve. Non c'erano state discussioni. Hanno parlato di questioni banali anche se Amelia voleva dire molto di più. L'impulso di stare di nuovo con Simona e di incontrare Gee e Larissa occupava tutti i suoi pensieri.

Il ricordo di qualcosa che sua madre le disse riapparve nella sua mente, "Nessun bambino dovrebbe vedere quello che hai visto tu." Le parole echeggiano forti come il giorno in cui sono state pronunciate nel ricordare quel momento...

Rannicchiata nel suo angolo nascosto, lo sente dalla cucina. Lancia e rompe vari oggetti. Dov'è sua madre? È viva? La preoccupazione le invade la mente. L'odio che prova per suo padre le fa venire a galla una serie di idee su come farlo uscire dalla sua vita. E sua madre? Come può lasciarla da sola con lui?

Un misto di rabbia e preoccupazione la paralizzano. In questo angolo è invisibile. Questo è quello che succede quando lui va fuori di testa. È questo l'effetto che ha su di lei. Si nasconde in questo armadio, si nasconde da se stessa tanto quanto da lui. Nessuno sa che sta abusando di lei e di sua madre. Chi le crederebbe? Suo padre è il sindaco della città, ha status e fiducia. Chi crederebbe ad una quattordicenne piuttosto che ad un adulto? I bambini non hanno voce, specialmente le femmine.

Comincia a preoccuparsi per sua sorella. È a scuola e sarà presto a casa. Assisterà a questo. Non può permettere che ciò accada. Simona non deve sapere che ha abusato di lei e della loro madre. Deve fare qualcosa adesso. Prima che arrivi a casa.

Premendo la testa sulle stecche dell'armadio, ascolta. Regna il silenzio. Lentamente esce fuori dall'armadio e si avvicina alla camera dei suoi genitori. Non sente ancora nulla ma apre lentamente la porta. Potrebbe essere ancora lì.

Strisciando nella stanza vede che è vuota. Respira, il sollievo le permette di continuare a cercare. Dov'è sua madre? Poi sente un piagnucolio provenire dal bagno. La trova seduta sul duro pavimento piastrellato che si regge la testa. Strisciando verso di lei sussurra, "Mamma".

Sua madre alza lo sguardo verso di lei. Le lacrime le scorrono sul viso, che è nero e blu, i lividi sono chiaramente visibili. Amelia la tiene per le spalle in silenzio. Cosa puo' dirle? In che modo si conforta un adulto? E come puo' proteggerla dalla sua tirannia?

Deve essere quella forte. Sarà lei ad affrontarlo, sua madre è stata maltrattata per troppo tempo. Tre mesi dopo seppellirono la madre. Da quel momento Teodoro iniziò ad indirizzare la sua rabbia e la sua distorta idea d'amore nei confronti delle sue due figlie...

Sorseggiando l'ultimo caffè, osserva il kookaburra di quartiere che vola da un albero per riposare sulla ringhiera del balcone, canticchiando la sua canzone mattutina. Le sue dimensioni smentiscono il tono e la forza della sua voce. È stato il fisico di sua madre ad averla svantaggiata. Sebbene alta, era magra e fragile con l'artrite cronica. Teodoro approfittò di questa fragilità sapendo che non avrebbe reagito. Il kookaburra inclina la testa guardandola, "Ti darò i miei terribili ricordi, per favore vola via con loro. Portali lontano da me." Come se avesse capito, vola via. Lo osserva fino a quando scompare, la sua mente è ancora immersa nei ricordi. No, probabilmente non ha capito.

I suoi pensieri si rivolgono a Vladimir. Alla mattina in cui l'ha lasciata per sempre...

Il destino li ha fatti incontrare quando aveva diciannove anni. Era già sposata con un uomo di molti anni più grande di lei. Era partito per combattere quella dannata guerra. Le ferite di guerra di Vladimir erano superficiali, ma era malnutrito e debole. Si prese cura di lui; i suoi occhi blu si fecero più luminosi mentre la sua forza ritornava. Erano entrambi soli. La proteggeva ogni volta che le bombe incombevano. Rimasero coccolati nel seminterrato. Molte di quelle notti che pensava sarebbero state le sue ultime. Non aveva paura mentre era tra le sue braccia. Se era arrivato il loro momento di morire, almeno sarebbero morti insieme.

Ogni mattina tornava al suo appartamento, recitando il ruolo della brava figlia rispettosa. Ma lei continuava a nasconderlo. Nessuno sapeva che Vladimir fosse nel seminterrato - fino a quel giorno. Il giorno in cui le bombe colpirono, poi la mattina suo padre...

Lei si ferma. Respirando profondamente, le lacrime le bagnano gli occhi mentre continua a ricordare quel fatidico giorno...

La devastazione era ovunque. Per qualche ragione la loro strada era riuscita al salvarsi dal peggio. Le stradine un tempo di ciottoli erano ora ridotte in macerie. Edificio dopo edificio tutto fu ridotto in polvere. Focolai ovunque. Innocenti atterriti lottarono per uscire dai proprio rifugi, piangendo e stringendosi l'un l'altro. Erano riusciti a salvare solo pochi oggetti. Il più forte aiutava il debole; i feriti furono portati in aree mediche improvvisate, i morti furono ammucchiati su camion militari.

Uscirono dal seminterrato per aiutare. Indossava una divisa del marito; troppo corta di maniche e gambe, Vladimir aiutò senza che nessuno lo interrogasse. Insieme aiutarono quante più persone potevano. Molti suoi vicini e conoscenti furono uccisi quel giorno.

La mattina dopo accadde il fatto. Suo padre, Teodoro, morì.

Vladimir partì quella mattina. Corse via senza fermarsi, ma non prima di averle detto che sarebbe tornato per lei dopo la guerra. Sarebbero stati di nuovo insieme. Glielo promise.

Lei rimase a guardare il cadavere di suo padre mentre lui correva via...

Si ferma, stringe le mani. Le lacrime scorrono sul suo viso. È stanca di piangere, ma continuano a scendere forte e chiaro, proprio come i suoi ricordi. Il vuoto che sentì quando Vladimir se ne andò scomparse col tempo, ma i ricordi rimasero, in realtà non se ne vanno mai.

Capitolo Ventisette

James e Larissa sono nella sala del consiglio con il team che discute le storie più importanti della notte quando sollevano l'argomento dei manufatti sovietici. Larissa spiega come avverrà la consegna dei manufatti, come procederà lo spettacolo e l'intera agenda di questo evento speciale.

"Wow, che storia", commenta uno dei giornalisti, "Non vedo l'ora di lavorare con te su questo caso."

"Grazie, avrò bisogno di assistenza da tutti i dipartimenti. James e io vi terremo aggiornati. "

La riunione mattutina è quasi finita, alcuni dei suoi colleghi si avviano per effettuare i propri incarichi. Chiede agli altri membri della troupe he desiderano lavorare sulla storia del manufatti di rimanere per maggiori dettagli. Non sorprende che nessuno se ne vada.

Alexey l'aveva chiamata da Leningrado dicendo che aveva deciso di fare una consegna pubblica. Vladimir ora è morto, cosa importa se Bruskev e il KGB non sono d'accordo con le sue motivazioni? Resta il fatto che i manufatti sono stati salvati per il godimento delle generazioni future. È orgoglioso delle scelte di suo nonno. Gli disse che lei e la sua troupe avrebbero dato alla storia di suo nonno il riconoscimento che merita. Questo è l'inizio della fine della storia di Vladimir, dei suoi atti eroici e il suo dono per l'umanità intera.

Una volta che tutti sono sistemati di nuovo e pronti ad ascoltare, l'aggiornamento continua. Alexey presenterà i manufatti al presidente italiano, Mantana, che a sua volta li restituirà al presidente Sovietico, Breshnev. Spiega che esiste già una squadra che lavora per assicurarsi che i presidenti siano disponibili quel giorno. Chiedendo a tutti di essere vigili ed assicurarsi che tutto vada per il meglio, dice: "Abbiamo poco tempo. Sia i presidenti che i loro entourage avranno un programma molto serrato. Tutti alla stazione saranno informati sul protocollo quando entrambi i presidenti arriveranno in studio. Ci sarà vigilanza intorno a tutti noi e solo il personale con permessi di lavoro per questa storia sarà autorizzato sul set."

"Ci sono domande?"

Risponde ad alcune domande e rassicura tutti in merito alla sicurezza. "Ok grazie per l'interesse per questa storia. Non avrò i dettagli finali fino a quando il team di ricerca non tornerà da me e poi organizzeremo una linea temporale. Brigite terrà tutti informati e vi fornirà il programma finale per lo spettacolo."

Tutti nella sua squadra sono in fremito per l'anticipazione e Larissa si sente esaltata. Che evento storico da mostrare su Roma Tonight. Manterrà il suo coinvolgimento personale fuori dalla storia, questo è il momento di Alexey di brillare.

Arrivata a casa in un appartamento vuoto ancora una volta, il caos della giornata esce dal suo corpo. Le manca Alexey, non si vedono da tre mesi. Questa relazione a distanza è più dura di quanto pensasse. Ed è una relazione, che lei vuole disperatamente far funzionare. Ma come, non ne ha idea. Non ha intenzione di trasferirsi in Unione Sovietica.

Afferrando un bicchiere, si versa da bere dello scotch mentre rimugina sui suoi pensieri. James e Clara l'avevano avvisata a riguardo. Erano preoccupati, sapendo che era innamorata di Alexey. Disse loro che non ci aveva ancora pensato; la relazione era ancora agli inizi. Questa era una bugia. È costantemente nella sua mente. Il suo amore per Alexey cresce ogni volta che stanno insieme, ma la loro relazione ha un futuro a lungo termine? Almeno a questo punto, non sembra fattibile.

L'amore è una cosa talmente volubile. Lo aveva imparato dalle sue ultime due relazioni. Con Alexey è una sensazione diversa. Si sente a suo agio con lui. Fin dal primo momento in cui lo ha incontrato. La fa sentire speciale. E non è solo una cosa fisica; c'è sintonia su molti altri livelli. Possono parlare per ore o tacere per ore. Non c'è pressione per essere qualcuno diverso da se stessi. Questa è la differenza con questa relazione, non c'è finzione con Alexey. Se solo vivesse a Roma.

Sono le 2.30 a Leningrado, dovrebbe chiamarlo e confidargli le sue preoccupazioni? Mandando giù un altro sorso di scotch, decide di dormirci sopra. Questa è una discussione che è meglio lasciare a quando saranno di nuovo insieme. Quanto le manca. La sua compagnia, il suo sorriso e le loro conversazioni. Respirando profondamente, decide di essere paziente. Sarà qui tra pochi giorni. Questo pensiero le fa tornare il sorriso.

Avviandosi in camera da letto si sente improvvisamente esausta, l'alcool l'aiuta a rilassarsi. Togliendosi i vestiti, si infila a letto nuda. Si addormenta sognando Alexey.

Capitolo Ventotto

Larissa gli sta parlando della sua famiglia e di alcuni problemi che sta avendo a lavoro. Alexey non la sta ascoltando. Da quando è tornato a Roma non ha avuto il coraggio di dire a Larissa cos'è successo a Leningrado. Lei è ignara del fatto che fosse fidanzato e che sarebbe dovuto diventare padre. E non le ha rivelato la cosa più importante, il fatto che non tornerà mai più nel suo paese.

"Ero nervosa per te, ma l'adrenalina ha preso il sopravvento. L'incontro con l'onorevole Breshnev è stato uno dei momenti salienti della mia carriera. Guarda questo certificato d'onore e la medaglia che hai ricevuto per conto di Vladimir. Tuo nonno ha ricevuto un'onoreficienza postuma. Oh, Alexey, è tutto così eccitante, non trovi?"

La consegna dei manufatti ha avuto successo. Breshnev li ha accettati a nome del popolo sovietico. Ora risiedono nel Museo dell'Ermitage a cui appartengono. Il sogno di suo nonno è finalmente realizzato. Ciò che Alexey farà ora è concentrarsi su Larissa e sul suo crescente amore per lei. "Umm, sì, conosco questi certificati onorari. Non vengono rilasciati spesso," dice Alexey commosso, "è davvero un grande onore." Un dolore travolgente lo invade. Logicamente sa di essere nell'appartamento di Larissa ma nel suo cuore, sente di essere tornato in Unione Sovietica con suo nonno. Tante emozioni contrastanti lo stanno invadendo. È combattuto tra le sue radici e la fresca passione per la sua amante Italiana. Anche se stare con Larissa è ciò che vuole, la parte Sovietica della sua vita, specialmente crescere con suo nonno Vladimir, farà sempre parte di lui. Deve cercare di rinchiudere questi pensieri in un cassetto e lasciarli parte del suo passato o... o cosa?

Lei ha smesso di parlare. La sua mano gli sfiora il viso "Mi dispiace, non stavo pensando. Sto continuando a parlare... "

Avvolgendole le braccia intorno si rende conto che è la sua amante ma anche la sua migliore amica. Baciandola appassionatamente, i suoi sentimenti per questa donna lo sopraffanno. All'improvviso pronuncia queste parole mentre le lacrime gli riempiono gli occhi, "Ti amo moltissimo Larissa Mina, ti prego, sposami."

"Che cosa? Alexey io..."

Si aspettava una risposta migliore alla sua domanda. Lei gli dice che ha bisogno di tempo. Lui rimane in silenzio. Il suo amore per lei è più grande del suo amore per lui? Non avevano ancora discusso del loro amore reciproco in termini di impegno a lungo termine. Teme di esser stato troppo precipitoso in questa decisione senza aver riflettuto abbastanza.

Larissa mette entrambe le mani sul volto di lui, "Siamo entrambi emotivamente esausti, non c'è bisogno di affrettare tutto questo. È una decisione enorme per te Alexey, vuoi davvero disertare? Tuo nonno riceverà un premio, a chi verrà assegnato se non torni?"

"Tornerò per ricevere il premio, ma non c'è nient'altro che mi trattenga lì. Voglio stare con te. Tratterò con le autorità per le Pratoche burocratiche. Lavoro in Europa da anni. Il governo Sovietico non mi ha mai impedito di viaggiare."

"Viaggiare per lavoro è molto diverso dal vivere qui. Alexey, vieni da un paese comunista e hai un buon profilo grazie al tuo lavoro. Considera anche i numerosi successi di tuo nonno; terranno conto di tutto ciò. Non credo che ti renderanno le cose facili. Devi pensarci ulteriormente ed assicurarti che le autorità di entrambi i paesi non causino problemi".

Lui annuisce d'accordo, le loro fronti ora si sfiorano. Lei è una celebrità rinomata nel suo Paese, questo darà ai giornali scandalistici ottimo materiale per una storia su come sposare un disertore. Lei lo rassicura riguardo il suo amore e gli dice che mantenere le cose come sono al momento è la cosa migliore per la loro relazione.

"I miei sentimenti per te sono forti, Alexey. Ti amo anch'io ma la paura di perderti è stata nella mia mente. Ho cercato di pensare a come far funzionare la nostra relazione, a come farla crescere. Non sto dicendo di no alla tua proposta, forse dobbiamo rifletterci un po' su prima di decidere."

"Larissa, non voglio lasciarti. Se non vieni a vivere a Leningrado con me, come possiamo stare insieme?"

"Sappiamo entrambi che non lo farò. Il matrimonio è un grande passo. Così come lo è il disertare. Diamoci più tempo, è tutto ciò che ti chiedo."

Continuano a discutere e rassicurarsi a vicenda riguardo i loro sentimenti. Larissa gli dice che la fiducia è ciò che fa funzionare la loro relazione a distanza. Lei gli assicura che si fida di lui mentre si dirige verso la camera da letto.

Prova una profonda vergogna. Ha abusato di questa fiducia non essendo stato del tutto onesto. Ma decide che Viktoriya è una conversazione che andrà affrontata un'altra volta.

Capitolo Ventinove

Il Colonnello Bruskev ascolta attentamente il suo informatore mentre rivela il resoconto dei viaggi all'estero di Alexey Dubrovnik. Viene a sapere che, con la scusa di svolgere incarichi di lavoro, Alexey ha organizzato il recupero dei manufatti e di come il defunto Vladimir Dubrovnik abbia ricevuto un'onoreficienza postuma dal governo Sovietico.

Questo è assurdo. Sbatte il pugno sulla scrivania con una tale forza da far cadere il porta carte. Cade per terra. L'informatore osserva la scena di fogli di carta svolazzare per la stanza.

"Ha rubato quei manufatti ed ora il nostro governo lo ringrazia con un premio?" dice furioso Bruskev.

"Questo non è confermato. Suppongo sia solo una voce, probabilmente messa in giro da suo nipote."

"Farò in modo che questa possibilità venga esclusa. Ci sono persone nel nostro governo che sostengono l'apertura con l'Occidente. Questo non accadrà, per lo meno non fin quando avrò il potere di fermare questa folle ideologia."

L'informatore completa il suo rapporto lasciando la cartella sulla scrivania del colonnello. Saluta mentre esce dall'ufficio.

L'edificio del KGB in Piazza Lubyanka ospita il suo ufficio. Lui guarda fuori dalla finestra. Vede altri edifici neo-barocchi simili a questo. Le persone che lavorano in questi edifici si stringono al freddo mentre svolgono le loro attività quotidiane. Molti di loro, proprio come lui, lavorano qui ogni giorno. Sono orgogliosi Sovietici. Lui ha servito veramente il suo paese per anni in modo giusto, onesto e corretto. E dov'è il suo riconoscimento?

Durante gli anni della guerra, il principale incarico di Dubrovnik come Capo del Consiglio Direttivo di Leningrado della NKVD gli fu affidato sulla base di menzogne. Vladimir non era un eroe di guerra, ma un semplice ladro. Come gli è stato permesso di portare oggetti preziosi fuori dalla Russia? Che sfacciataggine quell'uomo.

"Quell'incarico spettava a me!" urla sbattendo di nuovo il pugno sulla scrivania.

Prende la cartella lasciata dall'inviato e si siede. Leggere ciò che gli è già stato detto alimenta ancor di più la sua rabbia. Per Bruskev è evidente che Dubrovnik non ha mai parlato ai suoi superiori di questo piano. Ha inventato tutto per interesse personale ed ora, con l'aiuto di suo nipote, passa per eroe. Ha raggiunto i vertici dell'NKVD mentendo, è riuscito ad arrivare fino in cima.

Sollevando il telefono chiama l'ufficio di intelligence estera. Una volta che ottiene le informazioni di cui ha bisogno, inizia a compilare un elenco di cose necessarie per realizzare il suo piano. Metterà in ridicolo il nome di Dubrovnik. Vladimir non verrà conosciuto come un eroe; di questo ne è certo.

Capitolo Trenta

Viktoriya prende il biglietto poggiato sul tavolo da pranzo.

"Scrivo questo solo per l'amore che una volta provavo per te. Quell'amore è ora morto, insieme al nostro bambino. Sono sicuro che hai le tue ragioni per quello che hai fatto con Mikhail, il che rimane affar tuo. Ero pronto a diventare padre ed essere un marito fedele, è oltre la mia comprensione il perchè hai scelto di avere un altro uomo nel nostro letto. Soprattutto dopo la morte di mio nonno e di nostro figlio. Hai avuto un aborto spontaneo e abbiamo pianto insieme per quanta sofferenza ci ha causato. È così che mostri la tua sofferenza... dormendo con un altro uomo? Prendi le tue cose e lascia casa mia entro i prossimi due giorni. Quando sarò tornato dal mio incarico, non voglio trovarti qui. Viktoriya, ti lascio per sempre. Non provare mai più a contattarmi.
Alexey Dubrovnik"

Accartoccia il biglietto, gettandolo a terra. Quella era la sua unica possibilità di vivere in Occidente. Il suo sogno di essere libera dall'oppressione di questa misera vita è svanito. Alexey le ha dato un assaggio di una vita migliore con i suoi doni, oggetti non disponibili qui. Aveva per caso sentito conversazioni tra lui e Vladimir riguardo le meravigliose ricchezze in Occidente. Come ha potuto essere così stupida? Perché non ha controllato per vedere se stava tornando a casa? Avrebbe potuto aspettare ancora qualche giorno per vedere Mikhail. Altre volte Alexey era tornato a casa da incarichi prima del previsto, quindi perché non si era preparata in anticipo questa volta?

Serra i pugni mentre la rabbia la invade. Mikhail non ha contatti in Occidente. Dovrà trovare un altro modo per realizzare questo sogno. Per ora, aspetta solo che arrivi Mikhail. La sta aiutando ad andare avanti.

"Qui Mikhail, prendi questa scatola. Questo è quanto. Tutta la mia vita è in queste tre scatole nella tua macchina." Guarda come Mikhail fa come gli viene detto. Dando un'ultima occhiata alla casa di Alexey, versa una lacrima. Una lacrima per le sue speranze perdute. Chiudendo la porta alle sue spalle, decide che non ci saranno più lacrime. Il suo sogno di vivere in Occidente verrà realizzato, a questo punto non è sicura di come. Ma troverà un modo, ci deve essere un altro modo per realizzare il suo sogno.

Capitolo Trentuno

Il Colonnello Bruskev telefona alla panetteria chiedendo a Viktoriya di incontrarlo dopo aver finito il turno. Vorrebbe incontrarla nel suo appartamento. Conosce Bruskev dato che aveva sentito Alexey e Vladimir parlare di lui molte volte. Lo aveva incontrato solo una volta quando era andato a far visita a Vladimir poche settimane prima di morire. Fu sorpresa che si ricordasse di lei.

I suoi palmi iniziano a sudare. Un funzionario del KGB vuole parlare con lei. Riguarda Alexey? Non riesce a pensare a nessun altro motivo. O spera che non ce ne sia. Un cliente chiede del pane. Mette da parte la sua ansia concentrandosi sul suo lavoro. Scoprirà presto quello che vuole. Un pensiero veloce si palesa nella sua mente. E se riuscisse a volgere questa riunione a proprio vantaggio?

"Prego, entri," lo invita Viktoriya.

"Grazie per avermi incontrato con così poco preavviso. Non ci vorrà molto."

Si siedono nel minuscolo salottino, mentre Bruskev rifiuta l'offerta di un drink. Viktoriya ascolta attentamente il Colonnello mentre le offre un'opportunità che non può rifiutare.

Finisce con "...mi aiuterà con la mia indagine?"

Lei riflette su ciò che le ha detto: "Cosa ne viene per me?"

"Mi dica cosa vuole e farò in modo che l'avrà. Ho molte risorse a mia disposizione."

"Una nuova identità, un nuovo lavoro e una casa in Occidente una volta ricevuto il riconoscimento che merita. Preferirei l'Italia ma ovunque in Europa occidentale va bene. Finché è lontano da qui."

"Potrei essere in grado di organizzarlo."

"Garantisca quello che le chiedo o non c'è nessun accordo."

Si mette le dita sul mento, pensando. Strofinandolo lentamente, accetta le sue condizioni, "Signorina bella, c'è una sola condizione. Non deve fallire nell'aiutarmi a danneggiare il nome di Dubrovnik."

"Mi metta a disposizione tutto quello di cui ho bisogno e sarà fatto." Lo informa anche della sua esperienza nelle arti marziali e di come l'ha usata a suo vantaggio in passato.

"Questa abilità tornerà utile, ma potrebbe non essere necessaria per il nostro fine. Basta che si assicuri che questo incarico abbia successo. Devo riuscire a vendicarmi del defunto Vladimir Dubrovnik."

"Mio caro signor Bruskev, le assicuro che la vendetta sarà altrettanto dolce per me."

Si stringono la mano per suggellare l'accordo. Viktoriya lo sigilla ancora di più - proprio sulle sue labbra. Sembra che abbia apprezzato ma fa una mossa per andarsene.

Viktoriya gli prende la mano e lo conduce verso il salotto, "Sigilliamo correttamente questo accordo." Inizia a svestirsi rivelando la sensuale biancheria di pizzo rosso. Camminando sensualmente verso di lui, gli sfila i pantaloni e lo afferra con vigore. Lo massaggia mentre strofina il suo seno sul suo viso.

Le slaccia il reggiseno e con entrambe le mani afferra i suoi seni mentre affonda il viso su di loro. Viktoriya ridacchia tra i baffi mentre lui conclude in fretta. È un uomo anziano; è prevedibile.

Bruskev si sveglia ore dopo. Lei è in piedi nella sua vestaglia e lo osserva.

Si schiarisce la gola. "A quanto pare mi sono addormentato" dice. Nudo, si trascina verso di lei mettendole le braccia attorno. Lei gli permette di farsi baciare sul collo. Ha bisogno di averlo dalla sua parte per tutto il tempo fino a quando l'accordo non sarà concluso.

Continua a fissare il muro "Devo prepararmi ora. Grazie per essere avermi incontrato."

"Oh si. Sì, certo, vado." Detto questo, si avvia di nuovo verso il salotto raccogliendo i suoi vestiti.

Pochi minuti dopo chiude la porta dietro di lui. Con un largo sorriso sul viso, riflette sulla sua fortuna. Andrà a vivere in Occidente e non avrà nemmeno bisogno di sposare Alexey Dubrovnik per ottenere tutto questo. Bruskev è il suo biglietto d'uscita. Non è necessario coinvolgere Mikhail, che sarebbe stato di impedimento. La rallenterebbe. Non che avesse avuto qualche scrupolo a sbarazzarsi di lui se fosse diventato un grosso ostacolo. Alla fine, il suo biglietto per l'Occidente arriva da una fonte inaspettata. E prima di quanto avrebbe mai potuto immaginare.

Capitolo Trentadue

Sono le cinque del mattino quando Larissa viene svegliata dal suono del telefono.

"Ciao" dice in maniera strascicata ancora mezza addormentata. La sua voce è roca a causa del fumo del locale in cui sono stati la sera prima. Sente la voce di sua madre che grida attraverso il telefono... "No Gee, no!" Larissa non vuole credere a ciò che sua madre le sta dicendo. Suo padre... "No Gee, per favore, dimmi che non è vero."

Alexey, sdraiato accanto a lei, dice "Larissa, cosa c'è che non va?"

Lei non risponde. Non riesce a rispondergli, lo shock di sentire che suo padre è morto la spiazza.

"Ho provato a chiamarti tutta la notte, non partiva nemmeno la segreteria telefonica" dice sua madre.

"Non funziona", risponde Larissa con voce debole "come Ma, com'è successo?" Mette la mano sul ricevitore e sussurra ad Alexey qualcosa di terribile. Tenendolo per mano, gli chiede di rimanerle vicino.

Gee le spiega fra singhiozzi ininterrotti come Giuseppe era andato in piazza per passare un po' di tempo con gli amici. Era andato a piedi come suo solito. Questa era una sua abitudine settimanale. Ma la scorsa notte è stata diversa. Sulla via del ritorno, è scivolato e caduto. Ha sbattuto la testa su una roccia al lato della strada. È morto sul colpo.

Larissa stringe ancor di più la mano di Alexey. Mette l'altra mano attorno alla sua spalla. Continua ad ascoltare ed è confortata dal fatto che lui sia al suo fianco. Ricevere cattive notizie non è mai facile.

Gee ha iniziato a preoccuparsi quando non ha visto Giuseppe tornare a casa. Ha chiamato uno dei suoi amici, l'ha subito raggiunta per aiutarla a trovarlo. Non ci è voluto molto. Lei e l'amico di Giuseppe lo hanno trovato morto sul ciglio della strada.

"Sto arrivando. Sarò lì appena posso."

Alexey è ancora con lei. Si siede con le sue braccia rassicuranti intorno a lei. Sotto shock, cerca di immaginare la sua vita senza suo padre e mentre lo fa le lacrime inondano il petto di Alexey. Solleva la testa e tirando su col naso dice "Alexey, per favore, resta a casa finché non ti chiamo."

"Scherzi? Non ti lascerò guidare in questo stato. Ti accompagno io. C'è qualcuno che vuoi che chiami? James e Clara magari?"

"Umm, sì ok," risponde cercando di mettere insieme le sue emozioni.

"Sono qui, Larissa. Qualunque cosa ti serva, basta chiedere."

Un mare di lacrime le inonda gli occhi, "Oh Alexey... è orribile. Sì, per favore, dammi un passaggio. Devo stare con Gee."

Arrivati alla villa dei suoi genitori, Alexey la tiene stretta, "Vuoi che venga con te?"

"Se non ti dispiace, mi piacerebbe stare da sola con Gee. Dobbiamo parlare con Filippo e... oh mi dispiace. Non so davvero di cosa abbiamo bisogno o cosa Gee voglia che faccia."

"Va bene Larissa, ho capito. James e Clara mi stanno aspettando. Chiamami se hai bisogno di qualcosa, qualsiasi cosa," dice baciandola delicatamente sulla fronte.

Arriva alla porta principale. Una sensazione surreale la colpisce mentre la sua mano resta in aria per qualche secondo prima di bussare. Solo Gee è rimasta nella casa dei suoi genitori, suo padre non la verrà a salutarla. Mai più.

La sua faccia è bagnata di lacrime quando sua madre apre la

porta. Cadono l'una nelle braccia dell'altra. "Accidenti, era troppo giovane. Come ha osato lasciarci," grida Larissa.

Gee annuisce impercettibilmente senza rispondere. Larissa è prosciugata, non ancora in grado di comprendere cosa è successo.

Alla fine Gee si schiarisce la gola e mentre si asciuga gli occhi sussurra, "Tuo pa... tuo padre è nella camera mortuaria." I singhiozzi ininterrotti provengono dal profondo di lei.

Quando Gee si ricompone, Larissa chiede: "Hai chiamato Filippo?"

"Ho provato ma senza successo. Dall'obitorio... umm, stanno ancora cercando i dettagli. Verranno domani e discuteremo di come vogliamo procedere." Risponde dopo essersi ricomposta.

Tutto questo è così improvviso. Si sente come se fosse sospesa in una bolla di nebbia. Un'inquietante sensazione di terrore prende il sopravvento su Larissa. Devono chiamare Filippo ora; deve sapere.

"Voi due siate forti. Salto sul primo volo che riesco a prenotare. Vi voglio bene, non vi preoccupate. Insieme ce la faremo."

"Starò con Gee fin quando mi vorrà qui. A presto Filippo." Guarda Gee i cui occhi sono persi nel vuoto.

Larissa sente lo stesso vuoto. "Forse dovremmo riposarci un po' mentre le notizia si diffonde, amici e parenti chiameranno e passeranno per esprimere le loro condoglianze."

"Lasciami qui. Questa era la sua sedia preferita. Voglio riposare qui."

"Certo, qualunque cosa tu voglia, Gee." Larissa si dirige verso la sua vecchia camera da letto, ma decide invece di sdraiarsi in salotto. Vuole rimanere vicina a sua madre.

Cerca di ricordare quanti anni aveva quando ha smesso di chiamarla mamma. Le sue amiche si sono sempre rivolte a Giovanna come Gee. Filippo e Larissa sono cresciuti conoscendo la madre con questa breve versione del suo nome. Tutti quelli più vicini a lei sapevano che preferiva questo piuttosto che Giovanna. Giuseppe la chiamava occasionalmente con il suo nome completo quando discutevano, più per frustrazione che per altro. Capivano che i loro genitori stavano litigando seriamente ogni volta che lo sentivano chiamarla così. Da quello che si ricorda fu Filippo ad iniziare. È stato prima che partisse per Città del Capo, pochi mesi prima. Quando Gee non lo ha corretto, anche Larissa ha iniziato a chiamarla così. Da allora, tutti quelli che la conoscono bene Gee la chiamano con quel soprannome. Chi la chiamerà Giovanna ora papà? In qualche modo, sente che a Gee mancherà tutto di Giuseppe, anche le loro discussioni. Una tristezza estenuante si insinua in lei mentre si lascia andare in un sonno intermittente.

I tre si abbracciano. Filippo le sostiene in silenzio. È atterrato presto la mattina seguente, provocando un'altra ondata di lacrime. Esattamente come Larissa, trova difficile credere che sia successo.

Ora, mentre si siedono tranquillamente nel salotto, Larissa si sente fortunata di poter stare insieme così. Gee è ancora seduta sulla sedia preferita di Giuseppe. È calma ma le lacrime continuano a scorrere mentre ricorda perché stanno là ora tutti insieme, "Non tornerà più, vero?"

Dopo Filippo, i primi parenti stretti che arrivano sono la sorella di Giuseppe, Sofia, e suo marito Alfredo. Vivono a Como e hanno preso il primo treno in direzione sud per Napoli. Sofia e Giuseppe non erano particolarmente legati, ma vederlo morire all'improvviso in questo modo l'ha visibilmente turbata. Lei e Gee si abbracciano con Sofia che offre parole di conforto. Inoltre, consigli Pratoci su come dovrebbero prendersi cura di se stessi durante questo periodo. Promette di aiutarli tutti durante questi primi giorni difficili. Lei e Giuseppe persero i genitori quando erano molto piccoli.

Simona arriva poco dopo. Gee corre da sua madre. Larissa osserva mentre Simona consola sua figlia. Lei e Filippo le aiutano entrambe a sedersi. Tutti e quattro restano in silenzio mentre Sofia ed Alfredo portano loro del tè.

Il funerale di Giuseppe è una cerimonia tranquilla in un brutto giorno di Dicembre. Sta nevicando leggermente, il vento freddo crea dei piccoli vortici. Larissa sente il solletico dei fiocchi sulle guance. Normalmente questo la farebbe sorridere. Non oggi.

Tiene stretta Gee mentre gettano terra con rose bianche sulla sua bara. Filippo è dall'altra parte con Simona. Tutti e tre cercano di rimanere insieme per dare supporto a Gee.

Molti dei loro familiari sono sparsi per il mondo, quindi ci sono più tributi floreali che persone presenti. I pochi partecipanti al lutto che si trovano lì si raggruppano preparandosi al vento.

Il prete li conduce lontano dalla tomba. Annuncia agli altri partecipanti al lutto che si terrà una veglia a casa di Gee. Tornano tutti verso le macchine nere in attesa, le loro impronte lasciano un nuovo sentiero nella neve.

Una volta tornati in casa, Larissa parla con James e Clara. Racconta loro storie su Giuseppe, che sono più di beneficio per Clara, visto che James aveva incontrato suo padre molte volte.

Insieme, poi ascoltano mentre gli altri parlano di lui. Era un buon marito e collega, nonché un amico leale. Larissa, Filippo e Gee annuiscono in un mare di lacrime ringraziando per le loro parole premurose. Anche Simona piange. Larissa sa che erano legati; Giuseppe aveva un debole per sua suocera. Hanno condiviso consigli sul giardinaggio. Non riesce a ricordare nemmeno una volta che abbiano avuto una discussione. Se c'era un dibattito, Giuseppe prendeva sempre la parte di Simona prima di Gee. Questo faceva infuriare sua madre.

Camminando senza meta verso la cucina, Larissa viene fermata da James.

Abbracciandola, le dice: "Larissa, prenditi tutto il tempo che ti serve. Non tornare al lavoro finché non ti senti pronta. Col Natale alle porte, sai che stiamo solo preparando storie per il prossimo anno. Se avremo bisogno di sapere qualcosa, ti chiameremo noi."

Il dolore le strozza le parole. Annuisce guardando James. Il lavoro è l'ultima cosa a cui pensa adesso, ma apprezza il suo gesto. I prossimi giorni saranno difficili. Vuole stare con Gee il più possibile.

Alexey era già in cucina a preparare del tè per tutti. James lascia tornare Larissa dagli altri. Va ad aiutare Alexey con il tè.

Ancora una volta, tornano a sedersi in silenzio ascoltando gli amici di Giuseppe. Filippo ringrazia tutti per essere lì con loro sapendo che Giuseppe sarebbe stato provato nel sentire queste storie.

Larissa sa che a suo padre piaceva stare con i suoi amici. Sa che ha vissuto la sua vita per Gee e la sua famiglia, erano il suo orgoglio e la sua gioia. Le storie dei suoi amici lo ritraggono per quello che era.

James e Clara sono i primi a partire, ma non prima di offrire ulteriore aiuto. Larissa li ringrazia dicendo che ce la faranno da soli. Tra zia Sofia, Alexey, Filippo e lei riusciranno ad alleviare il dolore di Gee.

Gee li abbraccia entrambi, "Grazie mille per essere passati, e James, apprezzo che tu abbia concesso a Larissa del tempo extra con me."

Sorride. "Non c'è problema, lo spettacolo può aspettare. Soprattutto in questo periodo dell'anno. Il Natale è un momento in cui la famiglia è importante. Adesso hai bisogno dei tuoi figli. Abbiate cura l'uno dell'altro."

Anche Alexey e Rebecca decidono di andare. Dice a Larissa che dovrebbero avere un po' di tempo per la famiglia, sono stati due giorni emozionanti con pochissimo riposo. "Tornerò al tuo appartamento e ti prenderò dei vestiti ed altre cose di cui puoi avere bisogno. Poi, devo fare alcune chiamate all'agenzia. Trascorri un po' di tempo in tranquillità con Gee e Filippo stasera, tornerò domani." Annuisce concorde sentendosi improvvisamente esausta. Le spalle le fanno male per il peso del suo dolore. Un peso che non ha mai sperimentato prima d'ora. Improvvisamente Gee chiede, "James, Clara, per favore, venite il giorno di Natale, volete unirvi a noi per pranzo?" James guarda Larissa che fa cenno di sì con la testa. Sarà una giornata dura per loro. Con Alexey, James e Clara a tener compagnia, potrebbero riuscire a superare questo primo Natale senza Giuseppe. Lei guarda mentre camminano verso il cancello principale. Tutti e quattro hanno stretto un legame speciale in questi ultimi mesi. Alexey e Clara hanno in comune l'amore per la musica classica. Larissa non puo' immaginare la sua vita senza Alexey. Una fitta le colpisce il cuore, soprattutto ora che deve imparare a vivere senza suo padre. I giorni seguenti ricevono moltissimi omaggi e fiori da parte di parenti ed amici sparsi in tutto il mondo. Larissa non si era accorta che suo padre così tranquillo e senza pretese conoscesse così tante persone.

Dopo aver aiutato Gee con i dettagli finali e le scartoffie necessarie, Gee le dice che è ora di tornare a casa.

"Sei sicura di essere pronta?"

"Certo amore mio. Mi sei stata di grande aiuto. La vita va a vanti. Purtroppo dobbiamo imparare a vivere senza di lui. Giuseppe non vorrebbe che soffrissimo più di quanto non abbiamo già fatto. Apprezzo che tu sia rimasta più a lungo di Filippo e Rebecca. È tempo che io vada avanti con la mia vita."

"Ok, ma sono pronta a tornare se hai di nuovo bisogno di me."

"Va bene, grazie. Starò bene; hai fatto così tanto in questi giorni."

Tornare a lavoro l'ha aiutata a placare parte del suo dolore. Mentre cammina verso l'ufficio, i suoi colleghi esprimono le loro condoglianze. Combatte le lacrime. Entrando nel suo ufficio, la luce della segreteria telefonica lampeggia ed i messaggi scritti a mano riempiono la sua scrivania. Alcuni vengono da colleghi giornalisti, altri dai suoi fan.

Respirando profondamente, permette alle lacrime morbide di scorrere lungo le sue guance. "Ti voglio bene papà, per favore dammi la forza di andare avanti senza di te." Versandosi un bicchiere di scotch, lo solleva davanti a lei, "Per te papà."

Capitolo Trentatré

Amelia apre la cassetta delle lettere per ritirare la posta. Sfogliando i soliti volantini pubblicitari e la posta indesiderata, trova alcune fatture e poi... il suo cuore si ferma. C'è una lettera indirizzata a lei. Viene dall'Italia. Ma Simona non aveva detto che non le avrebbe mai scritto? Le loro telefonate erano già abbastanza per Simona, era stata irremovibile. Così come è irremovibile sul fatto che Amelia non incontri né Larissa né Gee, anche se Amelia lo vuole disperatamente.

Aspetta... Simona non conosce il suo indirizzo.

Amelia si fa prendere dal panico. Il suo respiro diventa irregolare mentre corre verso la cucina. Poggiandosi sulla panca, fissa la lettera. La fissa intensamente. La apre o no? È questo il passato che la sta finalmente raggiungendo? Se non la apre, non lo saprà mai.

I respiri profondi l'aiutano a calmare i suoi nervi mentre si aggrappa alla panca. Lentamente, si avvicina al tavolo della cucina, cadendo su una sedia con un tonfo. I suoi pensieri sono confusi mentre le lacrime bagnano la lettera. La rigira più e più volte come se qualcosa potesse cambiare, come se il timbro postale non venisse dall'Italia.

Amelia la apre e decide di leggerla. Forse una volta aperta, ci sarà un indizio che le farà capire chi è riuscito a trovarla?

La apre lentamente rimanendo emozionatissima. Ora la busta è aperta. Spiega la lettera, si tratta di una nota impersonale su un semplice foglio bianco. Tenendola stretta per cercare di fermare le sue mani tremolanti, mette a fuoco il suo nome.

"Cara zia Amelia, se stai leggendo questa lettera e sai chi sono, allora ho trovato la persona giusta. Tua sorella, mia nonna, ha parlato delle tue telefonate. Gee (mia madre) e io siamo entrambe preoccupate per lo strano comportamento di Simona nei nostri confronti e di altri che conosce da molti anni. Chiunque le vuole bene è preoccupato. Pensiamo che se voi due ritenete necessario incontrarvi di nuovo di persona per discutere le vostre divergenze, questo andrà a beneficio di tutti...

C'è altro ma non riesce a continuare a leggere. Gee deve essere Giovanna. Sua figlia, la bambina che ha lasciato anni fa. Al tempo in cui le sono successe troppe cose orribili per mano di uomini che presumibilmente l'amavano. Giovanna è il frutto del suo amore per Vladimir, l'amore della sua vita.

Respirando più profondamente, piega la lettera e la rimette nella busta. Andando in camera da letto, lascia cadere la lettera nel cassetto del comodino. Ci penserà più tardi. Quindi, di nuovo in cucina, prende le chiavi della macchina, si dirige verso il garage e si mette alla guida.

Mentre cammina verso la cima, sente le onde gonfiarsi ed esplodere nel *Blow Hole*. Un'onda infrangendosi esplode in aria schizzando gli scogli circostanti. Alcuni turisti ingenui sonotroppo vicini all'apertura... quelle rocce sono scivolose. Stanno ignorando i segnali di pericolo. Sta per avvertirli ma non serve, la loro guida gli urla di allontanarsi dal geyser. Si siede a guardare il mare e far ordine nei suoi pensieri. Fissa gli scogli luccicanti, l'orizzonte è offuscato dalla nebbia salina e dalle sue lacrime. La sua visione è sfocata ma i ricordi sono vividi nella sua mente...

Era sulla scaletta d'ingresso di casa sua, magro e stremato dal caldo. Cerchi neri circondavano i suoi occhi infossati. Le guance erano scavate in una faccia pallida. Non rivelavano la sua vera età. Le chiese aiuto. Se lei non lo avesse aiutato, sarebbe morto in pochi giorni. Era l'inizio del 1940.

"Sei così gentile. Dove sei riuscita a trovare del cibo?" chiede Vladimir.

"C'è una comunità di donne nel quartiere. Sappiamo dove trovare il cibo. Ci aiutiamo a vicenda per cucinare ed infornare pietanze che possano resistere a lungo. Ce n'è abbastanza per sfamarci per ora, ma solo perché razioniamo il più possibile." Lei omette di raccontargli di suo padre, il Sindaco. Riesce a procurarsi dei beni, specialmente l'alcol, in modi che preferirebbe non sapere. Meno sa del 'Sindaco' Teodoro, meglio è.

"Per favore, inizia a mangiare, non voglio disturbarti."

Poi le spiega come e perché si trova a Napoli. Ascolta il suo racconto e promette di non rivelarlo a nessuno. In effetti, si offre di aiutarlo nella sua missione.

Gli dice anche che può stare nel suo seminterrato; lei è l'unica ad usarlo. Nessuno lo troverà lì.

Alla fine dell'estate, sono entrambi magri ma almeno sono vivi. Lo visita ogni giorno nel seminterrato. Lui è ben educato e mostra rispetto nei suoi confronti. Questo è qualcosa che non è abituata a ricevere dagli uomini. Si lasciano travolgere da una relazione di passione e necessità.

Da quando suo marito è stato sollevato dai suoi doveri di guerra all'inizio del 1941 a causa della grave depressione, è diventato scontroso e passa la maggior parte del tempo a dormire. Anche se è tornato si sente sola e per questo torna da Vladimir, che è lì per lei. Lei gli confida di come suo padre tratta sia lei che Simona. Sentendo questo, il viso di Vladimir si fa rosso di rabbia. Vuole affrontare Teodoro, ma lei glielo proibisce. Il pericolo che venga catturato e ucciso è troppo grande per lei.

Nascosto nel seminterrato e con l'aiuto di Amelia, Vladimir riesce a nascondere alcuni oggetti di inestimabile valore. Li sta coprendo quando Amelia entra nel seminterrato pallida come se avesse visto un fantasma.

"È morto. Mio marito è stato trovato impiccato nella fattoria dei suoi genitori. Sono vedova." Cade tra le sue braccia piangendo.

Mentre il dolore le attraversa il corpo si chiede perché? Credeva che i sentimenti per suo marito fossero spariti. Vladimir e le sue missioni erano state tutta la sua vita negli ultimi mesi. "Ora sono di nuovo vulnerabile. Era la mia protezione contro l'abuso. Chi fermerà mio padre adesso?"

Vladimir promette di proteggerla: "Io ti proteggerò".

"Questo ti fa grande onoe, amore mio. So che sei più forte di mio padre, ma non voglio che tu esca allo scoperto. Sei un disertore e verrai ucciso. Teodoro è un uomo pericoloso. Un uomo pericoloso con potere."

Ma riuscì a proteggerla. Ricorda ancora l'angoscia che provò quando suo padre la colpì davanti a Vladimir. Era come se frecce infuocate le trafiggessero il viso. Le cose poi si misero male...

Si siede a fissare il mare mentre il Blow Hole spruzza di nuovo. Anche se Vladimir è stato nella sua vita solo per un breve periodo, il suo impatto ha cambiato la sua esistenza per sempre. Lacrime silenziose le scendono sulle sue guance. Ricorda il suo abbraccio e quello che avrebbe potuto essere. Accidenti! Vorrei che i miei ricordi si fermassero. Asciugandosi gli occhi e tirando un respiro profondo, fa un patto con se stessa. Lascerà i suoi ricordi al luogo a cui appartengono. Al passato.

Arrivata a casa, si dirige direttamente in camera da letto. Prendendo la lettera dal cassetto, la mette in una scatola delle scarpe, poi la nasconde in un angolo del suo guardaroba. Questo non è il momento adatto per rispondere alla richiesta di Larissa.

Sente la porta del garage aprirsi. Lui è a casa. Camminando in bagno si sciacqua i ricordi di dosso. Un giorno dovrà occuparsi della lettera, ma non oggi.

Capitolo Trentaquattro

"Simona, ti sto chiamando da un telefono pubblico, non voglio che William ascolti questa conversazione." Amelia gratta i graffiti sul vetro della cabina telefonica, guardando le macchine che sfrecciano mentre aspetta che sua sorella risponda. William era arrabbiato con lei. È stanco dei suoi modi aggressivi. Ora vuole sapere del suo passato. L'ultima volta che avevano litigato gli aveva quasi iniziato a raccontare tutto, ma poi aveva deciso di discuterne prima con Simona.

"Dopo la nostra ultima conversazione mi sono chiesta se avresti chiamato di nuovo," risponde Simona.

"Entrambe abbiamo detto cose di cui ci pentiamo. Dimentichiamocene per ora." Simona fa un suono di disapprovazione. Amelia sceglie di ignorarla; oggi si rifiuta di discutere. Non importa chi ha ragione o torto. Hanno cose più importanti di cui parlare. "Qualcosa che hai detto quando ero in Italia con te non mi dà tregua. Quando ho parlato di nostro padre, mi hai subito interrotto. Non ne abbiamo più discusso. Penso che dobbiamo Simona. Soprattutto ora che siamo a conoscenza della nuova relazione di Larissa." Amelia la sta supplicando. Vuole che sua sorella capisca quanto sia importante per loro scoprire la verità sul padre di Gee. "Ho i miei dubbi sul fatto che

Vladimir sia il padre di Giovanna. All'epoca prendemmo una decisione e ora sta tornando a perseguitarci. Capisci Simona?" Amelia sente scricchiolare lungo la linea e aggiunge altre monete. Ha portato abbastanza soldi con sé per avere una lunga conversazione. E questa è veramente troppo importante. Aspetta trattenendo il respiro fino a quando Simona risponde sussurrando.

"È imbarazzante per entrambe, per favore, lascia tutto al passato Amelia, ti prego. Non eri qui a raccogliere i pezzi. Ho visto Gee crescere. Mio marito l'ha accolta come sua. Gee e Larissa non ti conoscono."

Amelia rimane calma anche se dentro di lei sta bruciando di rabbia. "Non si tratta di me e te, si tratta di come il nostro passato possa influenzare il loro futuro. Simona, dobbiamo scoprirlo prima che sia troppo tardi per Larissa ed Alexey."

Amelia capisce che ciò che suo padre ha fatto a loro e a sua madre è qualcosa che vogliono dimenticare. Aveva protetto Simona dal peggio della sua tirannia. Era il sindaco di Napoli, un uomo potente nascosto dietro alla sua carica. Ma ora lei si rifiuta di lasciarlo andare via con quello che ha fatto.

L'Italia dopo la seconda guerra mondiale era in rovina. Molte donne rimasero senza i loro uomini. Senza il salario di Teodoro come potevano pagare le bollette? Ecco perché è partita per trovare Vladimir. Dovevano sopravvivere. Le loro case sono state danneggiate. Come avrebbero pagato le riparazioni? Per non parlare di comprare cibo. Era così che le voleva salvare. Avrebbe trovato Vladimir ed entrambi sarebbero tornati a Napoli per stare con la loro bambina. Le aveva promesso che sarebbero stati insieme.

"Larissa ed Alexey sono felici insieme. Né loro né Gee hanno bisogno di sapere del nostro orribile passato. Per favore, ti prego, lascia perdere. Nostro padre è morto. A cosa servirà scavare nel passato? Se vuoi che restiamo in contatto, possiamo discutere le cose tra di noi. Che ne pensi?"

La furia esplode in lei. Grida in fondo, "Non puoi sapere come ci si sente ad avere un figlio Simona. Sono stata io a dare alla luce Giovanna. Come pensi che mi senta? Ho perso tutto; la mia casa, la mia bambina, il mio amante... ed anche te." Le sue parole si riducono

Capitolo Trentaquattro

ad un sussurro mentre la sua rabbia si attenua e vorrebbe poter rimangiarsi le sue parole: "Simona, sei ancora lì?"

Sente un lieve piagnucolio... "Ho avuto degli aborti spontanei. Conosco la sensazione di essere incinta." Simona tossisce e con una voce più forte e determinata dice "Mi hai lasciata da sola. Io ero ancora una ragazzina e mi hai lasciato con una bambina a cui badare." Poi si schiarisce di nuovo la gola e grida, "Non mi hai dato scelta. Cosa dovevo fare? Venire a cercarti con una bambina?"

Amelia ascolta mentre Simona inizia ad inveire di nuovo contro di lei. Come ha sacrificato i propri bisogni in modo che la sua bambina potesse sopravvivere. Come le è mancata, chiedendosi se fosse ancora viva. Ha dovuto dire a tutti che era scomparsa, probabilmente morta. Poi il sollievo di scoprire che era viva. E di nuovo la delusione di scoprire che viveva in un paese così lontano. Quello che loro padre ha fatto ad Amelia, a lei e loro madre perseguita ancora anche lei, ma sa che è morto. Non può più far loro del male. "E ora Larissa è in Australia. Contro la mia volontà. Vuole incontrarti. È colpa tua."

"Colpa mia?" urla Amelia, "l'abuso di nostro padre è colpa mia? Guarda cosa ha causato. Noi due viviamo separate, io che mi sono fatta una nuova vita in un paese dall'altra parte del mondo e tu che vivi da sola come una reclusa. Era un uomo di potere. Le nostre vite avrebbero dovuto essere tranquille e sicure." Aggiunge più monete nella cabina ma non sente nulla," Simona?"

"Cosa ne verrebbe di buono nel trascinare le nostre famiglie nel nostro sordido passato?"

La voce dolorosa di sua sorella fa ricordare ad Amelia come è iniziato l'abuso. Fu subito dopo la morte della madre. Le disse che era normale. Ecco come i papà si prendono cura delle loro figlie. Le disse di non parlare e di non dirlo a nessuno. Questo era amore ed è così che lo mostrano i papà. A sedici anni fuggì tra le braccia del primo uomo che mostrò la sua gentilezza, anche se aveva il doppio della sua età. Quando lasciò Napoli, si affidò ad uno dei colleghi di suo padre. Lui le garantì di aiutarla a far in modo che arrivasse sana e salva in Unione Sovietica. Stefano era stato di supporto dopo la morte del padre. Le mancava disperatamente Vladimir. Accecata da ciò, accettò l'aiuto di Stefano di accompagnarla a Roma. Aveva contatti che avrebbero organizzato i suoi documenti, o almeno così le disse. Fidati di me, ha detto. Non ha mai detto a Simona la verità su come sia finita in Australia.

"Ci aiuterà a ricominciare. Aiuterà Gee..."

Viene interrotta da un altro attacco di Simona, "Come aiuterà Gee? L'unico padre che conosce è il mio defunto marito. Per favore, Amelia, smettila."

"È troppo tardi Simona, Larissa sta arrivando per incontrarmi. Arriverà questo pomeriggio. Penso che sia il momento di guarire, per entrambe. Questa ferita ha rovinato la nostra vita, abbiamo perso troppo tempo. Tutti quegli anni in cui non ci siamo parlate. C'era troppa rabbia che ci separava. Mi manchi da quando sono partita."

"Hai già deciso quindi? Qual è lo scopo di questa conversazione? Grazie per non aver pensato ai miei sentimenti."

"Se non sei d'accordo, allora perché hai detto loro che sono ancora viva? Sei stata tu a svelare il nostro segreto." Sentendo singhiozzare Simona, si chiede quando finirà questo incubo.

"Era Natale, Giuseppe era appena morto. Stavamo ripescando vecchi ricordi. Larissa può essere molto persuasiva. È brava a fare le domande giuste. Inoltre, ero vulnerabile ed emotiva. Giuseppe era un brav'uomo."

"In fondo sei d'accordo con me? Le nostre conversazioni devono essere state nei tuoi pensieri a lungo."

"Che lo sia o no, ormai è troppo tardi. Incontrerai Larissa oggi."

Simona sembra così sconvolta. Ha ragione però, non si può tornare indietro ora. "Ovviamente Larissa è preoccupata per te, altrimenti perché si sarebbe presa la briga di venirmi a trovare? Devo dedicarle il tempo che merita."

"Beh, è arrivato il momento di incontrarla. Qualunque cosa io dica non cambierà nulla. Arrivederci Amelia."

Riattacca il telefono. In piedi là fuori non si è mai sentita così sola. Amelia piange. La sorellina che ha protetto è riuscita a sopravvivere senza di lei. Ma ora ha bisogno di Simona più che mai.

Capitolo Trentacinque

Le onde si infrangono sulle rocce. I bambini giocano e si divertono a riva sotto gli occhi attenti delle madri. Il sole filtra attraverso il fico gigante sotto il quale sono sedute. In qualsiasi altro momento, le sarebbe piaciuto questo posto idilliaco.

Entrambe erano d'accordo nel vedersi. Sono state sedute su questa panchina all'ombra di questo fico gigante dopo essersi incontrate imbarazzate alla cabina telefonica. È stata Amelia a suggerire di camminare fin qui.

Vista da fuori, la sua prozia sembra calma. Larissa è cauta perché le crisi nervose ed il comportamento di Simona nei suoi confronti e Gee sono ancora freschi nella sua mente. Vuole evitare di inimicarsi la sorella di sua nonna e si chiede come le cose siano diventate così caotiche.

"Non avevo programmato nulla di tutto ciò. Eravamo così giovani. Abbiamo preso la decisione insieme, nonostante quello che ti ha detto Simona."

Sua nonna sta giocando a fare vittima. Questo è il motivo per cui Larissa è qui. Vuole conoscere entrambi i lati della storia. Guardando verso l'Oceano Pacifico di un blu elettrico, ascolta la versione di Amelia...

"Il suo amore era solo per me ed il mio solo per lui. Era sposato, io ero sposata. Il nostro amore era proibito ma era giusto per noi. Quando eravamo insieme, nient'altro contava. Poi, improvvisamente, rimasi vedova. Non sono mai stato innamorata di mio marito, è stato la mia via di fuga. L'ho usato per liberarmi da mio padre. Scappare per sposare un giovane non era una risposta ai miei problemi, tutto ciò che ho fatto è stato scambiare un dolore con un altro. Con Vladimir ho provato un vero amore e come vedova ero libera di stare con lui. Questo era tutto ciò che volevo. La guerra è un inferno vivente e ti fa fare cose che non avresti mai pensato di fare. Cose che nemmeno contempleresti in tempi di pace. Entrambi odiavamo la guerra, ma ci ha uniti. Il nostro amore reciproco ci ha dato speranza. Disprezzavamo il fatto che persone innocenti fossero uccise ogni giorno. Inoltre, la storia dei fatti stava per essere cancellata in tutta Europa. Ecco perché i manufatti furono salvati da Vladimir e dai suoi compagni. Abbiamo affrontato tutti l'incertezza del futuro. C'era stata devastazione dappertutto. I bombardamenti hanno provocato il caos più assoluto. Uomini e donne delle forze armate fecero ritorno paralizzati o mentalmente instabili. O peggio, non tornarono affatto. Non ci sono vincitori. Tutti soffrono, vincitori o sconfitti.

Il mio mondo crollò quando Vladimir partì. Doveva andarsene. Aveva ucciso Teodoro, nostro padre. Teodoro stava aggredendo sua figlia. Vladimir era il mio amante e ha dimostrato il suo amore difendendomi. Il volermi proteggere è stata la ragione per cui lo persi." Armeggia con la sua borsa. Le lacrime scorrono liberamente, il viso arrossato.

Larissa si gira verso di lei, posando una mano sul ginocchio di Amelia, cercando di dare una sorta di conforto. Che tipo di uomo attacca sua figlia? Non si meraviglia che sua nonna non abbia mai parlato dei suoi genitori. La tazza di caffè cimelio - l'unica usata dalla sua bisnonna - ora capisce perché è così speciale. Questo è il ricordo di Simona della madre assassinata.

Continua Amelia, "Vladimir partì in una triste giornata. Era il 22 marzo, un giorno che non dimenticherò mai. Tua madre nacque in una gelida mattina di dicembre dello stesso anno. La guerra si stava trascinando nel secondo anno." Amelia si ferma e fa un profondo sospiro, mettendo la mano sopra quella di Larissa. "In che tipo di mondo sarebbe cresciuta? Dov'è la speranza quando la guerra imperversa intorno a te? Avevamo bisogno di cibo e riparo. Due beni essenziali. Il cibo era scarso e la nostra casa era costantemente minacciata. Noi donne ci tenevamo occupate con le faccende domestiche. Ma era tutto inutile. Non c'era nessuno con cui condividere le nostre case.

La vita era miserabile, non importa dove guardassi. La gente partì per paesi che erano più sicuri e promettevano lavoro. Eravamo tutte e tre sole. Dovevo tenerci al sicuro e sapevo di non poterlo fare da sola. Dovevo andare a trovare Vladimir. Simona accettò di occuparsi di Gee fino al nostro ritorno. Questa è stata la nostra scelta." Amelia allontana la sua mano e guarda l'oceano. Le lacrime si sono fermate ma il suo viso è ancora carico di dolore. Che cosa dici a qualcuno che ha sofferto per mano di suo padre?

Si siedono sulla panchina, entrambe fissano l'oceano. Si sente solo il suono delle onde, le madri con i loro bambini sono andate via. Le onde si infrangono sulle rocce, creando delle piccole piscine naturali. È arrivata l'alta marea.

Il vetro risplende per effetto delle luci del bar. "Un altro, grazie." Il barista asseconda la sua richiesta.

Seduta al Marble Bar, trascorre un'altra notte all'Hilton prima di tornare a casa la mattina seguente. Incontrare sua zia ha reso la situazione più complicata. Come procedere adesso se Simona non accetta di incontrare sua sorella? Ha un'intera altra famiglia in questo paese. Eppure, si siede da sola in quell'appartamento senza fare nulla per una persona che vuole tornare a far parte della sua vita. Larissa non capisce perché Simona continui a provare rancore.

Chiedendo al barista un altro drink, sente qualcuno dietro di lei.

"Sai davvero come mandarli giù. È triste bere da soli, che ne dici se mi unisco a te?"

Oh no, questa è l'ultima cosa di cui ha bisogno. Il bar era vuoto quando è entrata e questa è la ragione per cui è seduta qui invece di bere da sola nella sua stanza. Uno spazio buio, questo bar è perfetto per bere da soli.

Senza aspettare una risposta, si siede sullo sgabello accanto a lei. Guardandosi intorno, ci sono altre persone sedute ai tavoli. Era così profondamente assorta nei suoi pensieri che non si era accorta che altre persone erano entrate nel bar.

"Uno scotch on the rock, grazie. Qualcos'altro per te?" Lei rifiuta, tenendo gli occhi sul suo cognac. "Sono Max," dice porgendole la mano.

"Ascolta, non sono un'ottima compagnia. Non ho voglia di parlare." Spera che recepisca il messaggio mentre cerca di non essere scortese.

"Dai no, una bella ragazza come te non può bere da sola. Non è giusto."

Guarda il barista, che annuisce e si dirige verso di loro.

"Amico, la signorina vuole essere lasciata da sola. Cosa non è chiaro?"

Max indietreggia dallo sgabello, sollevando le mani in aria, "Ok, sto solo cercando di essere amichevole, ma se la signorina fa la difficile, va bene." Mentre si allontana da lei camminando all'indietro, sputa per terra, "Bevi da sola. Troietta triste e solitaria."

I suoi occhi rimangono fissi sul suo bicchiere. Sente gli occhi degli altri nel bar puntati su di lei. Guardando il barista, gli dice, "Grazie."

Si tocca due dita sulla fronte in segno di saluto, "Prego. Ho sentito che volevi stare da sola."

Finendo quel che resta del suo drink, aspetta qualche minuto prima di avviarsi in camera. Si assicura più volte che il fastidioso Max se ne sia andato, non vuole scontrarsi con lui. Oscillando verso gli ascensori, posa la mano sul muro per stabilizzarsi. Max avrebbe voluto compagnia se avesse saputo di aver appena incontrato qualcuno che doveva essere morto?

Capitolo Trentasei

La trova in bagno. Il suo riflesso gli sorride mentre dice: "Buongiorno. Grazie per avermi aspettato la scorsa notte."

"Mi sono addormentato presto per poter essere sveglio quando arrivavi a casa. L'Australia è molto lontana; non eri esattamente dietro l'angolo. E ti sei alzata presto, non sei sfinita dopo un volo così lungo?"

Si gira verso di lui, mettendogli le braccia attorno al collo. Lo bacia con fervore appassionato, si scioglie nel suo abbraccio.

Poi dice: "È colpa del jet lag, non riesco a dormire. E sì, ero dall'altra parte del mondo, quindi il mio orologio biologico è totalmente sconvolto." Si perde in un bacio più dolce sulle sue labbra, "Mi sei mancato."

"Anche tu," dice stringendola a sé, "Quindi è valsa la pena partire? Vuoi parlare dell'incontro con la tua prozia?"

"Umm, prima devo parlare con Gee e Simona. Ci sono alcune cose che voglio confermare. La versione dei fatti di Simona non coincide con alcune delle cose che mi ha detto Amelia."

Annuisce dandole un bacio sulla sua fronte, "Va bene. Sono qui quando ti senti pronta." Poi le dice che ha ricevuto alcuni incarichi fotografici, uno dei quali lo porterà a Londra. "Starò via per tre settimane. Siamo stati distanti abbastanza a lungo. Che ne dici di venire per un weekend? Possiamo fare una breve vacanza, solo noi due, che ne dici?"

"Fammi vedere le date, non te lo posso ancora promettere, ma con tutto quello che sta succedendo un fine settimana lontano insieme sarebbe stupendo."

Lui sorride poi entra nella doccia chiedendole, "Cosa ti piacerebbe fare oggi?"

"Qualcosa di tranquillo. Ti va bene se restiamo qui, magari a guardare un vecchio film?"

"Quello che preferisci tu, per me va bene tutto." Una giornata insieme senza intrusioni sembra un ottimo modo per passare il tempo. Non riesce a pensare a nessun'altra persona con cui vorrebbe stare da solo. Un largo sorriso compare sul suo viso. Le cose stanno funzionando magnificamente fra loro; la loro relazione è forte e duratura. Questo è qualcosa che nessuno si sarebbe aspettato, per lo meno lui.

Finita la doccia, si guarda allo specchio strofinandosi il mento. Non si prenderà la briga di radersi se rimangono a casa.

Afferrando un asciugamano e legandoselo ai fianchi, entra in cucina. Larissa è ancora in camera da letto, probabilmente è crollata di nuovo sul letto. Non è solo il jet lag che la rende stanca, incontrare la sorella di sua nonna e tutto ciò che ne consegue l'ha messa a dura prova. E ha messo a dura prova anche sua madre e sua nonna. Le ha tenute d'occhio mentre Larissa era in Australia. Gee era già vulnerabile dopo la morte di Giuseppe. A suo avviso, il fatto che Simona abbia rivelato che Amelia era viva e viveva in Australia solo pochi giorni dopo la sua morte è stata una mancanza di tatto. Aveva taciuto il segreto per quarant'anni, perché proprio adesso?

Dopo aver preparato la moka, la mette sul fornello e poi va a controllare Larissa. Aveva ragione, è distesa lateralmente sul letto, nuda e profondamente addormentata. Il suo corpo freme di ammirazione per lei, non si pente della sua decisione di disertare. L'Unione Sovietica era la sua casa, ma ora è il suo passato. Un passato che non dimenticherà mai. Tuttavia, tornare a casa non sarà mai un'opzione. Vladimir e i suoi genitori saranno nel suo cuore per sempre.

Viktoriya attraversa fugacemente la sua mente. È sicuro che sia sopravvissuta senza di lui, non che gli importi. Non è qualcuno che vuole ricordare.

Capitolo Trentasette

Seduta con Alexey al ristorante Pruniers, si sta godendo questo momento insieme. "Che meraviglia, solo noi due per l'intero fine settimana."

"Sono contento che tu abbia trovato il tempo di venire qui a Londra con me. Ora ci sono delle regole: niente discussioni sul lavoro o sulla famiglia e nessuna telefonata in Italia. Ho in programma di passare ogni minuto con te e fare con te quello che desidero."

"Oh, come sei intrigante. Hmm, non vedo l'ora di lasciarti fare quello che desideri con me", gli passa il dito sotto il mento.

Questo ristorante è noto per esser frequentato da celebrità. Mentre ne stanno discutendo, Raquel Weattson, un'attrice inglese famosa per i suoi quattro matrimoni e la sua bravura nel recitare, entra con la sua scorta. Sentono l'addetto alla sicurezza alla porta che urla ai suoi fan di andarsene.

"State disturbando i nostri clienti che stanno cercando di godersi il loro pasto. Smettetela di bloccare la porta." Sta anche chiedendo ai paparazzi di andare via.

Mentre si tengono le mani sul tavolo, Larissa dice: "Ho dei fan che vengono da me di tanto in tanto, ma niente a che vedere con quello che sta succedendo là fuori. Quella povera donna non può andare da nessuna parte senza essere seguita da orde di persone. È stato abbastanza difficile quando avevo uno stalker. Credimi Alexey, la fama non è tutto."

"Beh, personaggi famosi mi impegnano a lavoro da un po' di tempo, anche se non vado in giro a cercare celebrità come i paparazzi. Ad ogni modo, sono il tuo fan numero uno e continuo a dirti che ti proteggerò sempre," dice baciandole la mano.

Il cameriere porta loro l'antipasto e mentre si godono i blini con il caviale sentono del movimento provenire dal tavolo di Weattson. Uno degli uomini sta gridando al cameriere, "Tu! Vieni qui." Indica il cameriere che li aveva serviti. "Questo pesce è crudo. Portalo indietro, l'ho chiesto ben cotto. In un ristorante di questo livello mi aspetto molto di più."

"Mi dispiace signore. Avvertirò lo chef, le porgo le mie scuse."

Larissa e Alexey guardano mentre il cameriere, visibilmente nervoso, porta il piatto incriminato in cucina. Ha uno sguardo terrorizzato sul viso mentre passa di fianco al loro tavolo. "Povero ragazzo," dice Larissa, "sembra giovane ed inesperto. Hai visto quanto era imbarazzato? C'è bisogno di essere così scortesi?"

"Un altro vantaggio della fama immagino," risponde Alexey, "Pensano di poter trattar male gli altri. Che ne dici di andar via? So che abbiamo mangiato solo gli antipasti, ma non dobbiamo rimanere qui. Inoltre, è tempo che io ti mostri quanto mi sei mancata."

"Fammi strada. Sono più che pronta," risponde facendo scivolare il braccio tra le sue.

Uscendo, Alexey viene avvicinato da una donna che gli urla addosso. Lei lo schiaffeggia in viso. Posando la mano sulla guancia arrossata, è sbalordito. Un paparazzo solitario scatta delle foto mentre Larissa cerca di mettere la mano sulla sua macchina fotografica.

Alexey sta cercando di calmare la donna, ma lei ricomincia a urlare, "Perché hai lasciato me e nostro figlio?"

Larissa resta di stucco. L'accento di questa donna è più marcato di quello di Alexey. Decisamente è dell'Unione Sovietica.

Sta dicendo a Larissa di non ascoltare questa pazza. La donna continua ad attaccarlo a parole e pugni. Da quello che Larissa riesce a decifrare questa donna è la moglie di Alexey. Vuole che si prenda le sue responsabilità per il bene del loro bambino.

Alexey sussulta per il dolore mentre la donna continua a colpirlo. Allo stesso tempo, dice a Larissa di non ascoltare, "Sta mentendo Larissa, non credere a quello che dice."

Ma è paralizzata a guardare questa scena. Non ha negato di conoscere questa donna. Perché non le dice chi è?

Questo è il suo ragazzo che sta scoprendo essere presumibilmente sposato con un bambino. Le ha mentito per tutto questo tempo. Con gli occhi in lacrime fissa questa bizzarra scena che si svolge davanti a lei. Nel frattempo il paparazzo continua a scattare foto. Alexey e la donna si stanno urlando a vicenda mentre Larissa chiede all'addetto alla sicurezza, che sta cercando di godersi la scena, di chiamarle un taxi.

In uno stato di trance, si dirige verso la strada principale. Alexey le urla di aspettare. Lei si gira. Con una mano tiene ferme entrambe le mani della donna, tenendole lontane dal suo viso. E cerca di afferrare la macchina fotografica del paparazzo con l'altra. Questa è l'ultima cosa che vede mentre si gira e continua a camminare verso il taxi in attesa. Lo sente urlare: "Posso spiegare, questa è tutta una grande menzogna, questa pazza..."

"Conoscevi la donna che ti ha attaccato?" chiede con una calma che non sente.

Sono entrambi rientrati in hotel. Si sta preparando per tornare a casa. Mandando giù un ultimo scotch per gentile concessione del mini bar, lancia la bottiglietta verso il cestino vicino a dove si trova lui. Il lancio è così forte da far roteare il cestino, sia il secchio che la bottiglia finiscono sul tappeto.

"Calma Larissa!"

"Avevo mirato a te. Ora rispondi alla mia domanda." Infila altri oggetti nella sua valigia, lanciandoli dentro. Come ha potuto? Un altro ragazzo che le ha mentito.

"Si chiama Viktoriya ed è la mia ex fidanzata. Mi hai sentito? La

Capitolo Trentasette

mia ex! Era incinta ma ha perso il bambino prima che io tornassi in Italia per stare con te."

Come può credergli? Perché questa donna rischierebbe di venire in Inghilterra da un paese comunista per stare con un uomo che ha disertato? Perché è venuta a stare con qualcuno che non vuole tornare? "Alexey, ho prenotato un volo per Roma, parto alle sei di mattina." Gli lancia un cuscino e una coperta. "Non dormi con me stanotte. Devo elaborare tutto questo. Perché non mi hai detto che hai un figlio?"

"Larissa devi credermi... Non ho nessun figlio. Viktoriya perse il bambino e poi andò a letto con un altro uomo. Non ho lasciato mio figlio. Ho lasciato una puttana che mi ha mentito."

Guarda la sua faccia sconvolta, vuole perdonarlo. Ma due dei suoi ex fidanzati le hanno mentito. Non può farlo di nuovo. No, non lo perdonerà, non ancora. "Parto domani mattina. Devo riflettere su quello che è successo stanotte. Per favore, lasciami in pace." Lo osserva mentre a testa bassa si trascina sul divano. Le ha spezzato il cuore.

James è nel suo ufficio. È arrabbiato perché i giornali scandalistici hanno pubblicato le foto con il titolo "Disertore ha una doppia vita con rispettata conduttrice italiana". "Questo non è il tipo di pubblicità di cui abbiamo bisogno di Larissa."

Dice a James che non le interessa il tipo di pubblicità che ha causato in questo momento - vuole solo scoprire la verità. Veramente Alexey ha moglie e figlio che vivono nell'Unione Sovietica? "Come pensi che mi senta in questo momento? Dovresti essere mio amico, ma tutto ciò a cui pensi è l'effetto che può avere sul programma."

James parla di nuovo, questa volta moderando il tono nei suoi confronti, spiegando che i membri del consiglio 7Oro non sono contenti di questa situazione. Questo tipo di pubblicità può rovinare le cose. Il consiglio di amministrazione non ci mette niente per sostituire la Roma Tonight con uno stupido programma di varietà. Un programma televisivo che probabilmente genererebbe più soldi per gli azionisti.

"Capisco quello che dici James. Non pensare che a me faccia piacere che la mia vita personale venga spiattellata sui tabloid. Alexey ha detto che questa donna mente. Fammi scoprire cosa sta realmente succedendo. In questo momento, sono arrabbiata, confusa e stanca di essere presa in giro di nuovo."

Capitolo Trentotto

"Disertore da deportare."

"Il fidanzato della giornalista è una spia?"

Viktoriya sta leggendo i titoli dei tabloid a Bruskev. L'ha chiamata dopo aver sentito del suo successo a Londra.

"Hai fatto un buon lavoro mia giovane amica. Ora mi metterò in contatto con le autorità italiane per estradare Dubrovnik. Deve rispondere per i crimini di suo nonno."

Lei lo ascolta mentre continua a parlare, ma finché rimane in Occidente, non le importa davvero cosa succeda ad Alexey. Lei ha contribuito a rovinarlo. Questo è tutto ciò che voleva. Ciò che Bruskev fa con lui adesso non ha importanza per lei. Con un passaporto e un permesso di lavoro in Italia, costruirà una nuova vita per se stessa. Domani cercherà un lavoro e si lascerà alle spalle l'Unione Sovietica, Alexey e la sua vecchia vita.

Il piccolo appartamento che Bruskev ha trovato per lei è andato bene. È vicino a Termini ma senza lavoro non potrà permettersi l'affitto. Le ha dato un mese di tempo, poi dovrà trasferirsi. Ci sono alcune panetterie in zona, inizerà da quelle.

Sente bussare alla porta e la sua pianificazione si interrompe. Agganciando la catenella della porta, chiede chi è prima di aprire.

"Signorina Viktoriya, veniamo per conto del Ministero degli Interni italiano. Vorremmo parlare con lei."

Lei apre appena la porta. La prima cosa che vede è una fondina, poi guardando in alto vede solo un uomo con i baffi folti che la fissa. Ha detto, "noi"?

Aprendo leggermente la porta, ansima. Ce ne sono tre ed uno è Alexey.

Chiudendogli la porta in faccia, si gira correndo in camera da letto. È inutile, ma poiché ormai si è fatta prendere dal panico, non riesce a pensare a nessun'altra opzione. Si rannicchia accanto al letto tremando. Quindi la porta d'ingresso viene spalancata.

"Mani sulla testa," grida l'uomo con i baffi.

Lentamente alza le mani mentre lui e l'altro uomo in uniforme si avviano verso di lei. Uno le sta puntando una pistola addosso. Alexey è ammanettato all'altro. Alexey le parla con voce sconfitta dicendole di non fare nulla di stupido, non servirebbe a niente. Entrambi devono essere deportati per rispondere alle accuse di spionaggio.

Bruskev ha fatto il doppio gioco. L'energia sale nelle sue vene mentre la sua rabbia prende il sopravvento. Nessuno la può trattare in questo modo ed averla vinta.

Capitolo Trentanove

Con le nocche bianche ed infiammate, Gee cerca di aggiustare il lavandino della cucina, "Stai scherzando vero? Mi lasci da sola ad affrontare tutto questo? Simona è difficile da gestire. Sai quanto sia sensibile in questo momento. E sto ancora soffrendo per la perdita di tuo padre."

Ancora una volta Gee inizia a fare la vittima. Larissa sta soffrendo per la perdita di due persone che amava. E Gee non sa se se la caverà? "Stai reagendo in maniera esagerata. L'Inghilterra non è l'altra parte del mondo, sono solo tre ore d'aereo. Inoltre, devo farlo per me stessa, questo non riguarda te o papà. Manca anche a me." S'interrompe, con le parole che le si bloccano in gola. Una forte rabbia l'attraversa al pensare che sua madre non potrebbe essere più egoista.

Le spalle di Gee si abbassano, lacrime silenziose tintinnano nel lavandino, "Non farmi questo Larissa." Questa volta la sua voce è sommessa, appena udibile.

Vedendo sua madre così, la rabbia di Larissa si attenua trasformandosi in irritazione prima di continuare. "Voglio trovare il modo di andare avanti senza Alexey. Non torneremo mai più insieme. Tu e papà avete trascorso una vita insieme. Alexey ed io ci stavamo ancora conoscendo." Senza aspettare che sua madre risponda, si dirige in salotto. Prende la borsa e si dirige verso la porta d'ingresso. Stava per andarsene già prima quando aveva menzionato casualmente che stava pensando di accettare un lavoro in Inghilterra. Questo è il risultato. Sua madre ha la tendenza a catastrofizzare sempre tutto ed addossarsi la colpa. Ma questa è la sua vita di cui sta parlando, una vita senza Alexey. Deve occuparsene a modo suo.

Gee l'aveva seguita. Emette un sospiro gettando indietro la testa, "Perché devi andare così lontano? Non puoi trovare un lavoro più vicino? Come quello che hai menzionato a Milano." La sua faccia è contratta in una supplica, bagnata di lacrime.

"Gee," sospira Larissa, "il lavoro a Milano è un incarico di soli tre mesi. Per favore, smetti di provare a farmi sentire in colpa per convincermi a restare. Ad ogni modo, non serve a niente discuterne ulteriormente, ho già versato il deposito per un appartamento."

"Bene, non c'è altro da dire mi pare, no? Ti stai trasferendo in Inghilterra," afferma Gee. Mettendo entrambe le mani sulle spalle di Larissa sospira pesantemente, "Fai quello che ti senti di fare." Poi la fa cenno di uscire.

Larissa fissa la mano di sua madre che le indica di andare. Stordita, esce. La porta sbatte alle sue spalle. Rimane ferma per un momento, pensando di rientrare. Decide di resistere, si dirige verso la sua auto e si allontana. Gee può rimuginare quanto vuole.

"No, non l'ha presa bene e da allora non le ho più parlato," dice a Clara mentre scarabocchia sul blocco davanti a sé. Ha pronto un bicchiere di scotch con ghiaccio sulla sua scrivania. Con mezz'ora libera prima di avviarsi al trucco, ne aveva approfittato per telefonare a Clara.

"Ti aspettavi che capisse Larissa? Tu, Gee e Simona siete sempre state vicine. Ora senza tuo padre, sappiamo tutti quanto Gee stia soffrendo. Hai parlato con Filippo?"

Pensa a suo fratello, quello che è partito per seguire il suo sogno di una carriera internazionale. Gee non era felice quando ha annunciato le sue intenzioni. Di tanto in tanto si lamenta con Larissa del fatto che potrebbe non tornare mai più.

Finisce ciò che resta dello scotch. "Sì, e mi supporta. Dice che il cambio d'aria mi farà bene. Gee si riprenderà. Filippo mi ha detto che non lo disturba più come prima per il fatto di tornare a casa."

"Almeno hai il suo appoggio. Pure James supporta la tua decisione. Lo sai, vero? Anche se gli mancherà lavorare con te."

Guardando in basso sul taccuino, ha scritto il nome di Alexey. Perché? Perché sta pensando a lui? È in un paese comunista. Ed in carcere fra l'altro. Non torneranno mai più insieme. Sì, è sicuramente il momento di partire, ha bisogno di un nuovo inizio.

"Mi mancherà anche James, voi due in realtà. E mi mancherà Gee. Anche Simona, anche se non mi mancherà il suo umore attuale. Ma sono sicura che tutto questo mi farà bene; un nuovo lavoro mi darà qualcosa di diverso su cui concentrarmi."

Brigite fa capolino in ufficio, "Al trucco saranno pronti per te tra cinque minuti, Larissa". Senza aspettare una risposta, inizia a radunare tutti gli altri necessari per lo spettacolo di stasera.

"Devo andare, il dovere chiama. Grazie per avermi ascoltato Clara. Ci vediamo nel fine settimana." Attacca la cornetta e con un sospiro di sollievo realizza di aver preso la decisione giusta.

Capitolo Quaranta

Il fiume è di un grigio piombo. Prevedono di nuovo pioggia. Mentre si siede nell'angolo cottura del suo appartamento a Hebden Bridge, guarda fuori dall'unica finestra. La piccola cucina si affaccia sul fiume Calder, è la migliore caratteristica di questo spazio triste che ha preso in affitto.

Ripensa a tutto ciò che è accaduto nell'ultimo anno. Dopo che Alexey è stato deportato, ha sentito il bisogno di prendersi una pausa da tutto e da tutti. I problemi con sua madre, la nonna e la prozia sono aumentati in proporzioni epiche. Senza Alexey al suo fianco, non vuole affrontare i problemi che affliggono la sua famiglia. Come desidera adesso che Simona ed Amelia avessero tenuto nascosto il loro segreto. Per finire, Gee prova ancora rancore per il suo essersi allontanata. Si sente veramente esasperata. Sua madre è una donna esasperante.

Quindi, eccola nel Regno Unito a lavorare su un servizio notturno di notizie per una rete locale. Non è prestigioso come il suo ultimo lavoro ma dopo tutto quello che è successo con Alexey e la sua ex ragazza, questo le basta per il momento. Voleva mantenere un profilo basso, questa è stata la ragione per cui ha deciso di trasferirsi in questa città addormentata.

Quando tutto è andato in frantumi nella loro relazione, Alexey ha continuato a dichiararsi innocente ma, alla fine, la loro rottura è stata inevitabile. Alexey è stato espulso per rispondere alle accuse mosse da Bruskev, che sosteneva di essere stato complice della vicenda dei manufatti rubati. Ha anche affermato che Vladimir abbia abusato del suo potere nell'NKVD per promuovere la sua carriera, attraverso un crimine, un crimine di guerra. Bruskev voleva che Vladimir venisse privato del suo premio e del suo status nell'attuale KGB. Viktoriya era la sua pedina in questo gioco di vendetta. Ironia della sorte, sia Alexey che Viktoriya vengono accusati di spionaggio. Prima che Alexey venisse espulso, disse a Larissa che Viktoriya era furiosa con Bruskev. Le aveva promesso una casa in Occidente se l'avesse aiutato a far catturare Alexey. In realtà tutto ciò che Bruskev voleva era un espediente per far deportare Alexey.

Era emotivamente svuotata e non poteva perdonare Alexey per non averle parlato di Viktoriya e del loro bambino. Voleva veramente aspettare che tornasse quando la probabilità di un ritorno era così bassa? La sua famiglia era a pezzi, così come la sua vita amorosa.

I tabloid hanno continuato a parlare di questa storia per mesi, il che ha esercitato ancora più pressione su di lei. Alexey dovette andar via per rispondere alle accuse e promise che sarebbe tornato. Dopo tutti i suoi sforzi per aiutare suo nonno a restituire i manufatti, ora è finito nei guai. Il governo sovietico ha i manufatti al sicuro al loro posto e Vladimir è stato privato dei suoi riconoscimenti. Alexey le aveva accennato dell'odio di Bruskev per Vladimir. Perché non avevano considerato questo come una minaccia per Alexey?

Ora, tutto ciò che vuole è stare con lui. Come desidera averlo di nuovo tra le sue braccia. Il suo corpo brama il suo tocco. Sì, era arrabbiata con lui, ma non lo voleva dove si trova ora. In pericolo. Se solo le avesse parlato di Viktoriya, forse le cose sarebbero andate diversamente?

Questi pensieri le rimbombano in testa. Inizia a pensare ai mille modi in cui questo risultato si sarebbe potuto evitare. Allontanarsi è stato un cambiamento di scenario, ma il suo amore per Alexey non sta mutando.

James e Clara la visitano regolarmente insieme al piccolo

Matthew, la loro peste di due anni che lei adora incondizionatamente. James è ancora il produttore dello show e l'aggiorna su tutti i pettegolezzi sulla sua vecchia troupe. Stanno per arrivare.

Entra nella toilette. Non può chiamarlo bagno, è minuscolo. Tirando fuori il fondotinta, si dà un colpetto sul viso. Guardando il suo riflesso, sorride. Cenare con i suoi amici di sempre risolleverà il suo umore.

"Brigite è felice di essere coproduttore. Non ti avevo detto che sta cercando di rubarmi il posto?" scherza James.

Sono al ristorante *The Olive Branch* per godersi un bel pranzo mediterraneo e la bocca del piccolo Matthew è piena di hummus. La loro cameriera lo riempie di complimenti mentre gioca a rubargli il cibo.

"Sì, è sempre stata una ragazza ambiziosa, ma sono felice per lei. Dà sempre il massimo in quello che fa, quindi merita di essere dove si trova ora."

Continuano a parlare dei suoi ex colleghi e del programma in generale. La nuova presentatrice è sempre una ragazza. La formula ovviamente funziona perché lo spettacolo è ancora in onda. James le dice che c'erano stati alcuni piccoli problemi dopo la sua partenza, ma ora le cose si sono sistemate. Lo spettacolo sta andando abbastanza bene ed i membri del Consiglio sono soddisfatti.

Poi inizia a chiederle come sta e se pensa ancora ad Alexey. Il suo cuore inizia a battere più veloce ogni volta che viene menzionato il suo nome. "Certo, penso ancora a lui. Spesso infatti, ma devo voltare pagina. È in una prigione Sovietica ed io sono qui con voi tre." Volge lo sguardo verso Matthew, afferrando la sua manina paffuta. Lui ride.

Dopo l'incidente di Viktoriya a Londra, ha rivisto Alexey due volte. Era in una cella di custodia. Sia lui che Viktoriya stavano aspettando di essere espulsi. Gli incontri erano carichi di tensione. La sua rabbia le ha impedito di accettare la versione della storia di Alexey. Da allora sia James che lei hanno ricevuto informazioni imprecise sulle condizioni di Alexey. Una parte di lei spera che non sia torturato o in esilio da qualche parte, ma non ha davvero modo di saperlo.

"Basta che ci informi Larissa e possiamo dare una mano con l'avvocato. È passato un anno e possiamo dire quanto ancora ti manchi. Ci sono state altre novità?" chiede Clara.

"Dice di avere una squadra di alto livello che lavora sul caso. Ogni governo, Sovietico o no, non prende lo spionaggio alla leggera. Quello che non riesco a capire è che Alexey ha fatto un'opera buona restituendogli i manufatti. Come può essere considerato spionaggio?"

"Bruskev ha inventato una storia. Bramava vendetta, indipendentemente da chi fosse coinvolto. Guarda cosa ha fatto a quella donna che ha reclutato."

"Sì, hai ragione James. Penso che abbia usato anche Viktoriya come pedina. Non che mi importi che fine faccia. Clara, parlerò con i miei avvocati la prossima settimana. Grazie per l'offerta, avrò sicuramente bisogno di tutto l'aiuto che posso ottenere. Tutto quello che voglio ora è riavere Alexey con me. Sano e salvo." Abbassa gli occhi; la ferita è ancora aperta. Aveva pensato che allontanarsi sarebbe servito ad alleviare il suo dolore. Lontano da un ambiente familiare e da tutti i luoghi in cui erano stati insieme. Sperava che questo avrebbe aiutato a cancellarlo dalla sua memoria. È accaduto quasi il contrario, lo desidera ancora di più. Ha iniziato a sentirsi molto più sola da quando si è trasferita. È lontana da chiunque abbia mai amato.

Si era gettata a capofitto nel suo nuovo lavoro e aveva iniziato a fare amicizia dal momento in cui si è trasferita nel Regno Unito. Trasferirsi in una piccola città rurale dopo aver vissuto in una grande città cosmopolita come Roma non era stata una buona idea. All'epoca era ferita dalle bugie di Alexey e voleva un cambiamento totale. Quando Brigite disse che aveva una zia che viveva in una città in Inghilterra dove regna la creatività, aveva deciso in quel momento di venire a dare un'occhiata. Ripensandoci ora, è successo tutto molto in fretta. Lei e Brigite vennero a fare un sopralluogo. Si incontrarono con sua zia che l'aiutò a trovare l'appartamento che sta affittando. Con i contatti della zia di Brigite trovò il lavoro, e voilà, ha iniziato a vivere in Inghilterra prima di rendersene conto. Tuttavia, c'è un aspetto positivo che emerge da tutto ciò, il suo inglese è di gran lunga migliorato.

James e Clara sorridono entrambi quando dice loro questo. "Beh, avevi menzionato spesso di voler imparare una nuova lingua."

"Lo so Clara, ma già parlavo Inglese abbastanza bene. Non conta come una nuova lingua". Continua a dire loro che non le dispiace vivere in questa parte del mondo, le mancano solo i suoi amici e i suoi cari a casa.

James e Clara erano finalmente riusciti a convincere Gee a perdonarla. Il loro rapporto era rimasto teso fino alla prima volta che Gee andò a trovarla. Si lasciò andare dopo alcuni giorni di permanenza a casa di Larissa, soprattutto quando vide come stava andando avanti con la sua vita. Le disse anche quanto sembrava calma. "Ti trovo bene. Ammetto di essere stata egoista, ma il tuo tempismo non è stato eccezionale" le aveva detto sua madre.

Probabilmente non era il momento migliore per lasciare da sola Gee, ma a quel tempo era la cosa migliore per Larissa.

Ora che ha ripreso a parlare con sua madre, non prova più così tanta nostalgia di casa. Quando parla con Gee, che è andata a trovarla diverse volte da allora, esita a discutere del ritorno a casa, non importa quanto si senta sola. Non c'è mai stato un chiarimento tra Simona ed Amelia. In effetti, la lontananza tra loro continua a crescere con l'aumentare delle divergenze tra Simona e Gee. Discutono ogni volta che Gee cerca di convincere Simona a parlare con Amelia.

"A proposito, volevo ringraziarvi entrambi per l'aiuto con Gee. Come l'avete convinta?"

"Le abbiamo detto quanto ti mancavano tutti e soprattutto lei. All'inizio era irremovibile, ma l'abbiamo convinta," spiega Clara.

"Clara sta facendo la modesta Larissa. Può essere molto convincente quando vuole, credimi, ne so qualcosa."

"Oh, davvero James?" Clara gli dà una gomitata "Non è il momento di scherzare. Larissa aveva bisogno di noi e noi l'abbiamo aiutata."

"Che c'è? Ti stavo facendo un complimento."

"Ora voi due, non mettetevi a litigare di fronte a me," ridacchia, "qualunque cosa sia stata detta, ha funzionato e questo è tutto ciò che conta." Spiega che adesso ogni volta che chiama Gee hanno conversazioni piene di risate. Il clima si fa teso solo se discutono della rottura, che Larissa cerca di limitare. Ironia della sorte, la distanza tra loro le ha aiutate ad avvicinarsi.

"Hai di nuovo Gee dalla tua parte, il che è fantastico. Ti concentrerai su te stessa ora? Hai fatto amicizia con qualcuno?" chiede James.

Ha trascorso la maggior parte del suo tempo libero ad organizzare incontri con l'avvocato. Alcuni dei suoi colleghi di lavoro le hanno chiesto di uscire, lei ha più volte accettato. "I miei colleghi sono simpatici. Quando non lavoro passo il tempo alla ricerca di informazioni che posso fornire all'avvocato."

"Non sarà facile convincere le autorità che Alexey non era una spia per conto del Governo Italiano. Forse dovremmo convincerli che è stata un'idea di suo nonno. Ma Alexey vorrà mai compromettere il nome di suo nonno?" chiede James.

"Da quello che mi ha detto, Bruskev si sarebbe assicurato che il nome di Vladimir venisse infangato. Questa era la ragione principale per cui Alexey ha deciso di accettare i riconoscimenti a nome di suo nonno. Per aiutare a rafforzare la sua buona reputazione. Sfortunatamente, Bruskev è arrivato prima ad Alexey." Il pensiero di Alexey che marcisce in una prigione sovietica le fa venire i brividi.

"Ti aiuteremo con le ricerche," afferma Clara. James annuisce d'accordo.

"Sono fortunato ad avervi come amici. Grazie." Si alza dando ad entrambi un abbraccio. Quindi prende Matthew tra le sue braccia ed escono dal ristorante. Un giorno forse tornerà con Alexey. E forse un giorno, Simona perdonerà Amelia. Segreti e bugie hanno invaso la sua vita, ma spera ancora di riuscire a sistemare le cose. Vuole che il rapporto tra sua nonna e la prozia si aggiusti, vuole incontrare i suoi cugini australiani e vuole che Alexey torni tra le sue braccia. I miracoli accadono, vero?

Capitolo Quarantuno

Guardando diritto il giudice vestito in abiti militari, Alexey ascolta. Bruskev è in tribuale a testimoniare contro il defunto Vladimir Dubrovnik. Esistono due valutatori, sempre in divisa, che prendono appunti per il giudice. Bruskev ipotizza come il furto di manufatti abbia facilitato a Dubrovnik la crescita professionale all'interno dell'agenzia all'epoca nota come NKVD, sotto false pretese. Sostiene che Vladimir non sia un eroe di guerra e coinvolge anche tutti e quattro i suoi compagni che lo hanno aiutato nel furto. Tuttavia, soprattutto Dubrovnik, come mente del piano, dovrebbe essere privato di tutti gli onori che gli sono stati concessi. Ha cospirato con l'Occidente; era una spia. Accusa anche Alexey di essere una spia. Prima della sua scomparsa, Vladimir aveva mandato suo nipote in Italia. Ciò dimostra che è una spia proprio come lo era suo nonno. Bruskev indica Alexey mentre pronuncia questa menzogna. Successivamente, sente che Bruskev menziona al giudice dello spionaggio di Viktoriya. Spiega che non era a conoscenza dei manufatti né del coinvolgimento di Alexey durante i suoi incarichi di spionaggio stabiliti dal defunto nonno. Tuttavia, era stata tentata dalle ricchezze dell'Occidente e per questo si era unita ad Alexey e alla sua fidanzata giornalista per cospirare contro i Sovietici.

Alexey bolle di rabbia. Bruskev pronuncia una bugia dopo l'altra. Si chiede se Viktoriya sappia di quanti problemi stia causando ad entrambi. Continua a guardare il giudice mentre ulteriori prove vengono fornite da altri agenti NKVD in pensione. Il giudice sfoglia le foto disposte davanti a lui. "Faremo una pausa di dieci minuti."

"Tutti in piedi," esclama l'ufficiale giudiziario.

Alexey si avvia al banco degli imputati. È tranquillo perché sa di non aver fatto niente di male. Parla del suo defunto nonno con tutto l'orgoglio che ha. Come un uomo che l'ha educato a credere nella giustizia, a credere che ogni persona avesse diritto a una vita giusta e dignitosa. Contesta le bugie di Bruskev e difende persino Viktoriya. Racconta al giudice in che modo Bruskev l'abbia convinta ad accettare questo incarico promettendole cose che sapeva di non essere in grado di realizzare. La sua posizione nel KGB non può dare a qualcuno il diritto di vivere in Occidente. Lui assicura la corte che se lei lo avesse saputo, non avrebbe accettato. Perché mai avrebbe messo in pericolo la sua vita?

Continua ad affermare di non essere una spia. "Sono un fotoreporter. Vostro onore, vi sono stati dati esempi del mio lavoro. La mia unica ragione per essere in Italia era di restituire oggetti di valore storico salvati da mio nonno defunto. La giornalista, Larissa Mina, citata da Bruskev, mi ha aiutato a recuperare questi manufatti. Non c'è stato nessun tipo di spionaggio. Stavo facendo il mio dovere nel restituire oggetti di valore. Questi potranno ora essere ammirati da molti Sovietici; parte della nostra storia è stata recuperata grazie alla lungimiranza di Vladimir Dubrovnik. Sono orgoglioso di ciò che mio nonno ha fatto per il suo paese e sono fiero di essere riuscito a realizzare il suo sogno. Bruskev dovrebbe vergognarsi, sta mentendo sui motivi per cui ho agito. L'ho fatto per il bene della nostra storia. Da parte mia non c'è stato nessuno spionaggio."

Dopo essere tornato al suo posto, il giudice annuncia: "La corte si riunirà domani", con un forte tocco del suo martelletto.

Il giorno seguente toccherà a Viktoriya parlare. Alexey spera che lei l'abbia sentito difendere le sue azioni. Spera anche che il giudice creda alle sue parole contro quelle di Bruskev. Sa che Viktoriya è stata stupida a credere alle sue promesse vane, ma non lo conosceva bene come Alexey. A Bruskev non importa di nessuno, motivo per cui spera di aver detto abbastanza per aiutare la sua ex fidanzata. È colpa di Alexey se si trova in questa situazione.

Capitolo Quarantadue

"Oleg ha tutto pronto," sussurra la guardia.

Sono alla porta della sua cella di prigione. Alexey annuisce senza rispondere. Meno si dice meglio è. Si impegnato così tanto per passare da prigioniero modello e tenersi fuori dai guai, non vuole mettere a rischio nulla in quest'ultima fase. Il piano deve funzionare, altrimenti è un uomo morto.

Oleg è il figlio di uno dei vecchi amici di Vladimir. Ha sentito della difficile situazione in cui si trova Alexey. Il nome Dubrovnik è su tutti i giornali a Leningrado. Avendo sentito parlare di Vladimir da suo padre e di quanto avesse aiutato sua madre dopo essere rimasta vedova con quattro ragazzi da allevare, voleva ripagare un po' della gentilezza ricevuta. Lui ed il suo amico guardia carceraria, insieme ai compagni di Oleg, hanno perciò pensato un piano per aiutare Alexey a fuggire. Alexey è stato attento fino al punto di non voler sapere il nome della guardia. Lo conosce come amico di Oleg. Nel caso in cui qualcosa vada storto, non vuole che la guardia sia coinvolta in alcun modo.

Anche se non è una spia, le prove contro di lui sono inoppugnabili. Bruskev ed i suoi compagni del KGB hanno messo insieme un gran bel caso contro di lui. Questo piano di fuga è l'unico modo che ha per rivedere Larissa. Deve funzionare.

La guardia fa scivolare una pillola nella sua mano mentre entra nella cella, "Prendila stasera, farà effetto al mattino. Oleg sarà qui per portarti al centro medico. In bocca al lupo."

Alexey è stordito. Ha vomitato più volte durante la notte. La pillola ha funzionato, ora tutto ciò che vuole è fermare la nausea. Sdraiato nel suo letto imbevuto di vomito, sente a malapena la porta della sua cella aprirsi. È Oleg. Vestito con l'uniforme medica del servizio di ambulanza della prigione, prende Alexey per un braccio mentre tiene la maschera sul viso con l'altro, per proteggersi dalla puzza. Mentre escono dalla cella della prigione, Alexey, sostenuto da Oleg, sente una voce provenire dal fondo del corridoio.

Un rumore di passi che sbattono sul pavimento con forza eccessiva, si fa più forte quando la guardia si avvicina a loro. "Fermati, dove stai portando il prigioniero," chiede la guardia.

Alexey sente altri passi. Altre guardie corrono verso di loro.

"All'unità medica, non vedi che è malato? Ora fate pulire il vomito in questa cella. Non vogliamo che altri si ammalino."

La prima guardia manda le altre due ad organizzare una squadra di pulizie. Quindi mette il dito sotto il mento di Alexey, "Quanto è malato?"

"Togli il dito, non toccarlo. Sei matto? È contagioso" grida Oleg mentre Alexey lascia cadere il mento con forza esagerata.

"Senti, dobbiamo portarlo in ospedale prima che questo virus si diffonda in tutta la prigione."

Mentre la guardia ascolta, arriva la squadra delle pulizie. Alexey, proprio al momento giusto, vomita di fronte a loro.

"Andate. Andate via," dice la guardia agitando furiosamente la mano verso di loro,"e voi quattro assicuratevi di disinfettare l'intera area." Continua a dare ordini mentre Alexey viene portato via.

Frastornato, Alexey vacilla. Oleg lo esorta a respirare, sono quasi fuori.

Quindi sentono un altro comando. "Tu laggiù, fermo. Chi ti ha autorizzato a portare questo prigioniero fuori dalla sua cella?"

Capitolo Quarantadue

Questa volta Oleg urla di nuovo alle guardie "Avvicinatevi a noi a vostro rischio e pericolo. Quest'uomo ha una malattia contagiosa."

"Ha ragione, non avvicinatevi a loro."

Alexey sente la voce del primo ufficiale che aveva cercato di fermarli. "Adesso stanno disinfettando la sua cella. Non preoccupatevi, tornerà dentro una volta guarito."

"Sì, signore, agli ordini."

"Torna alla tua postazione. Tu, guardia medica, procedi a prelevare il prigioniero ed assicurati che non venga rispedito qui finché non avrà smesso di essere contagioso. Non voglio che la mia prigione venga infestata."

Alexey sente che Oleg fa un profondo respiro. Anche lui aveva trattenuto il fiato.

Ci sono altri ufficiali all'ingresso principale, entrambi guardano Alexey e si tappano il naso. "Vai," dice uno di loro, "ci è stato detto di non trattenerti. Ma saremo qui ad aspettarti quando starai meglio."

Alexey annuisce, ancora una volta trattenendo il respiro.

L'ambulanza sta aspettando. Una volta che Alexey è fatto salire nella parte posteriore, gli viene somministrato un farmaco antinausea. Sdraiato sulla barella, mentre gli effetti della droga iniziano a renderlo più lucido, gli vengono consegnati i documenti per rientrare in Italia. Li controlla, sembra tutto in ordine. Alexey ringrazia il suo complice.

"Per favore Alexey, non c'è bisogno di ringraziarmi. Ciò che tuo nonno ha fatto per la mia famiglia dopo la morte di mio padre non verrà mai dimenticato. Sarò sempre al tuo servizio, ovunque tu sia nel mondo."

Alexey è onorato ma non risponde. Suo nonno aveva vendicato tutte le morti dei suoi complici perché si sentiva responsabile di ciò che era accaduto loro. Si era assicurato che le varie famiglie stessero bene, ma soprattutto la famiglia del migliore amico di Vladimir, il cui figlio lo sta ora guidando verso la libertà. Questo è tutto il passato di suo nonno e anche se fa parte della sua storia, è tempo di andare avanti con la propria vita. È ora che crei i suoi ricordi.

Oleg lo sta trasportando fino al confine con l'Ucraina. Da lì Alexey incontrerà il cugino di Oleg che lo aiuterà ad attraversare l'Ungheria e l'Austria. Una volta in Austria, dovrà entrare in Italia da solo.

Appoggia la testa sul cuscino sperando che Oleg abbia preso la decisione giusta di non fargli prendere un aereo per tornare in Italia. Oleg era preoccupato che qualcuno potesse riconoscerlo e avvisare Bruskev o la prigione. Il trambusto dell'ambulanza lungo le strade secondarie di Mosca lo sta facendo addormentare. Mentre si allontana, tutto ciò che vuole è tornare con Larissa. Questa volta per sempre.

Capitolo Quarantatré

Giace accanto a Jack, umm no John. Come si chiama? Oh, no, non riesce a ricordare il suo nome. Era così ubriaca la scorsa notte. Questa è un'altra caduta di stile per lei. Era andata ad un altro evento di lavoro e come al solito di questi tempi, ha bevuto più di quanto possa reggere. Questa sembra essere diventata un'abitudine da quando si è trasferita in Inghilterra. Beve per dimenticare la sua crisi familiare. Beve per dimenticare Alexey. C'è una linea netta che segna la sua vita - con Alexey e dopo Alexey.

Questa fase *dopo Alexey* della sua vita viene resa più semplice dall'alcol e da un'occasionale botta e via. Jack, John, o come si chiama, è una delle sue scappatelle. Lui è accanto a lei che dorme e beatamente ignaro che lei sia persino lì. Probabilmente anche lui non ricorda il suo nome.

I dettagli della scorsa notte le stanno lentamente tornando in mente mentre cammina per la camera da letto alla ricerca delle sue cose. Sgattaiola fuori dalla stanza mentre cerca di vestirsi, non è davvero in vena di chiacchiere se si sveglia. Esce il più velocemente e silenziosamente che può.

Era al pub a cui lei e i suoi colleghi sono andati dopo la cerimonia di premiazione. Si era avvicinato per offrirle da bere, avendo riconosciuto lei e altri due giornalisti. Lei aveva accettato la sua offerta. Se lo sentiva. Era già sulla buona strada per essere ubriaca anche prima di raggiungere il pub. La sua forza di volontà nel dire di no all'alcol è sempre più debole. Ed essere circondata da persone a cui piace bere non aiuta. Vuole dimenticare ed è così che dimentica.

Una volta fuori dal suo appartamento, mentre cerca di ricordare se la sera precedente aveva guidato, lo sente gridare dal balcone: "Grazie Larissa, troppo timida per un arrivederci?"

"Ehm mi dispiace, non volevo svegliarti. Grazie, ma devo proprio andare. Umm... ci si vede in giro."

Fa un gesto accompagnato da un'alzata di spalle, "Sì certo," dice mostrandole il dito medio.

Le sta bene il fatto che anche lui non la voglia rivedere, ma una piccola parte di lei soffre un po'. Questa vita da single non è poi così divertente, le manca stare con qualcuno. Nessuno si avvicina nemmeno minimamente ai sentimenti che ancora prova per Alexey.

L'incontro con gli avvocati per ottenere la sua liberazione era stato positivo. Questo le ha dato qualche speranza.

Infilando la chiave nella portiera del conducente, ha dei conati di vomito. Corre verso il lato della strada, l'erba cambia colore da verde ad un liquame marrone mentre abbassa la testa. Cosa stavano pensando i suoi colleghi quando hanno deciso di salire in macchina con lei ieri sera? Ovviamente, erano ubriachi come lei e non gli interessava.

Guida per il breve tratto che la porta al suo appartamento e parcheggia per strada senza preoccuparsi di entrare nel suo parcheggio. Dovrà darsi una rinfrescata prima di dirigersi verso lo studio. La prima cosa che afferra prima di andare sotto la doccia, è un bicchiere d'acqua e vi lascia cadere un'aspirina solubile.

"Ciao Larissa, congratulazioni per un altro premio," afferma la coordinatrice della produzione mentre entra nel suo ufficio. Facendole un sorriso, è grata che non abbia menzionato nulla della bevuta della sera precedente. La sua testa scoppia mentre cerca una compressa frizzante di vitamina B nel suo cassetto. La lancia in un bicchiere d'acqua. I postumi di una sbornia non sono mai divertenti, ma ha notato altri in studio che sembrano star male quanto lei, quindi almeno non è l'unica.

Il premio è poggiato sulla sua scrivania e lo prende chiedendosi dove lo metterà, ce ne sono già altri tre sul muro del suo ufficio. Professionalmente la sua vita è fantastica, è al top della carriera ed è ancora una delle migliori giornaliste investigative d'Europa. Questo le dà un immenso orgoglio; il suo lavoro è la sua vita ed è grata che almeno una parte della sua vita stia andando bene. Riguardo la sfera personale però pensa che probabilmente dovrebbe fare qualcosa riguardo al suo vizio di bere prima che inizi ad avere il controllo su di lei. Sente di aver già danneggiato la sua carriera lasciando uno spettacolo in prima serata per questo lavoro locale. È consapevole che la sua dipendenza da alcol le rovinerà le cose. Deve riprendere il controllo.

Capitolo Quarantaquattro

Il suo produttore, Tim, sta scuotendo la testa. Rannicchiata di fronte a lui, la sua voce acuta rimbomba in questo minuscolo ufficio. Le fanno male le orecchie.

"Questo potrebbe essere un comportamento accettabile per i giornalisti in grandi città come Roma, ma non qui Larissa. Questa stazione non ha bisogno di questo tipo di pubblicità." Un silenzio imbarazzante riempie lo spazio lasciato dal vuoto della sua voce. "Allora?"

"Non basta scusarsi? Come facevo a sapere che un paparazzo mi stava seguendo?" Sei mesi dopo avere iniziato un nuovo lavoro ed un altro disastro da tabloid la tormenta. '*Scandals Corner*' ha riferito di aver visto una 'giornalista locale vomitare sul ciglio della strada... e non è la prima volta'. Questa rubrica di gossip del giornale locale non fa nomi né mostra una foto, ma è l'unica giornalista donna in questa città.

Tim attacca di nuovo, "Ci aspettavamo una professionista. Non potevamo credere alla nostra fortuna quando hai accettato la nostra offerta come inviata per il nostro programma '*Bridge Scene*'. Una celebrità del tuo calibro, conosciuta in gran parte d'Europa. Avresti dovuto elevare il profilo del nostro programma. Ma non così!" Scaglia queste parole verso di lei. Il suo sputo le colpisce il viso.

"Tim, hai ragione, è stato molto poco professionale da parte mia. Aiuterà se ti dico che non accadrà mai più? Posso prometterlo perché sto ricevendo aiuto." Questa non è una bugia. Si è iscritta a un gruppo di alcolisti anonimi a cui partecipa settimanalmente. "Faccio parte di un gruppo. Frequento le riunioni il Giovedì sera."

"Che cosa? Mi stai dicendo che sei un'alcolizzata?"

"Sì, e da quando l'ho ammesso a me stessa, sono stato in grado di iscrivermi al gruppo." I suoi nervi sono al limite. Ha rivelato troppo?

Tim si agita sulla sedia. Dondolandosi di nuovo sulla sua poltrona nera da direttore, le sue dita iniziano a tamburellare sulla scrivania. Lei le fissa sperando di non aver perso il posto. Mentre rimane tranquillo, la tensione aumenta. Ora si concentra sull'orologio da parete, qualunque cosa pur di non guardarlo in faccia. Il ticchettio incessante e il battito delle dita la mettono a disagio. Le sue mani iniziano a sudare.

Finalmente sta per riprendere a parlare. Espira aspettandosi il peggio. "Quello che hai fatto non è accettabile, ma poiché ti sei confidata con me, sembri volenterosa a rimediare. Mi dispiace che tu stia attraversando un momento difficile, ma questo è un settore difficile come sai. Ricorda, questo è il tuo unico avvertimento, se succede di nuovo, ti dovrò licenziare."

"Grazie Tim. Ancora una volta, mi scuso di nuovo. Credimi, hai la mia parola, d'ora in poi sarò assolutamente professionale."

"Hmmm, non deludermi di nuovo Larissa. Mi riunirò col nostro dipartimento di pubblicità per contrastare questa situazione, pubblicheremo una buona storia su di te sul giornale. Le ragazze ti contatteranno per alcune citazioni."

Lei annuisce. Quindi, guardandolo direttamente negli occhi, gli stringe la mano dicendo: "Nessun problema, e apprezzo che tu mi supporti in questo modo."

Lui abbassa lo sguardo e passa già al grattacapo successivo, con il dorso della mano che la invita ad uscire dal suo ufficio.

Alzandosi dalla sedia, sistema la stoffa del tailleur perché il sudore l'ha fatta aderire alle gambe. Con una sensazione di sollievo che le inonda il corpo, torna nel suo ufficio.

"Quindi, racconta tutto. Che cosa ha detto il capo?" chiede Joanne alla collega. In piedi davanti alla sua scrivania, Larissa si aggrappa ad un angolo per stabilizzarsi. "Wooo, stai bene? Sei pallida come un fantasma." Joanne cammina verso di lei poggiandole una mano sulla spalla."Siediti e metti la testa tra le gambe. Lascia che ti porti dell'acqua."

Torna con un bicchiere d'acqua, Larissa lo accetta volentieri. Ne beve un po', poi alza lo sguardo e dice "Grazie Jo. Tim è stato crudele, ma ho ancora un lavoro."

"Sei fortunata. È noto per aver buttato fuori gente per molto meno."

"Lo so, ha una certa reputazione ed il modo in cui urlava, pensavo che sarei diventata uno dei suoi trofei di guerra."

"Senti, è quasi ora di pranzo. Che ne dici di uscire a prendere una boccata d'aria fresca?"

"Certo," sorride a Joanne, "andiamo a sederci vicino al fiume." Il suo lavoro è al sicuro e farà in modo che rimanga tale.

Rigira il gettone più e più volte. È un gettone di sei mesi che le è stato assegnato dal suo gruppo AA. Non ha toccato alcol da quando ha iniziato con loro e ha mantenuto la sua promessa nei confronti di Tim. I primi giorni senza alcol sono stati insopportabili. Il modo in cui è riuscita ad andare in onda testimonia quanto è stata forte nel nascondere ciò che stava passando.

Joanne è stata l'unica a notare il suo trauma e a tenerla d'occhio. Ha notato le sue palpitazioni, si è assicurata che prendesse i farmaci per alleviare i sintomi ed è rimasta con lei quando aveva bisogno di compagnia.

Poi seguirono il mal di testa e gli attacchi di panico. Le vertigini depilanti e la nausea le permisero di prendere un po' di tempo libero. Tim è stato di supporto, il che l'ha anche aiutata ad affrontare alcuni dei momenti peggiori. Senza Joanne e Tim, così come il suo gruppo AA, probabilmente non avrebbe raggiunto questo traguardo.

Durante quelle prime settimane capì perchè le persone preferiscono continuare a bere piuttosto che andare in recupero.

Ciò che l'aiutò ad andare avanti fu anche il pensiero che Alexey potesse essere rilasciato. Il suo avvocato stava facendo progressi. Il loro ultimo incontro è stato molto positivo. Se Alexey verrà rilasciato e torneranno di nuovo insieme, si confiderà in lui. Per ora, la sua liberazione è ancora un grande se e deve concentrarsi su se stessa. Ricorda a se stessa ogni giorno che è un'alcolista in recupero. Aveva nascosto il suo problema con l'alcol anche a Gee, così come a James e Clara. Sapevano che beveva ma non avevano idea di quanto. Ora, con il sostegno del suo gruppo, i suoi due colleghi e una nuova prospettiva sulla cura di se stessa, è determinata a non crogiolarsi nell'autocommiserazione.

Capitolo Quarantacinque

L'odore del successo invade gli spazi di Jonathan Talbert. I suoi uffici incarnano perfettamente il suo status di avvocato. Dipinti ad olio adornano le pareti, comodi divani in pelle e sedie sono a disposizione dei suoi clienti. Qui è dove è seduta adesso. Guarda due donne stupende che siedono dietro un elegante banco nero mentre rispondono ai telefoni. Aspettando nervosamente di vederlo per avere qualsiasi notizia di Alexey, è sprofondata in una delle sedie di cuoio, respirandone l'odore.

James l'aveva chiamata chiedendole cosa facesse questo fine settimana, lui e Clara vorrebbero che trascorresse il fine settimana con loro nella loro casa estiva in Toscana. Mentre immagina quanto sarebbe piacevole, la segretaria di Jonathan la introduce nel suo ufficio.

Si scambiano convenevoli mentre ammira le dimensioni del suo ufficio e l'enorme scrivania in mogano che sovrasta l'intera stanza. Quasi prima che abbia la possibilità di sedersi, la segretaria adagia un vassoio con tè ed acqua sulla scrivania e lui le chiede cosa preferirisca.

"Niente grazie Jonathan, ho veramente poco tempo. Devo tornare in studio il prima possibile."

"Sì, certo, Larissa, veniamo subito al dunque." La informa che le sue indagini hanno raggiunto una situazione di stallo con le autorità Sovietiche. Avrà bisogno di più tempo.

"Tre mesi fa mi hai detto che le indagini sarebbero dovute durare circa un mese, ora mi stai dicendo che ti serve più tempo. Quanto sarà difficile? Rivedrò mai Alexey?"

Jonathan spiega che la situazione non è facile, i governi comunisti non prendono alla leggera i disertori, specialmente quelli che sono anche accusati di spionaggio.

Esasperata, spiega ancora una volta a Jonathan come Alexey non stesse spiando, in realtà stava facendo qualcosa per aiutare il popolo Sovietico. I manufatti sono tornati nel loro paese di appartenenza. Sono stati restituiti per permettere a tutto il popolo sovietico di goderne di nuovo. "Questo è ridicolo. Forse avremmo dovuto conservare i manufatti per noi? Perchè questi Sovietici non capiscono che Alexey ha fatto una buona cosa per il suo popolo. Questi tesori sono tornati al loro posto legittimo," dice Larissa con la voce tremante.

Alza la mano, capendo quello che sta passando. Le dice che il sospetto di spionaggio è tutto ciò che serve ed il fatto che abbia disertato non aiuta affatto la causa di Alexey. Continua a parlare delle sue idee, ma lei inizia a pensare che sia una perdita di tempo. Deve guardare in faccia la realtà ed accettare il fatto che non vedrà mai più Alexey. Le lacrime cominciano a scenderle dagli occhi e Jonathan smette di parlare dello stato delle indagini. "Mi dispiace averti turbato Larissa, ma ti avevo avvertito che non sarebbe stato facile."

Lei annuisce dicendo che gli darà un altro mese, se la situazione è ancora impossibile, rinuncerà al suo sogno di stare con Alexey. "Devo, non posso continuare a vivere nel passato."

Si alza e si avvicina al suo lato della scrivania mentre anche lei si tira su. Torreggiante su di lei, è un uomo imponente. Vestito in abiti firmati, capisce come sia riuscito ad avere successo in questo settore. Spera che il suo successo vada a suo favore.

"Farò del mio meglio per te, lo prometto." Si china a baciarla sulla guancia.

Questo non è molto professionale ma apprezza il suo gesto. Ha ovviamente notato che è preoccupata per la sua capacità di riportare Alexey da lei.

Capitolo Quarantasei

È agitato. Un'energia nervosa scorre nelle sue vene mentre aspetta di esser fatto accomodare nell'ufficio di James. Che cosa penserà? James prova ancora rancore per quello che è successo con Larissa e Viktoriya? Ancora più importante, l'aiuterà a convincere Larissa ad uncontrol?

Sente la voce di James arrivare dal telefono sulla scrivania della sua segretaria. Lei annuisce.

Strofinandosi i palmi delle mani sudati sulle cosce, entra in ufficio.

"Sei tu... oh mio Dio, Alexey, come mai sei qui?" James ha una mano tesa pronta ad accoglierlo, sul suo viso confuso traspare l'entusiasmo nel rivedere il suo amico.

Dà a James un enorme abbraccio da orso con James che gli dà dei colpetti sulla schiena in cambio.

"È così bello rivederti, amico mio. Non hai idea di quanto ho sognato il giorno in cui saresti tornato qui. Sei libero? Ho molto da dirti."

James annuisce: "Certo, prego, siediti. Sono wow... sei qui. Mamma mia." Gli offre da bere, poi informa la sua segretaria di non disturbarlo a meno che non sia assolutamente necessario.

Si siedono nel salotto mentre James ascolta la storia di Alexey su come sia riuscito a fuggire dalla prigione di Lubyanka e su come questa volta non abbia la minima intenzione di tornare in Unione Sovietica. "Ho chiesto alcuni favori e le buone azioni di Vladimir dopo la guerra hanno dato i loro frutti. Oleg, il figlio del suo migliore amico, mi ha aiutato ad elaborare un piano di fuga. Uno degli amici di Oleg è una guardia della prigione ed è stato felice di aiutare." Continua a spiegare come abbia dovuto assumere un comportamento esemplare in prigione. La guardia lo teneva informato sull'andamento del piano. Al momento giusto, gli sono state date alcune pillole per farlo ammalare. "Devo ammettere che non è stata un'esperienza piacevole, ma è stato l'unico modo per farmi uscire dalla cella senza destare sospetti. Con la sua rete di conoscenze, Oleg è riuscito a portarmi di nascosto in un'ambulanza. Ha organizzato i miei documenti. Sono stati lautamente pagati, ovviamente. Tutto con i miei risparmi. Non mi è rimasto nulla, tranne la mia macchina fotografica ed alcuni vestiti."

"È bello vederti. Sono esterrefatto perché ancora non riesco a credere che tu sia qui nel mio ufficio."

"Beh, sono decisamente qui e credimi, anche per me è fantastico rivederti. Che ne dici di un altro drink e ti dirò di più?"

"Certo, dimmi tutto," dice James mentre riempie il bicchiere.

Alexey finalmente trova il coraggio di chiedere di Larissa. "Sono andato nel suo appartamento ma mi è stato detto che si è trasferita in Inghilterra. Il portiere ha detto che ora ha degli inquilini."

James racconta ad Alexey di Larissa e di quanto fosse depressa dopo l'accaduto. Quanto avesse bisogno di ricominciare da capo.

Alexey annuisce e capisce il perché, ripensa a quando era colpevole di avere una fidanzata e di essere padre. Anche se aveva cercato di convincere Larissa che era stato imbrogliato. "Per favore, James, mi aiuterai a spiegarle di come tutto questo sia stato un piano crudele di Bruskev, che ha usato Viktoriya per vendicarsi della famiglia Dubrovnik. Non ferirei mai Larissa, ha bisogno di sapere che i miei sentimenti per lei sono più forti che mai, non c'è nessun'altra per me. La amo con tutto il cuore."

James spiega come Larissa sia andata avanti con la sua vita. Ed

Capitolo Quarantasei

anche di quanto successo abbia in tutta Europa come giornalista investigativa. "Alexey, devi essere assolutamente sicuro di non venire espulso di nuovo prima che ti comunichi i dettagli di Larissa. Vieni a cena stasera e ne possiamo discuterne ulteriormente. Dove alloggi, ti mando una macchina?"

Dice a James che alloggia nello stesso hotel vicino alla stazione, gli stringe la mano ed assicura che farà tutto il possibile per rimanere in Italia, i suoi documenti sono legittimi. Tuttavia, dovrà verificare con le autorità. Anche lui vuole essere assolutamente sicuro che stavolta sia tutto sotto controllo.

Tornato in un'altra piccola stanza d'albergo, questa volta la finestra sporca si affaccia su un parcheggio. Sta congelando, quindi inizia ad armeggiare con il termostato. Non accade nulla. Neanche un sibilo. Chiamerà la manutenzione per dare un'occhiata. Per ora, si mantiene caldo con il cappotto, la sciarpa e gli stivali. Ha delle telefonate importanti da fare.

Compone il numero dell'agenzia, chiede di essere messo in collegamento con l'ufficio Italiano. Dopo aver sentito alcuni clic, un centralinista risponde: "Dusitrovii Agency, come posso connettere la sua chiamata?"

"Per favore, mi metta in collegamento con l'interno 245, grazie. Alexey Dubrovnik chiama."

"Un momento prego."

Mentre aspetta, fissa fuori dalla finestra. Il vento solleva la neve depositandola sulle poche macchine nel parcheggio. Il freddo si insinua attraverso il telaio di legno incrinato. Avvolge ulteriormente il cappotto attorno a sé e una volta confermato un incarico, la sua prossima chiamata dovrà essere di assistenza.

"Alexey, sei tu? Dove sei?" chiede il suo agente, Stefano.

"Sono tornato a Roma, lo stesso hotel di merda che usate sempre."

"Facciamo del nostro meglio," ride. "Sono felice di sapere che sei tornato e sei al sicuro. Presumo che tu sia qui per restare stavolta?"

"Questo è il mio obiettivo. Grazie per l'aiuto con i miei documenti, Oleg è stato in grado di organizzare tutto con la massima precisione. Mi ha assicurato che non ci saranno problemi questa volta, non posso essere espulso di nuovo. Tuttavia, farò i miei controlli ora che sono tornato."

"Spero sia così. Sono felice di sapere che ti è stato d'aiuto. Ora, quand' è che il mio miglior fotoreporter vorrebbe tornare al lavoro?"

"Appena possibile, non ho niente qui con me. Oleg ed i suoi compagni mi hanno aiutato con dei soldi. Una volta che li converto in Lire Italiane, mi basteranno a dir tanto per una settimana."

"Nessun problema, controllo i nostri registri e ti richiamo tra un'ora."

Lo ringrazia, quindi abbassa il ricevitore, ruotando sul numero nove del quadrante. Chiamando la manutenzione, gli rispondono che non c'è nessuno disponibile oggi, manderanno qualcuno domani. Sbatte il telefono. "Tipico!" esclama mentre cerca qualcosa per coprire la crepa nel telaio della finestra.

Capitolo Quarantasette

"Che significa che è fuggito?" La voce di Viktoriya rimbomba in direzione di Bruskev attraverso le sbarre della cella. "Era in una sezione con maggior sorveglianza della mia ed io sono ancora qui!" Lei lo fissa urlandogli che non può più stare in questo posto. È umido e pieno di scarafaggi. "Sai che sono innocente. Come osi, mi hai incastrato."

Bruskev la guarda spiegando che è ad un passo dal farla liberare, il giudice ha guardato favorevolmente al suo caso. Soprattutto dato che Mikhail ha testimoniato di non sapere nulla degli incarichi di Alexey, da quel momento poteva essere considerata una spia tanto quanto Bruskev. Le dice di stare buona e comportarsi bene.

Continua a urlare contro di lui chiedendogli di rivolgersi alle sue molte fonti e liberarla subito! Lei vuole la sua libertà. Le sue mani afferrano disperatamente le sbarre della cella, deve aiutarla o impazzirà in questo posto. Lei non è una spia; stava svolgendo un incarico per lui. Anche lui voleva vendicarsi, perché non sta facendo alcun tempo qui dentro?

"Come ti ho suggerito Viktoriya, comportati bene ed uscirai presto. Non dare a me, o al giudice che cura il tuo caso, alcun motivo per cambiare idea. Se marcisci qui non mi sporcherà la coscienza."

"Non mi sarei dovuta trovare qui a prescindere. Mi hai tradito."

"Oh, voi giovani siete così ingenui. Cosa ti fa pensare che mi interessi di quello che ti succede. Hai servito al tuo scopo. Sei sacrificabile." La sua faccia maligna la osserva di nuovo.

Adesso ha paura. La paura le avvolge il corpo come una serpe. "Bruskev, ti prego. Hai promesso."

"Comportati bene e ti aiuterò."

Si può fidare di lui? Probabilmente no, ma non ha scelta. Il suo sogno di vivere in Occidente per il resto della sua vita sta svanendo davanti a lei. Che scelta ha se non fidarsi di lui?

Capitolo Quarantotto

Sono le otto di mattina e sta guidando dall'aeroporto di Milano fino in Toscana per incontrare James e Clara. È bello essere di nuovo in Italia, le manca la sua casa. Dopo aver sistemato tutto per il viaggio di quattro ore nella Fiat Bambino che ha noleggiato, aveva deciso di ammirare un po' il panorama. Ma l'imprevedibile clima toscano aveva altri programmi, la pioggia aveva iniziato a venire giù fitta.

Anche se le erano stati assegnati incarichi in tutta Europa da quando si era trasferita in Inghilterra, aveva rinunciato a tutti quelli in Italia. James ci ha messo non poco a convincerla ad unirsi a loro per questo fine settimana.

"Non si tratta di lavoro Larissa, saranno tre giorni di puro relax," l'aveva implorata James. Piove ancora a dirotto mentre guida lungo l'Autostrada verso le strade rurali della campagna Toscana dove si trova la loro villa. È nella periferia di Siena e questa sarà la sua prima volta qui, dato che James e Clara l'hanno acquistata solo di recente. Controlla la mappa sul sedile del passeggero ogni mezz'ora, James le ha dato istruzioni dettagliate sul modo migliore per raggiungere la villa, ma con questa forte pioggia vuole essere sicura di non perdersi. Anche se continuerà a piovere nei prossimi tre giorni non lo vede come un problema perché è pronta a godersi un paio di giorni tranquilli con i suoi amici. Rilassarsi è tutto ciò che sta cercando.

Decide di fare uno stop a Parma e invece di fermarsi in uno dei bar sull'Autostrada, guida fino al centro di Parma. La pioggia inizia ad attenuarsi quando entra in città e al momento in cui parcheggia, si è ridotta a pioggerellina.

Questa pittoresca città medievale ha una sua personalità, il che le sembra meraviglioso dopo la sosta in Autostrada. Gli autogrill sono comodi e di passaggio, nient'altro. Inoltre, conosce un'osteria locale in cui servono i migliori tortellini fatti in casa che abbia mai mangiato, persino migliori della versione tradizionale di sua madre di questo piccolo cuscino di pasta ripiena di carne. James e Clara la aspettano dopo pranzo. Ha un po' di tempo per andare in giro. Il suo volo di ritorno in Inghilterra è Lunedì pomeriggio, quindi è decisa a sfruttare al massimo questo lungo weekend.

Prima di tornare alla sua macchina, decide di fare shopping e comprare un regalo per il piccolo Matthew che cresce a vista d'occhio. Trova un piccolo negozio di giocattoli che vende articoli Ferrari. Compra due automobili in miniatura. Sia James che Matthew si divertiranno, ne è sicura. A volte si chiede chi sia il bambino fra i due.

Mentre si ferma davanti alla villa, trova James ad aspettarla. Il vialetto è bagnato ma la pioggia, sebbene incomba minacciosa, si è fermata per ora.

"Da quel che vedo decisamente bagnato."

Lo abbraccia dopo essere uscita dalla macchina. Allungando le braccia e le gambe, dice: "Non ha smesso di piovere da quando ho lasciato Milano. Ma quando ho fatto una sosta a Parma, stava solo piovigginando. La visibilità in alcuni tratti è stata terribile ma sono qui in sana e salva."

James l'aiuta con i bagagli mentre Clara esce per salutarla. I tre entrano nella villa chiacchierando. James mette via le borse mentre Larissa rimane in cucina con Clara. "Poi ho pranzato all'osteria, ti ricordi quella famosa per i tortellini fatti in casa con tutti i vari ripieni?" Si guarda intorno, "Dov'è Matthew? Voglio spupazzarlo."

"Sì, mangiamo spesso lì. A Matthew piace la carne ripiena che

Capitolo Quarantotto

servono col brodo. Sta facendo un pisolino Larissa. Presto si sveglierà," afferma Clara.

James torna dal mettere i bagagli in camera da letto e le offre da bere o preferisce un caffè? "Siediti Larissa, mettiti comoda. Ti facciamo fare un giro appena Matthew si sveglia."

"Questa casa è più grande dell'altra," dice ammirando la villa. Non è neanche così rustica, ci sono dispositivi all'avanguardia. La cucina offre elettrodomestici moderni, tra cui una lavastoviglie e una macchina da caffè.

"Quella è la nostra villa per le vacanze. È per nostro uso esclusivo. Non l'affittiamo come facciamo con questa. L'unica ragione per cui siamo qui è perché James l'ha prenotata questo fine settimana soprattutto per fartela vedere, Larissa."

Come avrebbe potuto rifiutare di venire qui dopo un gesto così speciale?

James le sta versando il caffè mentre sente un fruscio provenire da dietro di lei. "Matthew, vieni a dare..." Si ferma a metà frase.

"Ciao Larissa."

Guarda in direzione di James e Clara e poi guarda di nuovo dietro di lei.

"Sono a casa, Larissa, questa volta per sempre e spero che tu voglia fare di nuovo parte della mia vita."

È senza parole. Si siede a bocca aperta. Non è in grado di muoversi.

"Beh, non hai niente da dire?"

"Umm sì, ma... sono scioccata. Come stai Alexey?"

"Non ci vediamo da tre anni ed è tutto quello che riesci a dire?" Si avvicina a lei. "È una lunga storia, che ha richiesto un'attenta pianificazione, ma ti spiegherò tutto dopo averti dato un bacio." Tende le braccia verso di lei.

Senza esitazione, corre verso quell'abbraccio che conosce fin troppo bene. Alexey le sta assicurando che è qui per restare. I suoi documenti sono in ordine, non verrà deportato di nuovo. "James mi ha detto che se ti spezzo di nuovo il cuore, mi riporterà a Leningrado di persona."

Larissa guarda James e Clara, entrambi sorridono. Clara si sta asciugando le lacrime dagli occhi. James annuisce con un sospiro, "È vero."

Capitolo Quarantanove

Stanno parlando nel salotto da ore. James e Clara hanno messo Matthew a letto e non sono più tornati. Alexey ne è grato, hanno così tanto da recuperare.

"Fammi capire. In realtà non hai avuto un processo giudiziario, giusto? Il processo sull'imprigionarti o meno non c'è mai stato?"

"Sì, esatto. Il mio processo doveva essere il giorno dopo che mi hanno prelevato per motivi medici. Ero gravemente malato. Credimi, non potevano metterlo in discussione. Mi sembrava come se il mio intestino mi stesse per uscire da..."

"Ok, ok ho capito. Risparmiami i dettagli cruenti," dice lei. "Sembri ancora sciupato e hai perso molto peso. Posso sentire le tue ossa ora che sono sdraiata qui con te."

"È proprio così. Ho perso circa quindici chili. Il cibo in carcere è terribile, meglio evitarlo laddove possibile. Ho mangiato solo quando ero veramente affamato. Ho già preso qualche chilo da quando sono tornato in Italia." Le accarezza il braccio mentre parlano. La sua testa gli tiene caldo il petto. Quante volte ha sognato questa scena mentre era in prigione?

Continuando, spiega di come si sia assicurato che tutti i suoi documenti fossero legittimi e le nomina tutte le persone che hanno fatto in modo che si trovi qui adesso.

"Sono tutti al sicuro Alexey? E se Bruskev scoprisse che ti hanno aiutato a fuggire e l'inseguisse?"

"Non esiterebbe un momento a cercarli. Conoscevano il pericolo e sono stati ben compensati. Oleg mi ha assicurato che sarebbero stati tutti al sicuro. Come? Questo non lo so. Ad ogni modo, ha detto che tutti i nomi degli uomini che mi hanno aiutato erano falsi. Per quanto riguarda il suo amico che di guardia, si stava allontanando, il più lontano possibile con i soldi guadagnati."

Sembrava essersi tranquillizzata, rimanendo in silenzio per qualche istante. Godendosi il silenzio, pensa a come lei si preoccupi per i suoi complici. Avendo riposto completa fiducia in Oleg, aveva dato per scontato che Oleg conoscesse le conseguenze. Non avrebbe superato Bruskev per andare avanti con la sua vendetta, spera che Oleg abbia previsto qualsiasi problema e sia in grado di gestirli se Bruskev lo sospettasse. Sa che qualora Bruskev o Viktoriya provassero di nuovo a seguirlo, stavolta non sarà così accomodante.

Lei si gira a guardarlo, "Fintanto che non ti portano via da me. È la mia più grande paura".

"Larissa, è stata una lunga giornata. Un po' di riposo e una nuova splendente mattinata renderanno tutto molto più semplice. Il letto ci aspetta, amore."

"Idea fantastica." Sbadiglia.

Si è svegliato all'alba. Larissa dorme profondamente accanto a lui. Le sfiora teneramente la guancia con la mano, poi si alza piano dal letto. La notte prima si sono amati con tutto il corpo prima di sprofondare in un sonno profondo. Sentire la passione di una donna che ami, quella che hai aspettato così tanto, è un'esperienza incredibile. Lei è il suo unico amore. La osserva, è serena nel suo sonno. Il suo cuore è al culmine della gioia, è carico di amore per lei.

Dirigendosi verso la cucina, sente Matthew.

"No. Matthew no mangia," urla il piccolo sbattendo la mano sul seggiolone.

Capitolo Quarantanove

"Shhh, Matthew smettila. Larissa e Alexey stanno dormendo."

"Larissa dorme profondamente. Ascolta tua madre o Larissa si arrabbierà con te per averla svegliata," lo rimprovera Alexey mentre cammina in cucina facendo l'occhiolino a Clara. "Buongiorno."

La testolina di Matthew si ritrae in imbarazzo.

"Grazie," dice Clara. "Buongiorno Alexey, spero che tu abbia dormito bene. Prendi pure il caffè."

"Ho dormito benissimo. Ieri è stata una giornata carica di emozioni. Tu e James siete meravigliosi per aver fatto in modo che questo fosse possibile. Ed in questa deliziosa villa poi." Preme il pulsante per un espresso e morde un cornetto. "Quanto è facile usare questa macchina. Cercherò di comprarne una uguale. James è in giro?" Sbircia con la testa fuori dalla porta della cucina, chiudendola rapidamente," brrr, si congela, ma almeno ha smesso di piovere."

"James è andato a ritirare un paio di cose che ho ordinato. Dovrebbe tornare presto. Pensavamo che sareste rimasti a dormire più a lungo."

"In realtà sono abbastanza mattiniero, a Larissa piace stare a letto. Come se ti stessi dicendo qualcosa che non sai. Ora lascia che ti dia una mano."

"In realtà, ti dispiacerebbe dare un'occhiata Matthew finchè non torna James? Devo fare anche io alcune commissioni."

"Non c'è un problema. Su giovanotto, che ne dici di andare a giocare con le tue macchinine?" Facendolo uscire dal seggiolone, Matthew ridacchia mentre Alexey solletica la piccola pancia gonfia. C'è un angolo pieno di suoi giocattoli e non appena è sul pavimento corre a prendere una Ferrari rossa, "Questa è la mia." La fa vedere ad Alexey, con il volto raggiante di orgoglio.

"Qual è la mia?"

"No, tutte mie."

"Matthew, ti abbiamo insegnato a mettere in comune i tuoi giochi, ora sii gentile e condividili con Alexey."

"Papà, vieni a giocare."

"Solo se condividi," dice dando una pacca ad Alexey sulla spalla.

Si siedono insieme a Matthew che strilla di gioia. Fa sfrecciare la

Ferrari avanti ed indietro, mentre parlano e fingono di far gareggiare le macchine che ha deciso di condividere con loro.

"Bravo Matthew, è così che si condivide."

Alexey si sta divertendo. Vedere la gioia sul volto angelico di Matthew e su quello di James gli scalda il cuore. Percepisce l'amore tra loro e sa che adorerà essere padre. Proprio mentre ci pensa, entra Larissa.

"Oh guarda, un bambino piccolo e due grandi. Buongiorno ragazzi." Si china a baciare Alexey, poi prende in braccio Matthew,"come sta il mio bimbo preferito?" Lo tiene in braccio e lo spupazza.

"No! Non piccolo, io grande bambino ora."

Tutti e tre scoppiano a ridere mentre Clara si unisce a loro.

Alexey si commuove. Immortala questa scena e si considera un uomo fortunato ad essere qui con la donna che ama e i suoi buoni amici. Questo è il tipo di ricordi che vuole portare con sè. Il suo futuro sarà con Larissa, non può vedere un futuro senza di lei.

Capitolo Cinquanta

"Più tardi James e io dobbiamo uscire mentre Matthew fa un pisolino, per caso vi posso chiedere di guardarlo di nuovo? Dobbiamo andare ad ispezionare i tubi nell'altra nostra villa. L'idraulico ci aspettalì. Faremo il più veloce possibile" chiede Clara.

"Sì, vi chiedo scusa per questo. È l'unico orario in cui l'idraulico è disponibile. Faremo il più in fretta possibile, così dopo possiamo fare qualcosa di più divertente," dice James.

"Oh, mannaggia, dovete uscire con questo tempaccio. Guardate fuori, sta grandinando, che brutto tempo. Ma ovviamente non ci dispiace guardare Matthew, specialmente se dorme" risponde Larissa controllando con Alexey che annuisce d'accordo.

"Grazie. Spero che dorma per tutto il tempo, ma come ho detto, non ci vorrà molto. Non più di un'ora."

Più tardi nel pomeriggio, James tira fuori uno dei suoi preziosi rossi, vantandosi di quanto tempo ha passatonella sua cantina. Larissa sussulta. È circondata da persone che ama con tutto il cuore, ma non sanno del suo problema con l'alcol. Il panico la attraversa.

Procede a riempire tutti i bicchieri. Le sue mani iniziano a formicolare e sudare. Non ha toccato una goccia da quando era con gli AA, ma alcuni dei sintomi la perseguitano ancora.

Le viene in mente il gettone dei sei mesi. Come può gestire questa situazione, visto che non pensa nemmeno un attimo a voler tornare dove era prima? Alexey ancora non lo sa, non hanno avuto abbastanza tempo da soli per dirgielo. Né ha avuto il coraggio di parlargliene.

"Molto morbido James", commenta Alexey. "Vero? Che ne pensi Larissa?

"Umm, te lo dico tra un minuto... devo andare un attimo in bagno. Non ci vorrà molto." Sposta rumorosamente la sedia sul pavimento mentre si muove più velocemente del necessario. Vuole essere ovunque tranne checon loro in questo momento.

Mentre è in bagno, ha l'impressione che la tazza del water sorrida al suo viso pallido. Le sue mani reggono la tazza.

"Larissa, cosa c'è che non va? Posso entrare?"

È Alexey. Di certo non può lasciarlo entrare. Non può vederla così. Pensando velocemente dice una bugia: "Niente amore, sto bene. Esco subito," dice lei "Ho solo un po' di reflusso. Ho sviluppato questo problema da poco." Spera che questa sia una scusa sufficiente per non provare il vino di James.

Sono soli. È rannicchiata tra le braccia di Alexey. "Shh, sono qui per te adesso. E lo stesso vale per James e Clara, ti supporteremo in questo."

Le persone nella tua vita che ti amano davvero, non possono essere prese in giro. Alexey sapeva che era qualcosa di più del riflusso nel momento in cui era tornata al tavolo. Anche se non le aveva detto nulla, aveva percepito che la sua preoccupazione, l'aveva turbata profondamente. Era lo stesso con James e Clara. Queste tre persone la conoscono meglio di chiunque altro, come potrebbe tener loro nascosto qualcosa di così grave come essere un alcolista in ripresa? Adesso lo sanno. Ed è un gran sollievo. Ha il loro sostegno, che l'aiuterà ad andare avanti nel suo obiettivo di allontanamento dall'alcol.

Capitolo Cinquantuno

L'odore di caffè si diffonde nel bagno mentre sta mettendo i loro asciugamani nel cassetto. È arrivato il momento di fare una pausa.

Sono tornati nel suo appartamento in Prato e si sono sistemati insieme qui. Da quando si era trasferta in Inghilterra, aveva sognato spesso di tornare a vivere
 con Alexey. Ora è successo, sono di nuovo insieme e tutto il tumulto è alle loro spalle. Nelle prime settimane, era surreale riaverlo, continuava a preoccuparsi che sarebbe stato espulso di nuovo.

La gioia invade il suo corpo mentre si dirige verso la cucina. Sono passati solo un paio di mesi, ma sembra già che gli ultimi due anni non li abbiano tenuti separati. Sono tornati ad essere una coppia ed ogni giorno chelui è vicino a lei, cresce in lei la certezza che sia qui per restare.

È tornata a Hebden Bridge per un mese, principalmente per sistemare l'appartamento e trovare una giornalista che la sostituisse. Per questo ci è voluto più tempo di quanto pensasse, perché Tim era estremamente esigente su chi assumere.

"Nessuno è alla tua altezza" le aveva detto.

Considerando che l'aveva quasi licenziata, questo l'ha fatta sentire apprezzata. Joanne ha promesso di andarla a trovare. È la benvenuta in qualsiasi momento; la loro amicizia era cresciuta ed è stata lei a vederla partire in aeroporto. È una persona speciale. Mentre salutava Larissa con la faccia zuppa di lacrime, le ha urlato "Verrò a trovarti non appena Tim approverà le mie ferie".

James le ha dato un lavoro come inviata speciale per Roma Tonight e Alexey sta lavorando come fotoreporter freelance per alcune riviste. La sua agenzia gli ha assegnato alcuni incarichi quando è tornato, facendolo rientrare rapidamente nel giro Europeo.

Procede tutto per il meglio e tutti i problemi si sono risolti una volta che le carte di Alexey sono state approvate. Sono riconosciuti dal governo italiano. La paura di essere deportato è stata finalmente messa a tacere.

Con tutto il supporto che ha ricevuto da Alexey e dai suoi amici inglesi e italiani, è riuscita a pensare sempre meno al suo bisogno di alcol. Ora è in grado di stare con persone che bevono senza vergognarsi o senza avere troppi di quei sintomi orribili.

"Filippo diventerà papà. È un'ottima notizia, vero?" Chiede Alexey mentre appare in cucina.

"Penso che Gee avrebbe preferito che lui e Rochelle si sposassero prima, ma sì, è una bellissima notizia." Larissa sa che sua madre non è contenta della sua decisione di trasferirsi a Città del Capo in modo permanente, ma vuole discutere di questioni più urgenti con Alexey adesso.

Accetta il caffè che lui le offre. "Alexey ora che siamo tornati entrambi in Italia, devo risolvere questa rottura all'internodella mia famiglia. Voglio che mia nonna e la mia prozia siano presenti al nostro matrimonio."

Le aveva fatto la proposta alcune settimane dopo il loro ritorno dalla Toscana. Era stato così dolce vederlo in ginocchio. L'aveva sorpresa con un appuntamento a pranzo che si era trasformato in cena. Un quartetto d'archi suonava per loro mentre si inginocchiava a lei. Questa volta disse di sì senza esitazione. Tutti nel ristorante scoppiarono in un applauso quando disse di sì. La loro foto era sui tabloid il giorno successivo. Il titolo non era così spaventoso come gli ultimi due, "La giornalista preferita dei romani dice SÌ al suo corteggiatore biondo."

"Il nostro matrimonio è tra un anno; pensi davvero di poter guarire quarant'anni di ferite in così poco tempo?"

"Se non ci provo, non me lo perdonerò mai. Si vogliono bene, di questo ne sono sicura. Quando ho incontrato la mia prozia, mi ha detto che il suo desiderio è di trascorrere del tempo in Italia con Simona ogni anno. Come potrà farlo se Simona è così testarda? È Simona che dobbiamo convincere."

"Hmmm, non sarà facile. Ma certo, ti appoggerò. Cosa ne pensa Gee?"

C'era stato bisogno di convincere anche Gee. Tuttavia, Larissa sentiva nel profondo che Gee voleva incontrare sua zia, ma non voleva andare contro i desideri di sua madre. La loro relazione era già tesa.

"Come me, pensa che farà bene a Simona, passa troppo tempo ad autocommiserarsi. Quindi, sia con il suo supporto che con il tuo, ce la faremo, vero? Riusciremo a convincere Simona."

Le dà uno sguardo scettico. Lei sceglie di ignorarlo. La sua mente è già piena di piani su come convincere sua nonna. "So esattamente cosa dirle. La chiamerò adesso."

Cammina verso la camera da letto, si siede sul letto e compone il numero di Simona. Sente il clic e dice: "Nonna, come stai?" La nonna risponde con un "Sto bene e tu?" Riesce a percepire il sorriso dietro le sue parole. È di buon umore dunque e, scegliendo con cura le sue parole, Larissa le chiede di Amelia.

Questa volta è la voce stridente di sua nonna a rimbombarle nell'orecchio. Allontana lacornetta, inclinando la testa di lato per parlare nel ricevitore: "Nonna, ti prego, calmati. Sii ragionevole. Che ne dici di pensarci in questo modo - nessuno può cambiare il passato, quindinon lasciare che un passato terribile rovini la tua futura felicità. Noi tre, Gee, Alexey ed io, vogliamo vederti riunita a tua sorella. In particolare, vi vorrei entrambi al nostro matrimonio."

C'è una pausa. Riesce a sentire la nonna tirare su col naso. Un altro pianto. Così tante lacrime sono state versate per questa storia,

Larissa vuole che finisca il prima possibile. È determinata a farlo accadere.

Simona risponde dicendole che c'è troppo da perdonare e non è sicura di volerlo fare. Tuttavia, per il loro matrimonio, ci penserà.

Questa è una piccola vittoria per Larissa, sta facendo progressi. Saluta sua nonna, attacca il ricevitore e si dirige fuori perdare ad Alexey la (quasi) buona notizia.

"Ok, immagino che sia un passo avanti, come dici tu. Almeno ci sta pensando. Molto bene."

"Ora ti dispiace finire da solo? Devo uscire con Gee per un paio d'ore."

"Certo. Abbiamo quasi finito comunque."

Lascia Gee al suo appartamento dopo un pomeriggio di shopping intenso, torna a casa e trova di nuovo Alexey in cucina. "Yum, che buon profumo", dice mentre si avvinghia dietro di lui, appoggiandogli la testa sulla schiena.

"Sto preparando un piatto di vitello che faceva mio nonno. Il macellaio mi ha tagliato il vitello a cubetti e ho trovato tutti gli altri ingredienti al supermercato. Avevo voglia di gustare un piatto della mia giovinezza. Spero che ti piaccia tanto quanto piace a me."

"Mi piace già. Ha un odore divino e sto morendo di fame."

Continuano a parlare del suo pomeriggio e lui è felice di sapere che non ha litigato con Gee. Gee ora è molto desiderosa di sanare i loro problemi familiari, specialmente dopo la telefonata di Larissa a Simona. "Mi ha detto che Simona è sempre stata difficile, ma ora lo è diventata ancor di più. Ricordo tanti bei momenti quando eravamo più giovani, non è sempre stata così. Vogliamo entrambi che ricominci a vivere."

"È guarita bene dall'incidente. Che scusa ha per essere arrabbiata e rinchiudersi in quell'appartamento?"

"Secondo Gee avrebbe ancora bisogno di fisioterapia. Tuttavia, non abbastanza per rinchiudersi in casa. Immagino che col suo umore attuale, le piaccia intestardirsi."

"Se me lo chiedi, siete tutti testardi. Uno peggio dell'altro."

Ride, "Forse hai ragione. Comunque, lasciamo perdere questo per un minuto perché con Gee abbiamo anche discusso della prenotazione della chiesa e del ristorante. Con papà che non c'è, penso che sarà bello per lei essere coinvolta in alcuni dei dettagli del matrimonio."

Le serve un assaggio di carne di vitello su un cucchiaio di legno, "Qui prova questo... guarda, per me va bene che lei che ci aiuti, ma non voglio che prenda il sopravvento. Sai quanto può essere persistente per le sue idee. E soprattutto non voglio che voi due litighiate."

"Ah, brucia." Si mette la mano alla bocca respirando aria fresca. Una volta masticata la carne, esclama: "Yum! Alexey, sei un cuoco di talento." Lecca il cucchiaio, poi, capovolgendolo, lo sculaccia scherzosamente.

Ride ed inizia a inseguirla in giro per l'appartamento, "Sai cosa succede alle ragazze cattive che non riescono a tenere le mani in tasca?"

Lei si lascia acchiappare.

Le toglie il cucchiaio e le dà un colpetto sul sedere mentre cadono sul letto ridendo. "Non le permetterò di prendere il controllo sul nostro matrimonio, te lo prometto. E ne ho abbastanza di combattere sia con Gee che con Simona... oh Alexey. Sei, oh sì... non mi stai ascoltando, vero?"

Mentre le bacia il collo riesce a pronunciare un debole "No."

Capitolo Cinquantadue

Mette la chiave nella cassetta delle lettere mentre sente le porte dell'ascensore aprirsi. "Tieni l'ascensore per favore, Alfio."

"Per la mia inquilina preferita, qualsiasi cosa."

Mentre corre verso l'ascensore gli lancia un sorrisetto beffardo, "Alfio, te l'ho sentito dire a tutti noi."

"No, tu sei speciale. Davvero," fal'occhiolino con un sorriso sfacciato. "A proposito, hai avuto modo di provare il vino che ti ho suggerito?"

Lei sussulta. Non se ne accorge, le da le spalle mentre si trova a mentire un'altra volta, "In realtà lo aprirò stanotte. Alexey è appena tornato dal suo incarico." La bottiglia di Montepulciano fa ora parte della collezione di James, almeno lui se la potà godere un giorno. Le sfugge un respiro afflitto.

"Oh sì, ho visto Alexey questo pomeriggio. Ha lasciato la valigia ed è uscito di nuovo. Sono felice per voi, vedo che avete chiarito le cose. Ora potete entrambi godervi il vino e quello che seguirà subito dopo." Ride da solo alla sua battuta poco divertente.

"Oh, sei divertente, Alfio," dice con un sorriso sarcastico mentre esce fuori, "e grazie, le cose vanno di nuovo bene tra di noi."

A volte si prende troppa confidenza, ma alla fine Alfio le è stato d'aiuto più volte. Aveva tenuto d'occhio il suo appartamento quando era in affitto e l'aveva informata se c'erano problemi con i suoi inquilini.

"Goditi la serata, Larissa," dice facendole di nuovo un occhiolino sfacciato.

Solo pochi minuti dopo essere entrata nell'appartamento, sente la porta d'ingresso aprirsi. Alexey è a casa. La sua nuova agenzia gli aveva affidato l'incarico di fotografare i Reali Britannici durante le loro vacanze sulle Alpi Italiane. È stato via per dieci giorni.

"È bello essere di nuovo a casa, come stai tesoro?" chiede sospirando.

"Anch'io sono contenta di essere a casa, è stata una giornata infernale." Posa la posta sulla mensola e cade tra le suebraccia rassicuranti e sempre amorevoli. I suoi nervi si calmano. Lei respira il suo profumo; questo è tutto ciò di cui ha bisogno per sentirsi al sicuro. Teners impegnata è stata la chiave per tenere a bada i sintomi. Da quando è tornata a casa, si è unita ad un nuovo gruppo AA e con il supporto che ha ricevuto da Alexey, James e Clara, è sicura di riuscire a rimanere sobria. Conversazioni come quella che ha appena avuto con Alfio, con qualcuno che sa quanto le piaccia bersi un bicchiere, mettono in discussione la sua fiducia. Questo è quando gli abbracci di Alexey diventano imperativi, le sue braccia sono il suo posto sicuro.

Mettendo da parte le sue preoccupazioni, lo aggiorna sugli eventi della giornata, "Il ministro dell'Ambiente era in ritardo di un'ora per la sua intervista, ha completamente rovinato l'ordine del giorno... ma non voglio annoiarti con i miei problemi di lavoro, parlami della famiglia reale."

"Stavo solo assistendo il fotografo reale nominato. La sicurezza che circonda la coppia reale è molto elevata, ovviamente. Quando ci hanno presentato, abbiamo stretto le mani e basta. Non c'è stato nessun tipo di conversazione ed abbiamo dovuto lavorare in fretta poiché Sua Maestà aveva un altro appuntamento. Era tutto molto formale e diverso da qualsiasi altro incarico abbia mai svolto. Avevamo programmato di scattare una foto al giorno in varie località. Tutto è andato per il verso giusto, non abbiamo avuto problemi."

"Assistente o no, hai incontrato la regina Elisabetta e la sua famiglia, Alexey. Sarà un ricordo che porterai con te per tutta la vita."

"Vero. Mi sono trovato molto bene ad uscire con i ragazzi della sicurezza e avevano certe storie da raccontare."

"Oh davvero, tipo?"

"Mi dispiace tesoro, ho firmato una clausola di riservatezza. Posso dirti solo che sono una famiglia con problemi quotidiani, non diversi da nessuno di noi."

"Sì, immagino che lo siano. A proposito di famiglia, voglio discutere delle mie idee su come convincere Simona a fare pace con Amelia."

"Oh, ancora una volta! Ok, ma prima organizziamo la cena. Mi sentirò meglio se ne parliamo a stomaco pieno."

Dopo cena, è in salotto a guardarlo mentre cerca di sistemare il segnale della TV.

"Pensi che riuscirò farle riappacificare prima del nostro matrimonio?" Sta testando le stazioni ed armeggia con l'antenna. Non la sta proprio ascoltando, "Alexey, mi hai sentito?"

"Si. Dammi un minuto per risolvere questo problema, non sta funzionando."

Si siede pazientemente ed aspetta. Accanto a lei ci sono le bozze degli inviti di nozze, discuterà con lui anche di quello. I suoi pensieri si rivolgono a Simona ed Amelia. Amelia aveva detto a Larissa che quando lei e Simona erano giovani, Simona era la sua ombra. Fragile e facile da spaventare, Simona aveva ereditato il carattere timido della madre. Faceva affidamento su Amelia per proteggerla e fin quando entrambe trovarono marito, questo è ciò che fece.

La guerra segnò l'inizio del cambiamento del loro rapporto. Simona divenne più solitaria mentre Amelia voleva aiutare ed assistere chi aveva bisogno. Il giorno in cui arrivò Vladimir, non aveva avuto paura di lui perché aveva già aiutato altri.

Quando Simona una mattina entrò nel seminterrato, vede Amelia con lui. Chiudendo la porta del seminterrato dietro di lei, implorò Simona di non dire nulla. Sebbene inorridita dal fatto che Amelia mettesse la sua vita in pericolo, Simona acconsentì, ma disse ad Amelia quanto fosse stupida ad ospitare un fuggitivo.

Capitolo Cinquantadue

Da quel giorno, iniziarono gli scontri tra Amelia e Simona. La perdita di Simona come sua sorellina compiacente ha avuto un profondo effetto su Amelia.

Tenendo l'antenna TV, chiede: "L'immagine si vede meglio da dove ti trovi?"

"No, è ancora un po' sfocata."

Continua a smaneggiare l'antenna, quindi preme qualcosa sul retro della TV, dice "E adesso?"

"Sì, va meglio. Possiamo per favore discutere di cose più importanti della qualità dell'immagine?"

"Come osi!" la prende in giro, "come posso guardare la partita se l'immagine è sfocata?"

"Ci sei riuscito, scemo. Si vede bene. Ora siediti qui, ho bisogno che mi ascolti." Sa che sta evitando la discussione. "Per favore, aiutami con questa storia. Vorrei sapere la tua opinione su come far parlare di nuovo Amelia e Simona ed essere di nuovo sorelle."

"Non era stata d'accordo Simona l'ultima volta che le avevi parlato?"

"Dopo aver menzionato di non lasciare che il passato ostacolasse un futuro migliore, ha fatto la calma e ha detto che lo avrebbe preso in considerazione. Da allora non si è fatta più sentire. Nemmeno Gee ha avuto più sue notizie." Non è insolito. Simona è nota per sparire, anche se sia lei che Gee le hanno chiesto di chiamarle, specialmente quando è necessario discutere di questioni importanti. La frustrazione per l'insistenza di sua nonna nel prendersela con sua sorella sta facendo venire a Larissa una crisi di nervi. Per lei è semplicemente ridicolo. Se lei e Filippo non si vedessero da quarant'anni, sarebbe entusiasta di avere la possibilità di vederlo di nuovo.

"Onestamente Larissa, non sono sicuro di poter essere di alcun aiuto. Conosci tua nonna meglio di me."

"Questo non ha nulla a che fare col fatto di conoscerla o meno. Si tratta di usare le nostre capacità di risoluzione dei conflitti. Entrambi abbiamo avuto a che fare con persone polemiche nel nostro lavoro, sicuramente tra di noi possiamo trovare un modo per sminuire la sua testardaggine?"

"Ti dico io cosa. Vado a preparare un tè caldo per entrambi, prendi un blocco note e quando torniamo qui troveremo un modo."

"Così va meglio. Ti stai già comportando da bravo maritino, uno che si prende cura di sua moglie quando ne ha davvero bisogno." Lei ride, ha ritrovato la sua positività, troveranno una soluzione. Fallire non è un'opzione. Simona ce l'ha con Amelia da troppo tempo.

Capitolo Cinquantatré

Sta alimentando il fuoco. La brace zampilla, scintillando verso la canna fumaria. Simona sta ancora discutendo con lei, ma è stanca di sentire le sue scuse.

"L'hai incontrata una volta, perché dovrebbe essere presente al tuo matrimonio?"

Senza voltarsi dal fuoco, Larissa parla a denti stretti. "Non è abbastanza il fatto che io la voglia al nostro matrimonio? Fino a qualche mese fa, io e Gee pensavamo ancora che fosse morta. Hai stravolto tutto nonna. Perché ti sei presa la briga di dircelo se continui a provare questo rancore? Dopotutto è la mia prozia."

Gee interviene, "Il tuo atteggiamento è inaccettabile. È tua sorella e le cose sono andate male moltissimo tempo fa. Non riesci a scacciar via tutta la tua rabbia?" Gee è seduta accanto a Simona, la frustrazione traspare dalla sua voce.

Larissa si allontana dal fuoco e vede Simona, seduta sulla sua sedia, che guarda Gee dritto negli occhi.

"C'è molto di più che nessuno di voi sa. Cose che non dovete sapere e che voglio lasciare al passato. È tra Amelia e me; sopportiamo il peso di ciò che ci è successo."

"Nonna, qualunque cosa sia successa, non possiamo cambiarla.

Ed è esattamente quello che ti ho detto prima, lascia perdere. Lascia tutto al passato. Non lasciare che i terribili ricordi ostacolino un futuro migliore con Amelia." Larissa nasconde la sua frustrazione mantenendo la voce calma. Non sta riscuotendo molto successo poiché sia lei che Gee hanno forzato questo punto. Credono che Simona, nel profondo, voglia ricongiungersi con sua sorella. Quando ciò avverrà e parleranno di nuovo, il loro futuro eclisserà il loro passato.

Un silenzio carico di tensione invade la stanza. Larissa si sposta verso Simona. Chinandosi, prende la sua mano, "Nonna, mi renderà estremamente felice vedere sia te che zia Amelia al mio matrimonio. Per favore, chiamala. Non ti mancano le conversazioni che avete avuto l'anno scorso?"

Chiudendo gli occhi, una lacrima cade sul grembo di Simona. Le sue spalle si abbassano, "Fammici pensare. Deciderò io se e quando chiamarla. Sarà quando me lo sentirò. Smetti di mettermi pressione. Ora, voi due non dovete partire? Alexey ti sta aspettando, vero Larissa?"

Gee e Larissa si guardano e annuiscono.

"Sì, nonna, ora andiamo. Grazie almeno per averci pensato. Larissa si sposta in avanti dandole un bacio sulle guance "Ci sentiamo presto." Quindi prende il cappotto e la borsa e si avvia verso la porta. Gee la segue dopo aver salutato sua madre.

Non si dicono nulla finché Gee non inizia a parlare quando raggiungono la macchina.

"Penso che abbiamo fatto progressi oggi, Larissa. Se non fa la chiamata per sè stessa, lo farà per te. Ti ama troppo per farti del male."

Larissa avvia il motore senza rispondere. Non ne è sicura quanto Gee.

Capitolo Cinquantaquattro

Solleva il telefono in cucina, sente i bip della chiamata internazionale. Potrebbe essere? Simona la sta chiamando?

"Ciao," risponde lei con esitazione.

"Amelia, sono io Simona. Umm..." c'è un momento di silenzio, "Credo che dovremmo parlare del matrimonio di Larissa. Vuole che tu ci sia, è per lei che sto chiamando."

Amelia è così sorpresa di sentire di nuovo la sua voce che non risponde immediatamente. Sente Simona tirare su col naso. "Ciò significa che possiamo essere in buoni rapporti, o ti vedrò solo al matrimonio e poi uscirai di nuovo dalla mia vita?"

Simona ora sta piangendo. "Questo... è così difficile Amelia. Vuoi che sappiano del nostro passato per l'amore che hai provato nei confronti di Vladimir. Non vedo alcun motivo per cui loro debbano saperlo. Se accetti di non rivelare il nostro segreto, allora, sì, possiamo telefonarci. Possiamo guarire la nostra rottura."

Avvicinando una sedia al telefono, Amelia si siede. Anche lei inizia a piangere. "Si sposano. Che meraviglia, sono felice per loro," dice tra i singhiozzi, "quando Larissa venne a trovarmi, mi fece delle domande, ad alcune delle quali risposi. Se mi vuole al suo matrimonio, allora ovviamente ci sarò. Simona, se questo significa che tu e io ricominceremo a parlare, allora lascerò il passato al passato, proprio come desideri." Si trascina sulla sedia e sposta da un lato il grembiule. "Non penso di poter venire a il matrimonio e poi non vederci più. Per favore, niente più rabbia tra noi Simona, abbiamo sofferto abbastanza!"

"Oh, Amelia non hai idea di quanto volessi sentirti accettare di lasciare le cose al passato. Sei sicura?

"Sì, certamente. Tutto quello che voglio è che torniamo ad essere di nuovo sorelle."

"Questo è meraviglioso. Ora saremo in grado di chiamarci di nuovo, così come di vederci."

William entra, Amelia posa la mano sul ricevitore e sussurra: "È Simona". Alza le sopracciglia e le mette una mano sulla spalla mentre le passa davanti, sorridendole.

Concentrandosi sulla telefonata, dice: "Non vedo l'ora di ricevere l'invito. Quando è la data?" Tira su e si asciuga le lacrime dagli occhi.

"Non ricordo la data esatta, ma è ad ottobre di quest'anno. Parleremo di nuovo prima di allora, ma ora devo andare. Riguardati."

"Sì, anche tu, grazie Simona, è stato bello sentire di nuovo la tua voce." Riattacca il telefono, estraendo il fazzoletto dalla tasca del grembiule. Si soffia il naso, poi tira su e sospira con forza sconcertante. Un senso di spossatezza la invade.

William, che è seduto nel salotto, dice: "Ho capito che era Simona appena ho visto i tuoi occhi. La tua faccia era raggiante." La guarda mentre si avvicina a lui, "Oh, non così tanto ora, vieni e siediti." Indica il posto accanto a lui facendole cenno di avvicinarsi.

A volte è stupita di quanto sia attento a come si sente. Il suo primo marito non ha mai dato importanza ai suoi sentimenti, anche se la causa era probabilmente la sua depressione. Come fai a prenderti cura di qualcun altro se non ti prendi prima cura di te stesso? Mette da parte questi ricordi terribili, ha appena promesso a Simona che li terrà nel passato.

"Grazie, sei sempre attento e molto dolce. Ma questo lo sai già," dice mentre si stringe a lui. "Simona ha chiamato perché Larissa si sta per sposare e ci vuole lì. Siamo invitati al matrimonio."

"Quindi, la rottura tra voi due è finita?"

Capitolo Cinquantaquattro

Lei annuisce: "Lo spero. Simona ha detto che possiamo telefonarci di nuovo. Il matrimonio è ad ottobre, mi farà sapere la data la prossima volta che chiamerà."

"Beh, immagino che dobbiamo iniziare a risparmiare per un altro viaggio in Europa." La bacia dolcemente sulle sue labbra. "Vado a prepararci una tazza di tè."

Mentre si allontana, lei gli sorride. Lei e Simona hanno preso una decisione molto tempo fa che le ha fatte separare e provare rancore per così tanto tempo. Questo ha reso la sua convivenza meno tollerabile, soprattutto nell'ultimo anno. Ma avere una persona paziente ed amorevole come William nella sua vita ha reso le cose più facili.

Capitolo Cinquantacinque

Arrivano a Tessuti Romani pronti per la prova finale. Gee è oltremodo eccitata e ha già versato molte lacrime. Larissa si chiede se sua madre sarà in grado di rimanere composta il giorno del matrimonio. In realtà, si chiede se riuscirà a farlo anche lei. Sarà in grado di trattenere le lacrime quando vedrà Simona e Amelia insieme?

"Buon giorno signore. Larissa, il tuo vestito è nel camerino uno. Clara, il tuo è nel camerino due, e Gee, farò in modo che il tuo vestito sia pronto oggi. Volete qualcosa da bere prima della prova?" Sono accolte dall'elegante Marisa, la proprietaria. Capelli ben raccolti, trucco perfetto, elegante vestito nero aderente con décolleté rosse, questa ex modella sembra non invecchiare mai.

Alla prima prova, Gee era un po' intimidita da lei, ma Marisa l'aveva rassicurata e confortata. Ci aveva assolutamente preso con la scelta dei vestiti per Gee. L'abito scelto da Gee, un abito di pizzo rosa morbido, le si adatta alla perfezione e mette in risalto le sue generose curve. Clara ha scelto un lungo vestito verde di raso. Le maniche raglan aperte sulla spalla le scendono dolcemente lungo le braccia. L'ampia scollatura a V le incornicia il busto, che anche dopo aver avuto Matthew, è ancora abbondante e sexy. Anche Clara sembra non invecchiare.

Capitolo Cinquantacinque

Larissa ricorda chiaramente come Gee fosse rimasta senza fiato per la sua bellezza quando incontrò Clara per la prima volta. Una delle cose che ammira della sua amica è che non ostenta la sua bellezza. Clara crede che la sua intelligenza sia la parte più bella di lei. Questa è la sua qualità più accattivante.

L'abito di Larissa è semplice ed elegante. Il tessuto è di seta tailandese in un verde chiaro. Il design a spalle scoperte con una gonna a ruota e maniche lunghe. Sia la scollatura che le maniche sono decorate con disegni a forma di foglia tipici dalla seta tailandese, oltre ad essere adornate da delicate gocce di diamante.

Aveva già deciso di lasciare i capelli lunghi sciolti con il velo di media lunghezza decorato con gli stessi disegni floreali. Il velo si abbina alla forma e allo stile dell'abito, creando una foglia con una grande goccia di diamante all'estremità.

Gee aveva espresso la sua preoccupazione vedendo il colore dell'abito da sposa. Le discussioni che ha avuto con sua madre riguardo a questo matrimonio sono state numerose, per alcune delle quali l'ha data vinta a Gee. Su questo argomento, tuttavia, ha avuto la meglio Larissa. Non avrebbe indossato un abito bianco solo per tradizione.

Marisa aveva interpretato bene le idee di Larissa, con suo grande piacere. Il suo vestito è femminile senza essere troppo grazioso e frivolo. Non è mai stata un tipo da abiti pieni e voluminosi, preferendo la comodità alla moda. Ama i vestiti che hanno un bel taglio voluminoso, ma il comfort è la sua priorità principale.

Come esce dal camerino sia Gee che Clara sussultano. Gee si mette una mano sulla bocca e le lacrime le scorrono silenziosamente sul viso.

"Dai Gee, il mio matrimonio sarà un giorno di gioia, giusto?"

"Sì, certo," sospira, "stavo pensando a tuo padre. Anche lui sarebbe in lacrime."

Larissa non risponde, sapendo che è probabilmente così. Il giorno del suo matrimonio sarà un giorno emozionante. Alexey non ha nessuno, suo padre non ci sarà e Simona si riunirà ad Amelia.

"Ok Larissa, ho posizionato l'ultima spilla sul retro. Puoi tornare in camerino e toglierti il vestito con cura. Gee e Clara, lascia che organizzi i vostri abiti per essere pronti oggi." Marisa si dirige verso la stanza sul retro, non ha perso la sua camminata da passerella.

Dopo aver lasciato Gee a casa, Larissa e Clara si fermano in un'osteria per pranzo.

"Bene, il grande giorno è solo a poche settimane di distanza Larissa, sei nervosa?"

"Non proprio. Siamo entrambi molto impegnati, quindi non credo che Alexey e io abbiamo il tempo di essere nervosi. A volte lo guardo e so che è triste, non ha nessuno." Anche se non ha menzionato nulla, lei sa che gli manca suo nonno. Inoltre, è un migrante, l'Italia non è la sua casa come per lei.

"Ti ha scelto Larissa. Ama te. Non ha lasciato la sua casa senza motivo. Sì, ovviamente sarebbe bello per lui avere qualcuno, ma nessuno può cambiare la situazione. Preoccuparsi di questo non lo aiuta."

La cameriera mette i panini davanti a loro. Larissa annuisce e dando un morso si rende conto di avere fame. Clara ha ragione, deve concentrarsi su ciò che può controllare.

Capitolo Cinquantasei

Dopo aver posato la valigia nella loro camera da letto, cammina verso Larissa seduta in salotto. "Ciao," dice baciandole delicatamente la fronte.

"Ciao tesoro, sembri stanco. Incarico difficile?"

"Volevano un sacco di scatti con scenari diversi in diversi momenti della giornata. Eravamo tutti accalcati."

"Ho appena fatto il caffè. Ne vuoi uno?"

"Sì, per favore," dice guardando il tavolino, "a cosa stai lavorando?"

Mentre si avvia in cucina, gli risponde: "A come distribuire gli invitati ai tavoli. So che sei stanco, ma dobbiamo discutere alcune cose. Il caffè ci aiuterà." Glielo passa. La data del loro matrimonio si sta avvicinando rapidamente.

Le prende la tazza. "Spara, ti ascolto."

"Dobbiamo finalizzare il menu. Sei contento di Socristia, vero?"

"Perché non dovrei esserlo? È uno dei migliori ristoranti di Roma."

È anche il primo ristorante in cui sono andati poco dopo essersi incontrati. Un sorriso si allarga sul suo viso mentre ricorda la serata dei premi, la prima volta che l'ha incontrata di persona. Era persino più bella della foto che Vladimir aveva messo nella cartella. Un altro vantaggio è che il ristorante si trova in Via Giovanni da Castel Bolognese, a pochi passi dalla chiesa.

Parlano dell'elenco degli invitati, di chi ha risposto all'invito e del viaggio di nozze. "Sembra che tu abbia tutto sotto controllo. Tutto quello che devo fare io è presentarmi." Ridacchia mentre si toglie la camicia e si dirige verso la cucina. "Ho fame. Cosa c'è nel frigo? Mmm, niente di entusiasmante ma sono sicura di poter preparare qualcosa di delizioso."

Mette un piatto di antipasti davanti a loro.

"Yum. Mi stupisco sempre di quello che riesci a trovare in un frigorifero vuoto," Larissa ride facendo schioccare un'oliva in bocca. Mentre fanno merenda, lei continua ad aggiornarlo sulle altre cose da preparare. Dopo aver fatto il pieno - di cibo ed informazioni - la prende tra le braccia. Baciandola, la porta in camera da letto.

Cadendo sul letto, la guarda mentre si toglie il vestito. Completamente nuda, balla seducente verso di lui. Lui le solleva dolcemente i seni portandone uno alla bocca. In questo momento, il suo corpo è suo. Respira il suo profumo, il profumo di una donna che ama con tutto il cuore. Larissa geme di piacere mentre assapora ogni centimetro di lei. Si muovono ritmicamente verso un climax reciproco, entrambi gemendo di desiderio. Respirando pesantemente, giace esausto accanto a lei, godendo della loro intimità. Presto sposerà questa fantastica donna. Guardando a fondo negli occhi di Larissa, sapeva che erano destinati a incontrarsi. Non ha rimpianti; questo è come deve essere.

Capitolo Cinquantasette

Sono entrambi in piedi nell'area degli arrivi dell'aeroporto di Fiumicino. Cerca Simona con lo sguardo mentre William si occupa dei loro bagagli. La vede dirigersi verso di loro... il tempo si ferma. Questo sta finalmente succedendo. Saranno di nuovo insieme, saranno di nuovo sorelle. Il peso di tutti quegli orribili anni in cui sono state separate. Simona è di nuovo tra le sue braccia. Questa volta non la lascia andare.

"Mi dispiace."

"Shh, non c'è bisogno di scusarsi. Andiamo avanti e godiamoci di nuovo questi momenti insieme." Amelia calma sua sorella. Guardando il punto dove aveva lasciato William ad aspettare, nota che i loro bagagli non ci sono più. "Larissa e Alexey hanno preso i bagagli?"

"Sì, si sono presentati. Larissa ha detto che non poteva vedervi."

Amelia gli presenta Simona. "Sono felice di incontrarti finalmente William. Amelia mi ha parlato molto di te."

Amelia traduce per lui. "Umm, ti ha tenuta segreto per molto tempo."

"William! Non adesso."

Simona è sorpresa, perché sua sorella sta urlando.

Vedendo la preoccupazione sul volto di Simona, spiega. La faccia di Simona arrossisce e chiede ad Amelia di non iniziare una discussione qui. Nota la preoccupazione di Simona e la tranquillizza dicendole che non ha intenzione di fare una scenata.

"Bene allora. Riconosciamo che abbiamo entrambe sbagliato e voltiamo pagina, che dici?" Amelia non è pronta a litigare con William davanti a Simona. Gli parlerà più tardi.

Prendendo il braccio di Simona, camminano verso la macchina. William le segue, silenzioso.

Amelia nota che la salute di Simona è migliorata molto dal loro ultimo incontro e poi si ferma mentre raggiungono l'auto. Il tempo è improvvisamente sospeso ancora una volta non appena Simona le presenta Alexey. La sua somiglianza con Vladimir è sorprendente. Gli stessi occhi blu. Gli stessi folti capelli biondi. Anche il suo mento infossato... esattamente lo stesso. La storia si ripete, questa volta con sua nipote. È giusto che sua nipote sposi il nipote di Vladimir?

"Amelia, entri?" urla William.

Entrando nell'appartamento di Simona, William si ferma e guarda la sua foto sul camino. "Sei sempre la mia bella Italiana," dice dandole un bacio sulla guancia.

Amelia sa che si sta scusando per il suo comportamento all'aeroporto. Non serba mai rancore, quindi è difficile rimanere arrabbiata con lui. È di nuovo con la sua famiglia, è tempo di concentrarsi su di loro.

Larissa poggia alcune bibite sul tavolino mentre William viene invitato a visitare l'appartamento una volta finite tutte le varie presentazioni. Amelia dice: "Questo è quanto. Non tanto spazioso quanto casa nostra no?"

"È compatto. Immagino che tu vada d'accordo con i tuoi vicini, Simona?"

Amelia traduce la sua domanda e Simona inizia a ridere "Con quasi tutti William. Non c'è molta scelta quando vivi l'uno sopra l'altro, come qui da noi. A volte ci lamentiamo. Ma il vantaggio è la sicurezza di avere persone vicine quando serve."

Capitolo Cinquantasette

Dopo aver chiacchierato e iniziato a conoscersi, Larissa ed Alexey decidono di lasciarli tutti e tre. "Grazie per essere venuta zia Amelia e zio William. Apprezziamo che siate qui per il nostro matrimonio."

Amelia dà loro un abbraccio e sussurra a Larissa, "Grazie per averci invitato. Apprezzerò sempre quello che hai fatto per aiutarmi."

Simona li accompagna alla porta. "A presto. È stato meraviglioso vedervi insieme. State attenti alla guida."

Mentre Simona si siede, Amelia continua a spiegare a William i preparativi per il matrimonio. "Quindi, l'organizzazione per venerdì è molto semplice. La macchina andrà a prendere Simona e poi verrà da noi. L'unico aspetto negativo è che dobbiamo alzarci alle sei di mattina."

"Fantastico, un'altra alzataccia! Sai cosa? Sono stanco morto. Andiamo in hotel, il lungo volo mi ha stremato."

"Oh William, Simona e io abbiamo così tanto di cui parlare. Perché non ti avvii? Ti raggiungo più tardi."

Lui alza le spalle. "Ok. C'è qualcosa che vuoi che prenda? Alexey e io abbiamo portato i bagagli prima, quindi mi assicurerò che siano nella nostra stanza."

"Va bene, prendi questa ventiquattrore. Non mi servirà fino a domani." Lo accompagna alla porta. "Mi dispiace se sono stato sgarbato con Simona all'aeroporto. Ho parlato senza pensare."

Lo bacia dicendo: "Abbiamo avuto alcuni mesi intensi. Non sono stata la persona più semplice con cui convivere." Guardandolo andarsene, si promette di farcela. William non merita di essere trattato in questo modo. Ha accettato di accompagnarla per incontrare persone che non sapeva nemmeno esistessero fino a poco tempo fa.

"Vedo quanto ti ama, Amelia. Sembra essere un'anima gentile," dice Simona mentre Amelia si siede di nuovo accanto a lei.

"Lo è, e prima di iniziare a sentire terribilmente la tua mancanza, prima di diventare lunatica ed irrazionale, discutevamo raramente. Ora, tutto si sistemerà, spero. Sei disposta a riceverci di nuovo? Oppure vuoi venire a trovarci in Australia?"

"Che ne dici di fare un passo alla volta? Abbiamo un matrimonio da festeggiare, concentriamoci sul rendere memorabile la giornata di Larissa ed Alexey".

Amelia trova snervante l'ostinazione di Simona. Perché continua a mettere delle barriere tra di loro? Questo è il tempo in cui possono parlare senza essere distanti. Mancano ancora tre giorni al matrimonio. "Il matrimonio non è l'unica ragione per cui sono venuta fin qui. Ora che ho incontrato Alexey, so che dobbiamo risolvere questo problema. Quando l'ho visto all'aeroporto, credevo di aver visto Vladimir. È la sua versione più giovane."

"E a cosa servirà? Vuoi sconvolgere Larissa e Alexey adesso, proprio prima del loro matrimonio?

"No!" esclama, "Non è quello. Quello che voglio è che almeno sappiano la verità. Gee è la figlia di Vladimir."

"Non ci posso credere che tu voglia ricominciare di nuovo" grida Simona, "Hai pensato all'effetto che avrebbe tutto questo su William e sui tuoi due figli? Abbiamo deciso di dimenticare l'accaduto. Ne abbiamo discusso tante volte."

"È stato prima di incontrare Alexey. Ora, incontrarlo e vedere quanto somigli a Vladimir... questo è un vero problema per me. Quanto a William e ai nostri figli, mi sosterranno. Lo so nel mio cuore."

Simona chiede tranquillamente: "Amelia, godiamoci il matrimonio. Tu e William resterete per tre settimane, ci sarà tempo per discutere di cosa dire a Gee. Adesso non è il momento giusto. Non prima del matrimonio."

Amelia mette la mano sul ginocchio di Simona, "Non ci sarà mai un momento giusto, ma per la mia sanità mentale, bisogna dire qualcosa. È tempo per noi di guarire le nostre ferite Simona."

Capitolo Cinquantotto

La loro cerimonia di nozze si svolge presso la Chiesa del Sacro Cuore del Suffragio. Nascoste dal centro religioso del Vaticano, molte chiese di Roma hanno un'intimità ed uno stile tutto loro.

Larissa arriva alla chiesa neogotica con Filippo al suo fianco in questa gloriosa mattina d'autunno. Un leggero accenno di freddo è nell'aria, con il sole che splende su di loro mentre camminano verso l'entrata. Le foglie delle fronde di fronte alla chiesa ondeggiano nella brezza leggera.

"Immagino che non si possa tornare indietro adesso," scherza. Fermandosi davanti alla chiesa, alza lo sguardo "Wow, questa chiesa è un mini Duomo. Quelle guglie e torrette appartengono a Milano, non a Roma." Era la prima volta che Filippo vedeva la chiesa, arrivando solo due giorni prima. Ha saltato le prove.

"Gee voleva che ci sposassimo in chiesa e ad entrambi è piaciuta questa. E hai ragione, il prete ci ha detto che è stata ispirata al Duomo quando fu costruita. Ora, pensi che dovremmo andare? Credo che Alexey ci stia aspettando," ride. Filippo ha provato a sollevarle il morale per tutta la mattina. Cercando di evitare di farle sentire la mancanza del padre, ma sa che anche lui sta provando lo stesso. "Questa è la tua giornata," le aveva detto, "e Giuseppe ci sta osservando."

Mentre entrano attraverso gli archi gotici, sente la presenza di loro padre in mezzo ai loro familiari ed amici. I toni corposi dell'imponente organo a canne suonano *La Vita è Bella* mentre avanzano verso Alexey. La sua idea era quella di evitare la tradizionale Ave Maria per il suo ingresso. La rottura di Alexey dalla tradizione sarebbe arrivata più tardi. Indipendentemente da quante volte avesse cercato di scoprire cosa avesse pianificato, lui era rimasto imperturbabile.

Prendendo una mano tra le sue, si girano entrambi in direzione del prete.

"Miei cari amici, siamo qui riuniti oggi..."

Il suo sorriso non svanisce mentre lo guarda negli occhi. Quest'uomo ha dato tutto sé stesso. Ha rischiato la vita per stare con lei e ha lasciato la sua casa per sempre. È grata del suo amore mentre lo osserva nel profondo degli occhi.

Le voci del coro locale risuonano in tutta la chiesa mentre cantano Panis Angelicus. Le loro voci sublimi fanno venire le lacrime agli occhi. Suo padre canticchiava spesso questo inno.

"...per il potere conferitomi, vi dichiaro marito e moglie."

Alexey e Larissa si baciano seguiti da un forte applauso. Girandosi verso il pubblico, Alexey la prende in braccio e la trasporta lungo il corridoio sulle note di *The First Time I Ever Saw Your Face*. Riesce a sentire qualcuno cantare e non è Roberta Flack. Alexey sta cantando! Gli sta facendo una serenata circondato da grida ed applausi dei loro ospiti. Gli invitati seguono il suo esempio ed iniziano a cantare tutti insieme.

Si sente il cliccare delle macchine fotografiche e rullini delle videocamere. Coriandoli e riso piovono su di loro mentre Alexey la posa sul gradino di arenaria. Lei lo bacia con fervore e orgoglio. Guardando verso tutti i suoi cari, sorride: "Lo sapevate tutti. Tutti conoscevano le parole tranne me."

"È stata un'idea di Alexey, abbiamo promesso di mantenere il segreto," le dice James con un bacio di congratulazioni.

• • •

"Congratulazioni."

"Viva gli sposi."

"Che Dio vi protegga."

Questi auguri arrivano dalla grande folla che si è radunata fuori dalla chiesa.

Larissa è scioccata nel vedere così tante persone. Aveva cercato di mantenere segreta la data del loro matrimonio.

"Tutti i tuoi fan, signora Dubrovnik."

Inizia ad arrossire nonostante la sua esperienza con la folla. Si gode il momento ed è grata per questa bella giornata d'autunno mentre il sole tramonta su di loro. Tutti quelli che ama sono con lei oggi.

Alexey chiama Simona, Amelia e Gee. Quindi si allontana, "Questa è una foto che va scattata. Finalmente siete tutte insieme."

Clara corre verso di loro quattro, aggiustando il vestito di Larissa, ritoccandole il trucco e dicendo loro "È tempo di sorridere adesso, niente più lacrime. Questa foto sarà una testimonianza del vostro amore reciproco." Ringraziandola, Larissa si gira a guardare Alexey dietro la sua macchina fotografica. La fotocamera fa clic. Quindi passa la macchina al fotografo ufficiale, tornando al suo fianco.

"Hai portato apposta la tua fotocamera. Sei così premuroso, grazie. E ora posso aggiungere il canto ai tuoi talenti."

"È grazie a te che siamo tutti insieme, volevo cogliere l'attimo. La mia macchina fotografica sarà al sicuro. E poi, voglio continuare a scattare alcune foto anche dopo. Quelle naturali, non in posa. Lascerò quelle formali a questi ragazzi" indica il fotografo e il video-grafo di fronte a loro. "Ora sorridi signora Dubrovnik, ci sono molte altre foto da scattare."

Il viso le fa male dal sorridere, continuano a scattare foto mentre gli altri salgono sui gradini per unirsi a loro. Nota alcuni paparazzi e lo menziona a James.

"Oh Larissa, questa volta non devi preoccuparti di loro. Questa è la tua giornata, una giornata felice che dovrebbe essere condivisa. Ora andiamo al ristorante. È tempo di festeggiamenti."

Alexey le prende la mano e la infila sottobraccio. Camminano insieme ai loro amici e familiari mentre altri coriandoli e riso vengono lanciati su di loro dai suoi fan.

"Lasciamo che la festa abbia inizio," annuncia Alexey.

Tutti iniziano a gustarsi i piatti mediterranei sapientemente serviti dai camerieri. Il viso di Larissa risplende di felicità. Stare seduta con Alexey davanti alla sua famiglia e ai suoi amici è… assolutamente incredibile. Hanno ottenuto qualcosa su cui molti non avrebbero mai sperato: una relazione di successo tra una persona dell'Est comunista ed una dell'Ovest decadente. Lei sorride, i miracoli accadono.

I discorsi sono brevi. James e Alexey divertono gli ospiti con aneddoti su come la loro amicizia si è sviluppata in un rapporto di reciproco rispetto sia a livello professionale che personale. Alexey conclude il suo discorso citando il suo defunto suocero, portando lacrime agli occhi di tutti.

Quando è il turno di Larissa di dire qualcosa, rimane ammutolita. Le sue mani sudano ed ha la lingua legata. Per qualcuno che si guadagna da vivere parlando, senza una sceneggiatura davanti a sé e con un pubblico invece di un obiettivo fotografico, si trova improvvisamente spaesata. Le lacrime scivolano silenziosamente sul suo viso, le sue guance si bagnano mentre guarda verso Gee che cammina verso di lei. La abbraccia e le dice di continuare.

Lei e Gee parlano della loro felicità di essere qui assieme alle persone che amano. Le lacrime diminuiscono mentre Gee parla di Giuseppe e dei ricordi speciali della sua vita con lui. Di quando Filippo e Larissa erano bambini, di come li proteggeva. Gee spiega come entrambi i suoi figli fossero timidi, timidi piccoli birbanti che si aggrappavano a lei o a Giuseppe con tutta la forza che avevano ogni volta che qualcuno faceva loro una domanda. "Due bambini che hanno reso la mia vita piena di belle sorprese e, lo ammetterò, qualche piccolo trauma. Larissa, oggi ti unisci all'uomo dei tuoi sogni, custodisci ogni momento insieme. È il tuo turno per ricordi speciali".

Larissa abbraccia sua madre che rimane al suo fianco. Con lacrime più silenziose, parla anche di suo padre. Gee le stringe la mano ogni volta che ha bisogno di rassicurazione. Poi si gira verso Simona e la ringrazia per averle trasmesso l'amore per una bella storia. "Tutte le storie che mi hai raccontato negli anni mi hanno ispirato a diventare giornalista e per questo ti ringrazio."

Simona piange e, sorridendo debolmente, si mette la mano sul cuore e sulla bocca "Grazie."

Rivolgendosi ad Alexey, dice: "Non dimenticherò mai quello che hai fatto per stare con me. Il nostro è un amore che ha già superato molti ostacoli. So che saremo pronti per qualsiasi cosa ci riserva in futuro, perché saremo l'una di fianco all'altro."

Raggiante, Alexey si alza e le porge un calice di champagne. Braccia intrecciate che bevono alla loro unione. Larissa ha perfezionato l'arte di fingere di sorseggiare alcolici, nessuno sospetta, nessuno se ne accorge. Solo Alexey nota il suo lieve tremore, che allevia sussurrando, "Stai andando benissimo."

I loro ospiti esultano mentre la fa inclinare con un gesto plateale, baciandola giocosamente, il braccio sinistro in aria. Quindi la conduce verso la pista da ballo. Canta, *How deep is your love* per lei non appena sente iniziare la canzone dei Bee Gees. "È tutto finito Larissa, non c'è più spazio per le lacrime. Non ci separeremo mai più" sussurra nel suo orecchio. In questo momento non c'è nessun altro intorno a loro. Sono solo loro due. Questo è tutto ciò che desidera d'ora in poi, loro due insieme, per sempre.

Amelia e William sono i primi a unirsi a loro appena sentono una canzone d'amore Italiana. Gli occhi di Larissa si bagnano di lacrime quando vede Amelia che piange apertamente.

William fa l'occhiolino ad Alexey, "Abituati a questo. Piangono sempre."

James si avvicina a loro al cambiare della canzone e dà un colpetto sulla spalla di Alexey, "Posso?" Chiede prendendo la mano di Larissa. La fa roteare mettendole una mano sulla vita.

"Wow, guardati, quando hai imparato a ballare?"

"Sei stata via per molto tempo, Larissa. Ho sviluppato nuovi talenti. Al piccolo Matthew piace ascoltare la musica, quindi mi sta insegnando a ballare."

Clara, che balla con Alexey accanto a loro, ridacchia. Ride dicendo a Larissa che ha preso alcune lezioni in modo da poterla impressionare. Questa sarà probabilmente la prima delle due volte in cui ballerà mai, la prossima volta sarà al loro matrimonio.

"Voi due vi state per sposare!" urla, "oh questa è una notizia meravigliosa."

"Sì, Clara ed io ci sposiamo. Non potremmo permettere a voi due di rubare tutte le luci della ribalta" conferma James.

Alexey chiede: "È un'ottima notizia. Quando?"

"È un matrimonio invernale il 5 Dicembre," annuncia Clara, "immagino che dobbiamo darci un tono, soprattutto visto che Matthew diventerà un fratello maggiore."

Ancora una volta, Larissa grida di felicità. Radunando Matthew che si era avvicinato a James per essere preso in braccio, lei grida: "La tua mamma è incinta. Che meraviglia, diventerai un fratello maggiore." I suoi baci gli riempiono la faccia. Matthew si asciuga il viso furiosamente e spinge per scendere.

"Nahhah, dove sei?" Sta cercando Hannah, che vuole giocare con lei.

Correndo verso Filippo e Rochelle, trova la sua compagnetta di giochi, pulendosi ancora la faccia dai troppi baci.

"Wow," dice Alexey, "quanti festeggiamenti abbiamo da fare. Congratulazioni ad entrambi."

I suoi piedi sono indolenziti ed il viso le fa male dal sorridere, ma non è mai stata più felice. Mentre Alexey le toglie la giarrettiera e la lancia, c'è un grido da parte di tutti quando James la afferra al volo. Clara aveva già catturato il bouquet. Decisamente non un caso.

Con tutti sulla pista da ballo, pronti a salutare gli sposi, Gee abbraccia Larissa, "Mi sei mancata terribilmente quando vivevi in Inghilterra. Significa molto per me averti a casa. E anche tu Alexey, sono così felice per entrambi."

"Grazie Gee. Grazie per tutto quello che hai fatto, hai reso tutto

Capitolo Cinquantotto

così facile per noi. Ti voglio bene, mamma. Sai quanto sei speciale per me." Larissa e Gee si stringono l'una all'altra. Mentre Larissa si gode il momento, Simona si unisce a loro abbracciandole.

"Larissa, prenditi cura del tuo uomo. Quello che avete è eccezionale."

"Grazie, Simona. Anche io prometto di prendermi cura di lei," interviene Alexey. Quindi, rivolgendosi a Larissa, dice: "Dobbiamo andare o perderemo il volo."

Si gira salutando tutti e gli prende la mano mentre camminano verso l'auto che li aspetta.

Si fermano velocemente nel loro appartamento per cambiarsi e prendere le valigie, controllano i biglietti, prendono i passaporti e si dirigono verso l'aeroporto. Prenderanno un volo *Olympic Airlines* che li porterà in luna di miele nelle isole Greche.

Mentre attraversano la dogana, viene fermata un paio di volte da persone che le chiedono l'autografo. Esausta dopo la loro giornata, lei li accontenta. Il loro giorno delle nozze è passato così in fretta, tutti quei mesi di preparativi ed ora è la signora Larissa Dubrovnik. Grata e finalmente felice, cammina mano nella mano con suo marito.

Capitolo Cinquantanove

Si assicurerà che le medaglie vengano restituite. Per ordine del KGB, il nome Vladimir Dubrovnik deve essere cancellato dalla lista delle medaglie onorarie. Yegor Bruskev riceverà una menzione d'onore e sarà promosso a Generale Maggiore per la divisione Ingegneristica dell'ufficio del KGB di Leningrado. Realizzerà questo sogno e il suo ampio sorriso dice tutto. Ma prima che ciò possa accadere c'è un'ultima missione. La vendetta è dolce; e sarà ancora più dolce una volta fatto questo.

Riflette sul suo passato ricordando quanti compagni ha perso. Così come i molti membri della sua famiglia. Il mondo era un posto pericoloso in cui vivere durante gli anni della guerra, troppe persone innocenti hanno perso la vita. E per cosa? Le generazioni di tutti quelli nati dopo la fine della Seconda Guerra Mondiale sono i benefattori. Alla fine, non importa chi ha vinto, spetta all'individuo lottare per ciò che è giusto, per annullare i torti subiti. I torti causati da Dubrovnik verranno risolti, si è assicurato che ciò avvenga.

Preme il pulsante sulla sua scrivania, "Dille di entrare ora, grazie." C'è ancora un'altra cosa da fare, e potrà felicemente ritirarsi con tutti i riconoscimenti che gli spettano. Il nome di Dubrovnik sarà completamente distrutto.

Capisce che sta riflettendo sulla sua proposta mentre sta in piedi davanti alla finestra. Avvicinandosi, in piedi davanti a lei nota che si è fatta qualche ritocchino. Il suo seno si alza mentre emette un sospiro, "Questa volta non sarò espulsa?"

"Te l'ho già detto mille volte Viktoriya, ti sei comportata bene in prigione. Mi hai dato retta e quindi ho onorato la mia promessa di liberarti. Occupati di questo ultimo incarico e non mi vedrai mai più."

Rimane in silenzio guardando verso di lui. Sta ritirando fuori la promessa di vivere in Italia per il resto della sua vita. O in qualsiasi altra parte dell'Occidente in cui lei voglia andare. Ora è stata cancellata da ogni accusa di spionaggio, ha detto che avrebbe ricevuto asilo sicuro, non importa dove voglia vivere. "Mi hai promesso una vita in Occidente prima? Cosa c'è di diverso questa volta?"

Si sta spazientendo. "Signorina, ti avevo messo in guardia l'ultima volta sull'accettare un tale incarico da sola. Ricordi che volevo inviare un agente esperto con te? Ti sei rifiutata e guarda cos'è successo. Le autorità ti hanno coinvolto nella vicenda caotica di Dubrovnik."

"Quindi ora ho abbastanza esperienza? Ho completato un incarico e questo mi qualifica come agente affermato."

Si sposta dall'altro lato della scrivania. Sollevando le maniche, appoggia le mani sul legno freddo. Sporgendosi in avanti con uno sguardo minaccioso, dice: "Sto cercando di aiutarti." Fa una pausa. "Vuoi questo incarico o devo rispedirti in prigione?" Questa non è una minaccia da prendere alla leggera.

Viktoriya sa che lui è in grado di rimandarla a Lubyanka per la più piccola ragione. Queste cose accadono in continuazione. Con la testa piegata risponde "Sì, accetto l'incarico". Quindi inspira e con una voce più determinata dice: "Dammi tutti i dettagli."

"Sono contento di aver guadagnato la tua fiducia," dice porgendole una cartella. La osserva scansionare il contenuto.

"Chi è Amelia Lillostra?" chiede.

"È la nonna di Larissa, che ora vive in Australia. Questo è uno scandalo per lei e Vladimir. Ed è in attesa di essere tirato fuori. Giovanna, la figlia di Amelia, potrebbe essere la figlia di Vladimir. Questo significa che Larissa ed Alexey sono imparentati."

Viktoriya tiene in mano un certificato di morte, "E questo? Chi è lui?"

"Quel certificato è di Teodoro. Era il padre di Amelia trovato morto fuori dal seminterrato con un piede di porco in mano. Il seminterrato che ospitava i manufatti che Vladimir aveva rubato a tutti i suoi compagni, a tutti i suoi connazionali. Vladimir ha avuto qualcosa a che fare con la sua morte? In tal caso, era sia un assassino che un ladro."

Continua a parlare spiegando come vuole che lei si occupi di questo incarico. "Voglio che tu passi i documenti ai giornali scandalistici, uno alla volta. Dai voce alla storia. Il padre delle sorelle è caduto nella loro trappola o era un capro espiatorio? Quanti traditori ha reclutato Vladimir? Una volta che ciò è avvenuto, la nostra vendetta contro il nome di Dubrovnik è assicurata. La soddisfazione che avrò nel rovinare la reputazione di Vladimir e nel prendere il posto che mi spetta come leader all'interno del KGB, sarà la mia ricompensa." Può assaporare il successo; è così vicino adesso.

"Ho sprecato abbastanza tempo in quell'inferno della prigione di Lubyanka. Fino a quando non mi hai contattato per incontrarti di nuovo, non mi ero resa conto di quanto la mia rabbia fosse ancora così cruda. Anch'io sono pronta per la vendetta. Confermo che assumerò questo incarico e lo farò con grande piacere."

Era certo che avrebbe accettato. Il suo nome non sarà collegato allo scandalo. Le autorità concederanno tutto ciò che richiederà, tutto ciò che gli spetta. Continua a discutere su come e quando trapelare queste informazioni. "Troverai le informazioni nella cartella dei giornalisti da contattare. Sono infiltrati fidati che non rivelano le loro fonti. Sarai al sicuro e, una volta completato questo incarico, sarai libera di vivere dove desideri."

Si alza e passa dal suo lato della scrivania tenendo in mano la cartella. Mentre si volta verso di lei, lei lo bacia, mordendogli le labbra.

Poi si allontana da lui dicendo: "Compagno Bruskev, sei stato clemente con me. Ma se mi tradisci questa volta, tornerò, ti darò la caccia e ti ucciderò."

Sente il sapore del sangue. La ragazzina gli ha tagliato il labbro, ma mentre la osserva allontanarsi dal suo ufficio, sa che ci riuscirà. Vuole questa vendetta tanto quanto lui.

Capitolo Sessanta

Guardando il turchese Mar Mediterraneo, sorseggia la sua fruttata Tequila Sunrise, ovviamente analcolica. Alexey la sta guardando dal lettino a fianco. "Che c'è?" chiede. I suoi occhi blu sono ancora più suggestivi alla luce del sole. Non si stancherà mai di guardarli.

"Restiamo qui. Potrei vivere questa vita, solo io e te lontano da tutto e da tutti."

Lei sorride. Le ultime due settimane sono state felici. Fare quello che vogliono, quando vogliono. Con nessuno che li infastidisce, hanno dormito, nuotato, mangiato ogni volta che avevano fame e festeggiato intere notti. Sarebbe bello poter rimanere in Grecia per il resto della loro vita, Alexey ha ragione. "Con questa vista e sole perenne, credimi, sono tentata Alexey. Potrei abituarmi alla vita su un'isola. A proposito, a che ora è il nostro volo di ritorno domani? È stato l'ultimo dei miei pensieri finora," dice respirando la calda aria che sa di salsedine.

"Oh, lo stesso vale per me. Possiamo controllare quando torniamo nella nostra suite, ma penso che dovresti davvero prendere in considerazione la mia idea."

Inclinandosi verso di lui, lo bacia dolcemente. "Forse un giorno

Capitolo Sessanta

verremo qui in pensione, qui ma domani dobbiamo tornare alla realtà."

Escono dalla dogana ed uno sciame di paparazzi e giornalisti li travolge di domande.

"È vero? Sei sposato con un disertore e traditore Larissa?"
    "Siete davvero imparentati?"
    "Sei ancora una spia Alexey?"

James corre verso di loro. "Non dite niente, non rispondete a nessuno di loro. Seguitemi e basta."
    Sotto shock, seguono James su un'auto che li sta aspettando. Li fa sedere sul sedile posteriore, si lancia sul sedile anteriore e ordina all'autista di partire mentre lo sciame di giornalisti li circonda.
    "Cosa sta succedendo?" chiede Alexey.
    James spiega che un tabloid trash ha pubblicato una storia su loro due e sul loro legame familiare. "Larissa sono state lanciate alcune accuse sulla tua famiglia e anche su quella di Alexey. La reputazione di tuo nonno è stata offuscata. Hai idea di chi ci sia dietro?" chiede consegnando a entrambi una copia della rivista.
    Mentre leggono la storia, Larissa sussulta e Alexey, seduto accanto a lei, è nero di rabbia.
    "Questa è spazzatura. James, non credi a tutto questo, vero?"
    "Larissa, non importa se è vero o no. Il fatto è che la storia è là fuori e vengono poste di nuovo domande sul fatto che Alexey sia una spia. Le persone vogliono anche sapere perché la tua prozia ha ospitato un fuggitivo."
    Alexey sta zitto mentre legge la storia. Quindi dice: "Viktoriya. C'è sicuramente lei dietro tutto questo. Bruskev l'ha reclutata di nuovo e l'ha aiutata, ne sono sicuro. Entrambi vogliono vendetta. Mi ha avvertito di "guardarmi le spalle" quando eravamo nella cella di

detenzione." Guarda Larissa con le lacrime agli occhi. "Mi dispiace, è tutta colpa mia."

Larissa poggia la mano sulla sua. "In questa storia parlano della mia prozia Amelia e dei falsi certificati di nascita. Non scusarti ancora Alexey, prima dobbiamo parlare con mia nonna. Sono sicura che ci sia molto di più di questo e Simona deve parlare, che le piaccia o no."

James sa che la mente giornalistica di Larissa sta andando in tilt. "Una cosa alla volta, Larissa. Ecco il piano per ora, vi riporto entrambi a casa mia. Ho pensato di lasciarvi nell'appartamento di Gee, ma i paparazzi sono già lì. Larissa, anche il tuo appartamento è circondato dai media. Voi due dovete stare zitti fino a quando non scopriremo tutti i fatti, quindi il mio posto è probabilmente la soluzione migliore per ora."

Ci aveva quasi preso, c'è un solo paparazzo ad aspettarli quando arrivano.

"Lo svierò, voi due correte verso la porta principale, Clara vi sta aspettando. L'autista e io ci preoccuperemo dei bagagli."

Anche prima che raggiungano la cima delle scale, Clara ha già la porta aperta. Matthew corre tra le sue braccia, "Larissa mi hai portato un regalo?"

"Matthew, prima saluta, che maniere sono? Non si chiedono regali. Vai nella tua stanza adesso."

"Ma io voglio…"

"Niente ma... nella tua stanza per favore. Larissa ed Alexey sono qui per riposarsi."

"Potete venire e riposare entrambi nella mia stanza", grida Matthew mentre si dirige verso la sua stanza.

"Mi dispiace Larissa," dice Clara abbracciandola, "Alexey, anche per te. Svelto, vieni dentro."

Matthew non doveva essere quaggiù. Gli avevo detto di stare di sopra."

"L'innocenza dei bambini, cosa darei per averne un po' adesso," afferma Larissa.

"È sfacciato e al momento non ci obbedisce. Deve imparare come comportarsi."

Capitolo Sessanta

Guardando la sua amica col pancione, nota come la sua bellezza sia esaltata dal bambino che cresce in lei, le chiede come si sente. "Sto bene. Questa gravidanza sta andando bene. Non sto male com'è successo con Matthew. Basta parlare di me, venite e sedervi..."

Viene fermata a metà della frase da James che corre dentro con le loro borse, l'autista dietro di lui. Dopo aver sistemato i bagagli nel corridoio, ringrazia l'autista e va nella sala da pranzo per unirsi a loro. "Voi due state bene?" dice ansimando.

Entrambi annuiscono. "Non credo che il paparazzo sia riuscito a fare foto ravvicinate."

"Dipende dalla qualità della sua macchina fotografica James, ma non preoccupiamoci delle foto ora. Abbiamo altre cose da discutere," dice Alexey, con la faccia tesa.

Larissa li ringrazia: "Entrambi vi state mettendo in mostra per noi. Non appena avremo deciso come gestire questa situazione, torneremo subito a casa nostra. Farò una dichiarazione ai media sul rispetto della nostra privacy."

Clara porta loro il tè. Mentre iniziano a chiacchierare, Matthew li chiama dalla sua camera da letto.

"Vado," dice Clara, "L'ho mandato in camera sua perché è stato maleducato con Larissa."

"Che cosa ha fatto?" chiede James "A volte è disubbidiente. In realtà, lo è parecchio ultimamente."

"Clara ci ha detto che tende ad esserlo, ma onestamente mi è sembrato così innocente. Ha chiesto se gli avessimo portato un regalo, niente di troppo grave."

"Hmm, continua a dimenticare le buone maniere. Mi dispiace per quello che è successo."

Larissa non risponde. Deve lasciare che i suoi amici educhino il loro bambino come ritengono opportuno. I suoi pensieri si rivolgono ai suoi problemi e a questo terribile articolo. Sfortunatamente, alcune delle cose scritte sulla sua famiglia sono vere. Amelia ospitava un fuggitivo nel seminterrato di famiglia, è stata complice di Vladimir nel nascondere i manufatti. Le altre accuse possono o meno essere vere. Fino a quando non parla a Simona, l'unica cosa che può fare è fare una dichiarazione. La loro privacy deve essere rispettata. La cosa buona è che sia James che Alexey sono d'accordo con lei. Penserà a qualcosa quando tornerà al lavoro. Farà la dichiarazione al termine della sua prima notte in onda.

Per la prima volta dopo tanto tempo vorrebbe poter bere qualcosa.

Capitolo Sessantuno

Amelia sta leggendo gli articoli che le ha mandato Simona. Cosa hanno fatto? La decisione che lei e Simona hanno preso così tanti anni fa ha causato tutti questi problemi. La vita sentimentale di Larissa è spiattellata in questa rivista da quattro soldi sotto lo sguardo di tutti. Niente di tutto questo è colpa di Larissa.

'Vladimir Dubrovnik e Amelia Lillostra erano amanti durante la Seconda Guerra Mondiale, e lei rimase incinta di lui. Hanno cercato di nasconderlo perché erano entrambi sposati con qualcun altro in quel momento. Ma la creatura venne alla luce. Ci sono state mostrate due copie dei certificati di nascita; il nome di Amelia Lillostra compare come quello della madre con padre sconosciuto su un certificato. L'altro mostra che la madre è Simona Pittola, la sorella minore di Amelia. Cosa stavano nascondendo? Erano tutte spie? Vladimir Dubrovnik è il nonno di Alexey. La nostra amata giornalista è imparentata a suo marito? È ancora una spia?'

. . .

Il telefono vicino a lei squilla. Lo afferra di scatto, sta aspettando la chiamata. "Ciao Simona. Sì, sto leggendo le storie ora. Avremmo dovuto risolvere tutto tra di noi." Sente Simona piangere dall'altra parte. Adesso è un po' tardi per piangere, questo casino doveva essere chiarito non appena la relazione tra Larissa e Alexey aveva iniziato a farsi seria. Mantenere un tale segreto non ha fatto altro che ferire loro e tutti quelli che amano. Tutto questo perché si vergognavano di parlare dell'abuso. Un abuso che non è stato di certo colpa loro.

Discutono del secondo articolo che menziona il padre e come è stato trovato morto fuori dal seminterrato con un piede di porco insanguinato in mano.

"Amelia, nostro padre si infuriò quando scoprì di Vladimir. Aveva tutte le intenzioni di uccidere entrambi con quel piede di porco. Le azioni di Vladimir sono state legittima difesa."

Amelia ricorda la giornata con una chiarezza che spaventa. I brividi le attraversano il corpo. Se Vladimir non fosse stato lì quel giorno, né lei né Simona sarebbero vive adesso. Avendo protetto Simona dagli abusi del padre per così tanto tempo, era grata che qualcuno l'avesse finalmente affrontato. Vladimir non aveva avuto scelta. Questo è stato quando Vladimir fuggì in Unione Sovietica. Secondo la polizia lui era l'assassino del sindaco, ma sia Amelia che Simona lo consideravano il loro eroe. Chiude gli occhi, inizia a rivivere tutti quei momenti...

Sta rantolando di nuovo. Amelia si sta nascondendo da lui con il piede di porco in mano. Dal giorno in cui suo marito era morto, l'abuso era ricominciato. Non c'era nessuno che la proteggesse di nuovo, lei era sola. Aveva avvertito Vladimir di starne fuori anche se aveva promesso di proteggerla. Cercava di tenerlo lontano dai suoi problemi. Ma suo padre era un tiranno spregevole, non ci volle molto a Vladimir per capire cosa stesse succedendo, i suoi lividi e le ferite erano troppo evidenti.

"Non è possibile che ti sia fatta quel livido sul braccio e un occhio gonfio colpendo in uno stipite della porta, Amelia. Dimmi la verità, chi ti sta facendo del male?" Aveva chiesto molte volte mentre la loro relazione si faceva più intensa.

Quando gli disse la verità, era pronto ad affrontare subito Teodoro. Lo calmò, convincendolo che era in grado di gestire suo padre. Perdere Vladimir non era un'opzione per lei. Con riluttanza, promise di farsi da parte, ma l'avvertì che se avesse mai visto Teodoro abusare di lei, nulla lo avrebbe potuto fermare.

Mentre si nasconde, sente le parole piene di astio pronunciate da Teodoro: "Dove sei? Vivi nella mia casa. Senza di me non avresti un tetto sopra la testa. E quel tuo marito schifoso era perfido come te, viveva di me e della mia carità. Me lo devi, sei di mia proprietà e posso fare di te quello che voglio." Inizia ad urlare, pestando i piedi e tracannando la bottiglia che tiene in mano. Riesce a sentire l'alcool che schizza mentre l'odore arriva al suo naso. È troppo vicino a dove è nascosta. Deve scappare.

"Ti troverò tesoruccio e poi ti darò quello che meriti." Continua a farneticare ma la sua voce si sta attenuando. Si sta allontanando, magari in direzione delle camere da letto. Di certo non è più in cucina.

Di nascosto lei striscia fuori dall'armadio. Il bicchiere sul tavolo sopra di lei va in frantumi quando il piede di porco che tiene in mano lo colpisce. Lei corre.

La chiave è nella porta del seminterrato. Lei la apre. Lui è dietro di lei. Perde i sensi.

"Amelia mi stai ascoltando?"

"Si... si Simona, sto ascoltando."

"Faresti meglio a prendere un volo e venire qui. Devi aiutarmi a risolvere questo problema. Gee vuole sapere tutto. Francamente, non la biasimo, deve saperlo perché in questo momento è furiosa con entrambe e totalmente confusa sul suo passato."

"Tu non la biasimi? Sei tu quella che non mi ha mai ascoltato. Quante volte ti ho chiesto di parlarle del nostro passato? A proposito dell'abuso. Eri tu quella che voleva nascondere tutto sotto il tappeto." Amelia è stata a lungo preoccupata che il segreto sarebbe tornato a perseguitarle. Aveva quasi raccontato a Larissa tutte le terribile vicende quando si erano incontrate. Perché non le ha detto tutto quel giorno in spiaggia? Avrebbero potuto affrontarlo come una famiglia. Non in questo modo, la loro vita privata è schizzata su una rivista di tabloid. "Simona, dammi il tempo di organizzarmi. Ti farò sapere una volta che ho i dettagli del volo. Per ora, cerca di mantenere calmi tutti." Attacca il telefono dopo aver salutato.

Mentre prepara la cena, la sua memoria la riporta a Londra, probabilmente perché la sua vita allora era tanto turbolenta come lo è adesso...

Dopo essere scappata da Stefano, che non era in nessun modo migliore di suo padre, ed imbarcata clandestinamente su una nave, finì a Tripoli. Poi si ritrovò diretta in Inghilterra. Quello che avrebbe dovuto fare era tornare a Napoli. Invece si diresse a Londra, l'inasprirsi della guerra le impediva di tornare in sicurezza a casa.

Una volta in Inghilterra, non poter parlare inglese divenne un ostacolo. Inoltre, c'era il problema di non avere soldi. Amelia aveva speso tutti i suoi soldi in mazzette per dirigersi verso qualsiasi parte pensasse potesse essere al sicuro. Viveva con altri fuggitivi, cercando di sopravvivere ogni giorno chiedendo l'elemosina o rubando. La loro casa era un edificio bombardato su una strada vicino ad uno dei moli di Londra.

Un'umida mattina d'estate del 1947, si svegliò con gente che urlava e agitava le mani. "Ho i miei documenti, sono disposto a lavorare, fammi salire." Andò in giro a chiedere e sentì delle persone discutere di un certo "schema per gli sfollati". Aveva notato dei poster, li aveva letti e capito, con la sua limitata conoscenza della lingua inglese, che l'Australia aveva lavoro a disposizione.

Aveva trovato il modo di lavorare e guadagnare dei soldi per tornare in Italia.

La fame aveva distrutto il suo corpo; stava semplicemente andando avanti con altri disgraziati fuggiti proprio come aveva fatto lei. Volendo disperatamente tornare a casa, si fece largo tra la folla stando vicino a un gruppo che fu presto fatto salire a bordo. Salpando su quella nave stava ponendo fine ai giorni vissuti nei bassifondi di Londra.

Quello che non sapeva al momento, era quanto fosse lontana l'Australia dall'Europa.

Capitolo Sessantadue

Sono entrambe sedute nel salotto di Gee. La testa di Larissa poggiata sulla sua spalla. Non si sono parlate da un po' di tempo, ognuno di loro cerca di accettare meramente la situazione.

Gee è svuotata. Chi è? Ha perso il proprio senso d'identità. E sua figlia ha sposato un uomo che potrebbe essere suo cugino? Queste domande continuano a girovagare nella sua mente facendola impazzire. Come ha potuto abbandonarla Amelia quando era piccola? Lei potrebbe mai pensare di abbandonare un bambino di sei mesi? Mai! Il pensiero di lasciare i suoi due figli non le è mai passato per la testa. La ferita la fa rivoltare internamente, la nausea le rovina l'appetito. Fino a quando non vedranno i risultati del test del DNA, sia la sua vita che quella di Larissa sono in un limbo. Ancora furiosa con Amelia e Simona, realizza che è meglio iniziare pian piano a calmarsi.

Dopo aver sentito come sono state maltrattate, si è sentita solidale con loro. Anche loro sono delle vittime. Ogni donna della sua famiglia è una vittima, una vittima di un uomo violento il cui potere lo ha fatto sentire al sicuro.

"Sei sicura di volere che me ne vada?" chiede Larissa, "Sono felice di passare la notte qui se hai voglia di compagnia."

Gee sa che Larissa è preoccupata per lei. Da quando è tornata a casa dall'Inghilterra, l'essersi perdonate a vicenda le ha aiutate a riaccendere il loro legame speciale. Con Giuseppe che non c'è più, questo è più importante che mai.

Oh, Giuseppe, come vorrebbe che fosse lì con lei. Ha un disperato bisogno di lui. Sfortunatamente, Dio aveva altri piani per il suo Giuseppe. Con questa folle situazione in cui si trova, si chiede perché Dio l'abbia abbandonata? Perché sta succedendo alla sua famiglia? Come dovrebbe affrontare le bugie? Il segreto, il dolore e, soprattutto, la sua perdita di identità?

"Grazie per esserti offerta Larissa, ma no. Vai a casa da Alexey. Anche lui ha bisogno di te." Gee abbassa gli occhi. Vuole che Larissa rimanga, ma cosa ottengono se entrambe continuando a crogiolarsi nell'autocommiserazione. Presto si incontreranno tutti nell'appartamento di Simona, la questione verrà affrontata come una famiglia. Forse cercheranno un aiuto professionale. Partiranno da questo una volta che i test del DNA avranno risposto alle loro domande.

Fino ad allora devono rimanere forti. I problemi che Larissa ha dovuto affrontare professionalmente da quando è scoppiata la questione sono stati più che sufficienti per lei. Sia lei che Alexey hanno visto le loro vite totalmente stravolte. Ora sono seguiti da fastidiosi fotografi che sembrano spuntare ovunque vadano. Larissa, essendo in qualche modo abituata alla notorietà, ha preso quest'intrusione leggermente meglio di Alexey. Lui si è fatto prendere da alcuni scatti d'ira, che sono serviti ai giornalisti scandalistici per far girare più bugie sul loro conto. Ogni volta che iniziava ad agitarsi, Larissa era lì pronta per impedirgli di causare ulteriori danni. L'ultima cosa di cui hanno bisogno è un fotografo che li porti in tribunale per assalto.

Vede Larissa fuori e rimane ad aspettare in piedi mentre la sua auto si allontana. Quindi torna dentro chiudendo la porta dietro di sé. In piedi con le spalle alla porta, le mani le coprono il viso. Lacrime silenziose scorrono sulle sue guance mentre piange Giovanna Mina. Chi è veramente?

Capitolo Sessantatré

"Come hai potuto tenerci nascosto qualcosa del genere per tutti questi anni?" Larissa sta camminando nel salotto di casa di Simona. Agitando furiosamente le braccia attorno a lei continua a sputare parole di disprezzo verso Simona, "E hai avuto l'opportunità di aprirti e raccontarci tutto quando Alexey e io abbiamo trovato i manufatti."

Alexey è seduto di fronte a Simona e cerca di placare Larissa. "Perché non ti siedi. Tutta questa rabbia, insieme alle accuse e al dito puntato, non aiuta nessuno."

Ha ragione, ma lei non si siede immediatamente. Devono capire quanto sia arrabbiata per tutto questo. Vuole chiarire il suo punto di vista prima di sedersi. E fra l'altro, neanche lui ha esattamente aiutato la loro situazione con i suoi scatti d'ira verso i paparazzi.

Il loro abuso era imperdonabile, ha cercato di venire a patti con l'idea di avere un bisnonno che abbia fatto queste cose. Ma tacere, nutrire sensi di colpa e stare lontani gli uni dagli altri non ha portato niente di buono.

Simona siede in un silenzio imbarazzante. Sta guardando in direzione di Larissa con sguardo assente. Aprendo la bocca per parlare, la chiude senza pronunciare alcuna parola.

Capitolo Sessantatré

Larissa è in piedi davanti al camino in attesa che sua nonna dica qualcosa. Un profondo sospiro carico di frustrazione le esce dalla bocca. Non ricevendo nessuna risposta, si sposta verso Alexey e Simona.

Seduta sul bordo della poltrona, fissa il pavimento. Se alza lo sguardo, vedranno le sue lacrime. Lacrime di rabbia che non aiuteranno di certo la situazione. I suoi respiri sono profondi, il risentimento trafigge il suo corpo. Più per sua madre che per sé stessa. Sollevando la testa e asciugandosi gli occhi, dice: "Ok, sono pronta ad ascoltare perché entrambe avete preso una decisione del genere."

Alexey le stringe la mano.

"Larissa e Alexey, entrambi siete fortunati a non aver assistito alle atrocità della guerra. Per favore, ricordatelo mentre racconto la mia versione della storia. La prossima volta che ci incontreremo per discutere di questa situazione, sia Gee che Amelia saranno nella stessa stanza. Sarà la prima volta che saranno insieme da quando la verità è venuta fuori."

Ascoltano mentre Simona inizia a raccontare. Larissa percepisce come i ricordi la stiano mettendo a dura prova. Si avvicina e le tiene la mano, il rimorso ha preso il posto della sua rabbia. Non riesce a capire il dolore che hanno sofferto le due sorelle.

Alexey si alza scusandosi. "Larissa, sarò in macchina quando sarai pronta per andare. Prenditi tutto il tempo che ti serve." Si piega per salutare Simona, "Non è necessario che io sia qui, voi due dovete parlare in privato."

Simona annuisce docilmente, ringraziandolo per la sua apprensione e continua a raccontare a Larissa tutte le terribili vicende del suo passato una volta che è andato via.

Più tardi, mentre Larissa apre la portiera del passeggero, sveglia Alexey dal suo breve pisolino. I suoi occhi sono cerchiati di rosso. È esausta. Non hanno dormito molto da quando sono tornati dalla luna di miele. Sono entrambi sfiniti.

"Andiamo a casa. Simona sta organizzando un incontro con

Amelia. Una volta confermata la data di arrivo, ci contatterà e verrà organizzato un incontro di famiglia."

Avvia la macchina senza dire una parola.

Chiude gli occhi per riposare, cercando di non pensare all'incubo in cui si trovano. Ma il sonno la confonde perché i pensieri di tutto ciò che è accaduto da quando ha incontrato Alexey le attraversano la mente.

Hanno passato momenti stupendi quando si sono incontrati e quando hanno dovuto restituire i manufatti. E poi hanno vissuto momenti terribili quando è stato gettato in prigione e peggio ancora quando temeva di non vederlo mai più. Questo è stato il suo momento da alcolista più intenso. Non passa giorno in cui non lotti con qualche elemento di questa dipendenza.

Poi hanno raggiunto il culmine quando si sono ritrovati e sposati. Ora questo. Sia i nomi di Dubrovnik che quelli di Mina sono stati fatti a pezzi dai tabloid. Che modo terribile di scoprire questo segreto di famiglia. Una decisione presa tra due sorelle con conseguenze catastrofiche, tutto perché parlare era troppo imbarazzate. Non è ancora chiaro cosa significhi questo segreto di famiglia per il loro matrimonio, ma la paura di Larissa di perdere di nuovo Alexey è un peso troppo grande da sopportare.

Capitolo Sessantaquattro

Mette la valigia davanti al camino mentre Simona entra in cucina. Hanno litigato per tutto il tragitto dall'aeroporto a casa. Il suo atteggiamento ostinato di non voler discutere del passato è ormai al di là della sopportazione. Qual era allora il punto di far venire Amelia fin qui? Questa situazione deve essere discussa se hanno intenzione di risolvere qualcosa. "Onestamente Simona, terribile come sono le storie nei tabloid, parte di ciò che dicono è vero. Perché vuoi nasconderti dalla verità? Gee e Larissa meritano di sapere tutto." La sente sbattere le posate.

Simona impreca sottovoce ed esce succhiandosi un dito: "Accidenti, mi sono tagliata. Ho tutta questa rabbia repressa che non riesco nemmeno a preparare il pranzo. Senti, mi dispiace. Sei la benvenuta qui Amelia, non pensavo sul serio quello che ho detto all'aeroporto."

Simona le aveva detto di prendere subito un volo per tornarsene a casa. Questo è stato dopo che Amelia aveva iniziato la loro conversazione dicendo: "Ti avevo detto che una cosa del genere poteva accadere, il segreto sarebbe venuto fuori in un modo o nell'altro." Ora Amelia si rende conto di quanto fossero insensate le sue parole, il suo tempismo era proprio sbagliato. Avrebbe dovuto tenere la bocca chiusa.

"Fammi vedere. Quanto è grave la ferita?"

"Oh, è solo un taglietto. Ci sono dei cerotti in bagno," dice Simona mentre si allontana.

"Metto la mia borsa in camera. Poi sediamoci e parliamo di come gestire questa situazione da persone adulte." Si siede sull'estremità del letto di Simona. Si strofina il viso con entrambe le mani, la stanchezza prende il sopravvento.

"Perché non ti riposi un po'? Possiamo parlare più tardi."

Simona l'ha colta di sorpresa; non l'aveva sentita entrare nella stanza.

"Penso di poter resistere. Il tuo dito sta bene?"

"Sopravvivrò," dice alzando il dito medio per mostrarglielo. "Ora mettiti comoda, abbiamo un sacco di tempo per parlare. Gee non arriverà prima di domani a mezzogiorno."

Si sveglia di colpo. Le ci vuole un minuto per capire dove si trova. Si stiracchia ed indossa un maglione prima di uscire per cercare Simona.

"Ti senti meglio?" le chiede Simona mentre continua a lavorare a maglia senza nemmeno guardare i ferri.

"Avevo proprio bisogno di riposare. Quanto ho dormito?"

"Tre ore. Ho preparato qualcosa da mangiare." Con ciò posa la maglia sul tavolo, si alza e mette il braccio tra le braccia di Amelia, "Mangiamo qualcosa prima di iniziare a parlare. Odio litigare a stomaco vuoto."

"Oh, sei divertente," la prende in giro Amelia rendendosi conto di quanto sia affamata, "Non so te ma d'ora in poi parlerò in modo razionale delle cose."

"Certo, come vuoi. Ma quello che è successo non è una cosa razionale da affrontare."

Decidendo di non rispondere, Amelia si siede per godersi il panino preparato da Simona. Osservandola mentre gira per questa piccola cucina, riflette su chi sarebbe potuta essere se all'epoca dei fatti non avesse lasciato l'Italia. Sarebbe stata la madre di Gee, e Simona... beh, Simona ha avuto due aborti spontanei. Non sarebbe mai potuta essere una madre. Questo era stato il suo regalo a Simona. La possibilità di diventare madre. Era stato involontario; tuttavia, resta il fatto, Simona è la madre di Gee.

Oh, mio Dio. Ecco! È questo il motivo per cui non voleva discutere del loro passato. Aveva paura di perdere Gee. Come ha fatto a non rendersene conto prima? Qualunque cosa accada nei prossimi giorni, nella mente di Amelia, Simona è la madre di Gee. Non ha intenzione di portarla via da sua sorella. È stata Simona ad assumersi la responsabilità di adottare Gee e farla diventare la persona che è oggi. Amelia aveva desiderato ardentemente incontrarla, vedere chi fosse diventata, ma di certo non portarla via da Simona. Questo è qualcosa che Simona deve capire se vuole fare passi avanti e curare le loro ferite.

"Dai, prendiamo il caffè in salotto. Hai mangiato abbastanza Amelia?"

"Certo. I panini erano deliziosi. Dammi, lavo i piatti mentre prepari il caffè."

Sono entrambe sedute in salotto, riflettendo su quello che hanno da dire. Simona ha confermato le sue preoccupazioni per la perdita di Gee. Questa era stata la sua paura da quando Amelia l'aveva contattata per la prima volta.

Alla fine, concordano su una cosa. Amelia avrebbe dovuto capito prima di questo disastro dei tabloid. Avrebbe affrontato questa situazione con più discrezione.

"Immagino che possiamo iniziare a risolvere questo casino. Hai ragione, meritano di sapere la verità. Non posso più proteggerle dal nostro orribile passato." Simona armeggia con il suo grembiule, facendolo rotolare avanti e indietro.

"Ti preoccupi più del necessario, Simona. Gee e Larissa ti adorano; non ti rinnegheranno ora che la verità è fuori."

"Sono più imbarazzata che preoccupata. Da quando Larissa ha iniziato a scavare nel seminterrato, ero così paranoica per paura che scoprisse qualcosa. A volte il mio comportamento nei loro confronti è stato ingiustificabile."

"All'epoca eravamo adolescenti, ragazze in un mondo di odio mascherato da amore. Non abbiamo nulla di cui essere imbarazzate. Quello che ci è successo non è colpa nostra. È Gee che avrà bisogno delle nostre attenzioni."

Continuano a discutere su come gestire Gee in giorno seguente. Questa è una situazione delicata che nessuna di loro avrebbe potuto immaginare. Come Amelia vorrebbe poter tornare indietro nel tempo e portare via tutto questo dolore.

Capitolo Sessantacinque

L'appartamento somiglia in tutto e per tutto a quando viveva qui. Ma è molto diverso. Alla luce delle accuse in quelle pubblicazioni da quattro soldi, è tutto diverso. Chi è lei adesso? Tutto ciò che ha creduto essere vero per tutta la vita è una bugia.

Gee fissa a vuoto nello spazio in cui è cresciuta. La mensola del camino in palissandro sormontato da quella che una volta era una lastra di marmo bianco è ora ingiallito e invecchiato dai fuochi bruciati nel camino per circa 100 anni. Le foto di famiglia sul marmo, le pentole di rame che splendono sopra l'antica cucina da cui Simona si rifiuta di separarsi. Il vecchio orologio in cucina vicino alla finestra. Tutto ciò ora sembra così estraneo a lei. Sarà questa la sua nuova vita? Una vita senza elementi familiari per confortarla. Qual è la sua realtà adesso?

Lei e Simona sono sedute al tavolo della cucina in attesa di Amelia. Simona tiene in grembo una foto incorniciata. Accidenti, sa che è una foto di Amelia. Chi è questa donna? Simona è sua madre da quarantasette anni. Ed il padre che tanto amava, Marco. Conosceva questo segreto? Anche se lo avesse fatto, non importa. La sua realtà ora è molto diversa da quando l'hanno allevata.

Mentre tutti questi pensieri le turbinano nella mente, fissa

Simona in attesa di farle così tante domande. L'incertezza di ciò che sta accadendo la tortura. Tuttavia, le è stato chiesto di aspettare. Tutto le sarà rivelato una volta che Amelia e Simona saranno insieme in questa stanza con lei. Amelia sarà presto di ritorno dal parrucchiere.

L'orologio in cucina segna le dodici. Ticchetta incessantemente mentre aspetta. C'è del cibo sul tavolo. Simona ha apparecchiato la tavola per gli ospiti. Ha tirato fuori il servizio buono, la caffettiera lucidata è sul fornello. Il platino è lucente proprio come le pentole di rame. L'appartamento è pronto a ricevere ospiti. Questa è la norma, quando gli ospiti stanno arrivando la casa è pronta a riceverli, ma questa situazione in cui si trovano non è normale. Niente è più normale per Gee. È distaccata e si sente disperatamente sola.

Gee osserva mentre Simona abbraccia sua sorella. Entrambe iniziano a piangere lacrime amare, che cadono liberamente mentre bisbigliano. Camminano verso Gee tenendosi per mano.

"Gee... io ehm, noi abbiamo fatto quello che abbiamo fatto per amore," sussurra Amelia. La sua voce roca per l'emozione del momento. "Non ci sono vincitori in guerra. La nostra decisione potrebbe non essere stata giusta, ma era giusta per il tumulto che entrambi abbiamo attraversato in quel momento. Ero così felice di potervi finalmente incontrare al matrimonio." Si interrompe per schiarirsi la gola. "Non volevamo che questo segreto venisse alla luce, ma è successo. Quindi, ora cercheremo di spiegarti..."

Gee osserva mentre entrambe esplodono di nuovo in un pianto. Seduta sulla stessa sedia su cui è stata seduta per ore, non è sicura di cosa fare. Il suo istinto è quello di consolare sua madre, ma quale? Sono entrambe sua madre ora, per quanto strano possa sembrare. Ma è la verità.

Dopo che si sono ricomposte, Simona chiede ad Amelia di sedersi di fronte a Gee. Quindi si avvicina a lei, appoggiandole la mano sulla sua spalla. Tenendo la mano sulla spalla di Gee, guarda verso Amelia dandole un sorriso confortante. "È tempo di sistemare le cose, Amelia."

Amelia annuisce, poi si schiarisce la gola, guarda verso il pavimento ed inizia ad agitarsi prima di iniziare a parlare.

Capitolo Sessantacinque

Gee sa che è nervosa, lo è anche Simona. Simona è stata distante da Gee da quando tutto questo è esploso sulla faccia a tutti. Nessuna delle due sa come comportarsi in questa nuova realtà.

"Voglio iniziare dicendo quanto sei amata Gee. Ti ho voluta dal momento in cui ho scoperto di essere incinta. Vladimir era l'uomo con cui avrei voluto essere per il resto della mia vita, ma eravamo entrambi dei fuggitivi." Amelia prosegue spiegando come il giorno in cui il nonno di Gee, Teodoro, morì per un colpo alla testa, è stato il giorno in cui Vladimir divenne un assassino. Sapeva di cosa fosse capace Teodoro perché come sindaco di Napoli esercitava un potere che andava al di là della sua carica. Teodoro maltrattava sua moglie e le sue due figlie. Fu questo a provocare la morte di sua moglie per sanguinamento interno dopo una furia ubriaca. Non furono svolte indagini.

Continuò lo stesso abuso, di solito nei confronti di Amelia ma a volte anche con Simona, dicendo a entrambe le sue figlie che se lo avessero detto a qualcuno avrebbero subito lo stesso destino della madre. La guerra aveva portato le donne ad essere usate e maltrattate. Non avevano nessuno a cui rivolgersi. Chi gli avrebbe creduto? Loro padre, Teodoro Lillostra, era un uomo di potere, i suoi amici erano politici di alto profilo e loschi uomini d'affari.

Per sfuggire alla tirannia del padre, sia lei che Simona si sposarono giovani. Da donne sposate, Teodoro le lasciò in pace, non voleva che i mariti scoprissero il suo sporco segreto. "Abbiamo disprezzato Teodoro. Io soprattutto volevo liberarmi di lui, ma purtroppo mio marito era un povero contadino e veterano di guerra depresso, non aveva molto da offrirmi. Quindi vivevamo nella casa di mio padre. Questa è stata la generosa offerta di Teodoro per noi. Mio marito accettò l'offerta senza prima consultarmi. Non aveva motivo di rifiutare una simile offerta," continua Amelia.

Simona aggiunge, "Era il suo modo di controllare un certo potere su di noi. Ha dato a tuo padre e a me questo appartamento e si è assicurato che fossimo sempre in debito con lui. Agli occhi di tutti appariva come un vedovo in lutto, generoso con le sue due figlie."

Gee è seduta ad ascoltare inorridita mentre Amelia continua a raccontare gli eventi della mattina della morte del padre.

Amelia era uscita di mattina presto come faceva sempre, per comprare le scarse risorse disponibili per i pasti della giornata. Con lo status di Teodoro c'erano alcuni vantaggi, c'era sempre qualcosa in più che le veniva offerto dal macellaio o dal fornaio.

"Per tuo padre in lutto che lavora duramente per tenerci tutti al sicuro," avrebbero detto.

Amelia si asciuga gli occhi, poi fa un sospiro e continua. Spiega come nascondesse il cibo extra per Vladimir. Ovviamente loro padre non aveva la minima idea perché se l'avesse saputo, non sarebbe qui oggi.

Quella mattina, lui era ancora a casa quando lei tornò dal giro di spesa. Entrò con il cibo tra le braccia e fu sorpresa dalla sua presenza. Stava bevendo il caffè che lei aveva preparato e le chiese se per caso avessero delle compresse per il mal di testa. Posò il cibo sul tavolo e tirò fuori dall'armadio una scatola di antidolorifici porgendoli a lui. La sua mano sfiorò la sua mentre cercava di andare verso la camera da letto. L'afferrò per i capelli e tenendola da dietro le sussurrò all'orecchio che aveva sentito delle voci che sua figlia maggiore stava vedendo un uomo. Rimase calma chiedendogli di lasciarla andare, aveva delle faccende da fare. La voltò e le diede uno schiaffo sul viso. Cadde a terra e afferrò il piede di porco da sotto il lavandino dicendogli che lo avrebbe ucciso se lui si fosse avvicinato a lei. Mentre tentava di raggiungere la porta, lui si avvicinò e lei lo colpì forte alle sue caviglie. Inciampò per l'agonia. Si alzò e afferrò la chiave del seminterrato. Corse freneticamente per strada. La sua mano era sulla porta del seminterrato mentre la stava per aprire, ma Teodoro era ormai dietro di lei. Urlò e Vladimir corse fuori dal seminterrato salvandola. Loro padre morì su quella strada acciottolata e il suo lamento gutturale attrasse una folla di gente.

Vladimir corse giù per il vicolo, urlando che l'avrebbe contattata, sarebbe tornato per lei. Una spia, e ora un assassino, nessuno dei due sarebbe stato al sicuro se fosse rimasto. Quella fu l'ultima volta che vide l'uomo che amava.

I suoi vicini, sebbene sciocccati, si radunarono per aiutare. C'era il loro stimato sindaco morto per strada. Le stavano facendo domande sull'uomo dal seminterrato, "Chi era?"

"Perché era nel tuo seminterrato?"

"Devono mandare qualcuno ad informare la polizia?"

"No," urlò fermandoli, "Chiamate un'ambulanza. C'è ancora un battito cardiaco." Mentì desiderando che Vladimir fosse il più lontano possibile dalla scena del crimine.

Il padre ricevette un funerale di Stato per i suoi servizi alla comunità di Napoli. Il mostro fu sepolto accanto a sua moglie. Amelia e Simona erano ora libere dai suoi abusi e potevano vivere senza paura. Tutto ciò che Amelia voleva ora era sapere di Vladimir. Durante il mese successivo al funerale del padre, sia Amelia che Simona furono sottoposte a numerose visite da parte delle autorità, sia della polizia che dei colleghi del padre, chiedendo chi fosse l'uomo misterioso. I loro vicini avevano dato la loro versione di ciò che avevano visto, ora queste autorità volevano risposte, specialmente la polizia. Sia lei che Simona pensarono di dire alla polizia come venivano tormentate dal padre, ma erano troppo spaventate. Le avrebbero credute?

Fu in quel momento che Amelia scoprì di essere incinta. Non aveva avuto notizie di Vladimir e voleva disperatamente scoprire dove fosse. Voleva stare con lui.

Simona inizia a parlare prima che Amelia abbia la possibilità di continuare. "Questo è stato il momento in cui l'ho convinta a rimanere fino alla tua nascita. Eravamo in guerra, dove sarebbe potuta andare una donna incinta?" Annuisce a sua sorella per andare avanti. Amelia continua.

La polizia ha minacciato di mandarla in prigione come complice d'omicidio. Le sue impronte digitali furono trovate sul piede di porco. Le chiesero se avesse pianificato questo omicidio insieme a l'uomo misterioso. Qui fu quando rivelò il vergognoso scandalo di come il padre abusasse di loro e avesse ucciso la madre. I poliziotti, alcuni dei quali erano amici di Teodoro, rimasero scioccati. Dopo il racconto, le sorelle non furono più disturbate da nessuno.

"Abbiamo evitato di incontrare altre persone dopo quest'ultima visita della polizia. Andavo a controllare Amelia e mi assicuravo che mangiasse abbastanza e la portavo dall'ostetrica quando richiesto. Non ci fidavamo di nessuno, e soprattutto Amelia era furibonda per il fatto che la polizia non avesse perseguito le nostre accuse contro Teodoro," interrompe di nuovo Simona, poi lancia un'occhiata ad Amelia che, sfinita, le chiede di continuare.

Schiarendosi la gola, Simona dice, "Amelia entrò in depressione profonda. Voleva trovare Vladimir e dirgli della gravidanza. Ci sono volute tutte le mie energie per fermarla. È stata un'inversione di ruoli. Questa volta la sorellina ha dovuto salvare la sorella maggiore.

Il giorno in cui si ruppero le acque, l'ostetrica venne per tirarti fuori. Ci innamorammo entrambi di te, ma la depressione di Amelia significava che non aveva abbastanza latte, quindi toccava a me nutrirti. Quell'inverno Amelia si indebolì di febbre e quasi morì. Man mano che crescevi, Amelia si abbatteva sempre di più a causa di Vladimir. Doveva trovarlo e non potevo fermarla. A questo punto, anch'io ero esausta avendo a carico la tua sopravvivenza. Tutta la mia energia è stata riservata per te.

Avevi sei mesi quando Amelia partì per Roma per cercare di trovare i dettagli di dove potesse essere. Uno dei colleghi di nostro padre la stava aiutando nella ricerca, ci disse che si sentiva in dovere di aiutare dopo che Amelia gli aveva parlato dell'abuso."

Simona fa una pausa guardando Amelia. Un piccolo cenno del capo fatto da sua sorella e lei continua a malincuore a raccontare la storia. "Un giorno tornò a casa per raccontarmi dei suoi piani per andare in Unione Sovietica, aveva scoperto dove viveva Vladimir. Sarebbe andata da lui e poi si sarebbero organizzati per ricongiungersi con te. L'esercito partigiano e i compagni di Vladimir stavano aiutando a far sì che ciò accadesse. Tuttavia, la guerra infuriava e concordammo che se per qualsiasi motivo non mi avessero contattato entro sei mesi, avrei dovuto adottarti e non parlarne mai con nessuno."

Gee guarda Amelia, "Come sei finita in Australia?"

"Il collega di nostro padre non era così onesto come sembrava. Durante il nostro secondo viaggio a Roma ha cercato di abusare di me proprio come faceva nostro padre. Questo doveva essere il modo in cui lo ripagavo per avermi protetto fino a Roma." Continua, spiegando come ancora una volta si fosse difesa e mentre lui si contorceva sul pavimento della stanza del motel, afferrò le sue poche cose e corse via. Si nascose su una nave senza avere idea di dove fosse diretta.

Le tre ora rimangono in silenzio. Il ticchettio dell'orologio le pulsa nella testa. Voltandosi a guardarlo, vede che sono le quattro. Il tempo sembra essersi fermato mentre la storia le veniva raccontata. Adesso ha ancora più domande di prima. "Quindi, visto che Simona non ha avuto tue notizie..."

"Sì, tuo padre ed io ti abbiamo adottato," interrompe Simona, "Passarono ben sette anni da quando ebbi notizie di Amelia. Abbiamo avuto delle divergenze che ci ha portato a non parlare per tutti questi anni. A quel punto avevo avuto gli aborti spontanei e Amelia aveva sposato William. Hai due cugini Australiani."

Quindi Gee pone la domanda a cui non è nemmeno sicura di voler conoscere la risposta "Allora, Vladimir è mio padre?"

Risponde Amelia, "Per quanto ne sappia sì, lo è, ma..." Amelia inizia a piangere, quindi Simona le si avvicina abbracciandola per le spalle.

"Ce la puoi fare," sussurra, "dobbiamo sapere tutta la verità per amore di Gee. Larissa e Alexey affronteranno insieme le conseguenze e tutti noi dobbiamo essere qui per Gee."

Amelia spiega tra violenti singhiozzi che loro padre potrebbe anche essere il padre di Gee. L'abuso continuò dopo la morte di suo marito, e sebbene Vladimir avesse voluto fare qualcosa al riguardo, lei lo aveva sempre fermato. Spiega anche quanto desideri che Vladimir sia il padre di Gee, nel suo cuore questo è quello che ha sempre provato.

Gee scoppia a piangere. Tenendo entrambe le mani sul viso, si dondola avanti e indietro sulla sedia mentre Simona e Amelia corrono ad abbracciarla prima che cada.

Capitolo Sessantasei

Arrivano Larissa e Alexey. Gee, dopo essersi ricomposta, chiede ad Amelia e Simona di risparmiare ai giovani i dettagli cruenti. Entra in salone. Larissa le si affianca, poggiandole delicatamente una mano sulla spalla. "Stai bene?"

Gee annuisce. "Avviati ed ascolta. Ho bisogno di riposare un po'." Si lascia cadere sulla poltrona di Simona sentendo le loro sedie raschiare mentre si mettono comodi. Quindi le voci calme di Amelia e Simona iniziano a raccontare di nuovo la loro storia. Chiude gli occhi cercando di elaborare ciò che ha sentito.

"Alexey e io potremmo essere imparentati? Ci stai prendendo in giro su questo? Questo è già un motivo importantissimo per cui tu ed Amelia avreste dovuto parlarci prima di questo segreto che avete tenuto nascosto per quarant'anni. Vi rendete conto di quanto siete state egoiste?" Larissa è in piedi, la sua voce rimbomba in tutto l'appartamento.

Gee si alza dalla comoda poltrona ed entra in cucina. Alexey stringe delicatamente con la mano il braccio di Larissa. Sussurra: "Calmati, non peggiorare le cose."

"Peggiorare le cose? Cosa potrebbe esserci di peggio di quello che sta succedendo qui? Hanno tenuto nascosto a mia madre un fatto

Capitolo Sessantasei

che ha stravolto tutta la sua vita. E noi due potremmo essere parenti," lo attacca, la faccia ribolle di rabbia.

"Non possiamo cambiare quello che è successo Larissa," dice Gee mentre si girano a guardarla. "Ho l'amore di due donne fantastiche a cui devo essere grata per essere viva oggi. Quello che hanno fatto è stato per me, per salvarmi. Questo è un atto altruistico. Per favore, ricordati questo." Fa una pausa. Esala un lungo respiro, dice "Abbiamo deciso di fare il test del DNA. Zia Amelia ed io vogliamo scoprire la verità. Fino ad allora, ho intenzione di conoscere meglio mia zia. Tutto questo dolore e rabbia ci stanno rovinando. Larissa, hai inviato una lettera alla tua prozia. Se non fossi andata a Sydney tutto questo potrebbe essere ancora un segreto."

"Me? Mi stai accusando di aver causato questo casino? Sei impazzita?" grida Larissa ancora in piedi, con la faccia severa.

Alexey, in disaccordo con Gee, difende Larissa, "Gee, è ingiusto. Il fatto che Larissa sia andata in Australia per incontrare Amelia ha aiutato questa situazione. È per lei che vi siete riavvicinate. Non è la causa di tutto questo casino. Fate il test del DNA se volete, ma di certo i miei sentimenti per Larissa non cambieranno. Non rinuncio alla donna che amo dopo tutto quello che ho passato per stare con lei."

Gee si siede accanto ad Alexey e lo bacia sulla guancia, "Sei da ammirare. Mia figlia è fortunata ad averti incontrato. Larissa, siediti e calmati. Questo è molto da accettare e sto ancora pensando alle conseguenze. Il segreto è svelato e lo affronteremo insieme. Fino a quando non vedremo i risultati del test del DNA, dobbiamo ringraziare il fatto che Amelia sia ancora viva e di avere una nuova famiglia in Australia da conoscere."

Simona posa la mano sul braccio di Amelia, entrambe hanno la testa bassa. Larissa, seduta sulle ginocchia di Alexey, ha il braccio attorno al collo. Le loro teste si toccano. "Mi dispiace per aver perso il controllo," dice Larissa con calma. "Gee se vuoi procedi con il test del DNA. Se questo è ciò di cui hai bisogno per accettare la situazione, che così sia. Condivido quello che ha detto Alexey, non importa quale sia il risultato, non cambierà il mio amore per lui."

Gee fa un cenno di assenso senza rispondere. Ognuno vivrà

questa situazione a modo suo. Amelia e Simona hanno sofferto abbastanza, non vuole che soffrano più. L'importante è che le sorelle siano di nuovo insieme. Qualunque sia il risultato del test del DNA, dovrà accettarlo. La sua vita è già stata stravolta, qualunque sia il risultato non può essere molto peggio di così. O almeno spera.

Capitolo Sessantasette

Tornando a casa dal suo gruppo AA, si sente sollevata per aver sfogato un po' della sua frustrazione in questo ambiente rassicurante. Senza aver rivelato il motivo della sua rabbia, è stata in grado di condividere quello che provava. Se c'era una cosa che avrebbe potuto farle tornare il vizio di bere, era proprio quest'ultimo sconvolgimento familiare. La sua rabbia nei confronti di Simona ed Amelia era un sentimento sgradevole. Se solo si fossero aperte prima, avessero svelato il loro segreto e condiviso il peso che comportava. È veramente disgustata e tutto questo potrebbe riportarla a bere. Ma no, non farebbe una cosa del genere. Alimenterebbe una situazione già di per sé insopportabile.

L'ascensore si apre con davanti a lei la faccia sorridente di Alfio che la saluta. "Hai passato una bella serata, Larissa?"

"Sì, grazie Alfio. Spero anche tu."

"Oggi c'era il sole, quindi ho trascorso un po' di tempo in giardino. Ma ora sono felice di essere rientrato. Sta nevicando di nuovo?"

"No, non ancora. Probabilmente stasera." Questa semplice chiacchierata è terapeutica dopo il dramma dell'incontro di stasera. Arrivata al suo piano, le augura la buonanotte.

"Buonanotte a te, Alfio," dice infilando la chiave nella serratura. Si stupisce di quanto sia leggera e frivola la sua voce, il suo corpo racconta una storia molto diversa. È tesa, i muscoli sono in tensione per l'ansia di tutto ciò che sta succedendo alla sua famiglia.

Si sveglia con un forte mal di testa. Voltandosi in direzione di dove dorme Alexey, ricorda che stamattina aveva un incarico presto. Accidenti, ha davvero bisogno di parlare con qualcuno!

Sollevando il telefono, compone il numero di Clara. "Ho voglia di bere..."

Prima che possa finire la frase, Clara la prega di aspettare, "Sto arrivando. James si prenderà cura dei bambini fino al mio ritorno. Non fare niente di avventato."

Abbassando il ricevitore, è grata di avere una buona amica come lei. Clara ha percepito l'ansia nella sua voce. Deve suonare terribile proprio come si sente adesso. Clara la conosce troppo bene.

Sono entrambe in piedi in cucina. Clara si sta scaldando le mani sulla tazza di tè. "Ho fatto una doccia, un lungo pianto e sto meglio. Non dovevi precipitarti, volevo solo parlare."

"Con il caos mattutino che c'è da noi, credimi, è meglio che sia venuta qui. E poi solo Matthew è sveglio, Elena dorme ancora dopo essersi svegliata alle cinque di mattina. Guarda, questo è un brutto momento, ma sopravvivrai. L'incontro di ieri sera è stato pesante?"

"Ti sei svegliata alle cinque? Ora mi sento in colpa ad averti chiamato."

"Fa tutto parte dell'essere genitori Larissa. James può gestirla se si sveglia. Ora, riguardo all'incontro?"

Pensando a quanto rivelare della sua rabbia nei confronti di Simona e Amelia, ignora il senso di colpa. Trova più facile confidarsi con un gruppo di estranei che con qualcuno vicino come Clara. "Umm, sì. Uno dei più pesanti da quando ho iniziato con questo gruppo. È difficile da spiegare, a volte sbatto contro un muro di sfinimento. E ora, con tutto ciò che sta accadendo, mi sento impotente. Come posso farcela e come farà Gee? Ho bisogno di tutta la mia

Capitolo Sessantasette

forza per aiutarla se dovesse crollare. Anche se, a dir la verità, sta vivendo l'intera situazione meglio di me."

"Larissa, hai scoperto un terribile segreto. Questo è successo molto tempo fa, era fuori dal tuo controllo. Non cercare di controllarlo ora. Voi quattro insieme ad Alexey troverete abbastanza forza e supporto per superare questo. Certo, ci vorrà del tempo, ma voi siete una famiglia, una famiglia che si prende cura gli uni degli altri."

È sempre stata legata a Gee e Simona, ma questo potrebbe cambiare tutto. Trova difficile accettare che Amelia sia sua nonna, come può sentirsi Gee allora? Ha scoperto che Amelia è la sua vera madre e ora escono fuori dubbi sul fatto che Vladimir sia suo padre? Non basta venire a sapere che Simona non è sua madre? Tutto ciò che lei e Gee hanno creduto per tutta la loro vita è cambiato. Devono aspettare dodici settimane per i risultati del DNA. Che attesa! Per Alexey e lei è un'attesa che non avrà alcun impatto sulla loro relazione. Per Gee, se il risultato mostra che Vladimir non è suo padre, significa... significa qualcosa di così orribile che non vuole nemmeno contemplare una cosa del genere.

La furia dentro di lei viene a galla di nuovo. Le azioni di un uomo hanno causato così tanto dolore. Si schiarisce la gola, trattenendo le lacrime. La pazienza è ciò che serve adesso e Larissa ne ha poca. Spera che Clara abbia ragione e che una volta che (o se) sopravvivranno a tutto ciò, potranno tornare a essere una famiglia. Al momento, l'altissimo livello di rabbia e dolore sembrano insormontabili. Deve concentrarsi sul canalizzare la sua rabbia per pensare positivo. Per aiutare a sostenere sua madre, e soprattutto, affrontare la vita un giorno alla volta.

Clara mette la tazza nel lavandino e si prepara ad andar via. Larissa, abbracciandola, dice: "Grazie per essere venuta, sei così gentile con me. Cosa ho fatto per meritare un'amica come te?"

"Il pendolo oscilla in entrambe le direzioni, Larissa. Sono qui per te come tu ci sei quando ho bisogno di te. Ora è meglio che vada, James deve andare a lavoro... e pure tu," dice Clara baciandole la guancia.

Vedendo la sua amica allontanarsi, è felice di aver passato questo tempo insieme. Il fatto che Clara fosse lì ad ascoltarla le ha impedito di desiderare un drink. I demoni sono sempre lì, pronti a balzare non appena abbassa la guardia. Chiudendo la porta, si appoggia con la fronte per un momento. Facendo un enorme sospiro recita le parole di "La preghiera della serenità", proprio come fa il suo gruppo durante gli incontri.

"Dio mi conceda la saggezza di accettare le cose che non posso cambiare; il Coraggio di cambiare le cose che posso cambiare e la saggezza di conoscerne la differenza."

È forte, la sua famiglia è forte. Andranno avanti. Deve crederci.

Capitolo Sessantotto

Subito dopo aver salutato Alexey, arriva Gee. Passeranno la giornata insieme. Dopo la giornata passata a casa di Simona, in cui è venuta fuori tutta la terribile verità, Gee aveva chiesto di rimanere da sola. Sfortunatamente, stava correndo il rischio di diventare una reclusa come Simona. Larissa non voleva che ciò accadesse, e quando le amiche di Gee iniziarono a chiamarla chiedendole perché Gee le stesse evitando, Larissa decise di prendere provvedimenti.

"Ciao Gee."

"Vai a stampare altre foto Alexey?"

"Sì, sto andando ora in studio. Tornerò presto."

Larissa la accoglie con un bacio su entrambe le guance, "Alexey sarà via per alcune ore, abbiamo il pomeriggio tutto per noi. Faremo qualunque cosa tu voglia - una passeggiata forse? Se non hai freddo."

"Se non ti dispiace, mi piacerebbe restare a casa. C'è qualcosa che devo chiederti. Ci penso costantemente da quando sei tornata dall'Inghilterra," dice togliendosi il cappotto, i guanti e il cappello.

"Certo," risponde Larissa già sapendo cosa le voglia chiedere Gee. Decidendo che è tempo di parlare apertamente della sua lotta con l'alcol, dice, "Ho aspettato questo momento."

"So che non sei stata te stessa negli ultimi due anni. Una madre sa quando un figlio soffre. Esattamente cosa c'è che non va?"

"Gee hai così tanto da affrontare e sei preoccupata per me?"

"A prescindere da ciò che sta accadendo nella mia vita, il benessere tuo e di Filippo resta la mia priorità. E fino a quando i risultati non arrivano, che senso ha star male? Ora, parla con me per favore. Non voglio più segreti."

Gee la sta facendo preoccupare molto. Questo è il motivo per cui Larissa le ha chiesto di andare da lei. Gee non è il tipo di stare a casa da sola, di non socializzare e stare senza le sue amiche. Fino a quando non vedranno i risultati, Larissa penserà a tenerla d'occhio.

Mettendosi a proprio agio nel salone, Larissa inizia a spiegare della sua battaglia con l'alcol. Come le cose siano peggiorate dopo la morte di Giuseppe, dopo aver perso Alexey ed essersi trasferita a Hebden Bridge. Mantenere i suoi demoni sotto controllo era diventato più difficile, specialmente dopo essersi allontanata da tutti quelli che amava.

"Ricordi quanto ero arrabbiata con te? Questa rabbia mi ha impedito di aiutarti anche se sapevo che qualcosa ti stava disturbando. Questo è stato il mio errore. Sono stata egoista."

"Entrambe abbiamo sbagliato. Mi sentivo in colpa per averti lasciato, mi mancava terribilmente Alexey. E anche papà. L'alcol copriva tutto ciò che sentivo. Quando ho toccato il fondo, ho iniziato ad odiarmi." Quando ripensa, non ricorda di essere stata operativa. La sua memoria è piena di blackout. Giorni, persino settimane, persi nella nebbia dell'alcolismo. Aveva cercato aiuto appena in tempo. Il suo recupero è in corso e con l'aiuto dei suoi amici più cari, ce la sta facendo. Ora, raccontare la sua battaglia a sua madre è catartico e sa che Gee la sosterrà.

"È meraviglioso che ti stai aprendo con me, vorrei solo che lo avessi fatto prima."

"Se avessi realizzato di avere un problema, avrei parlato prima. La discesa è graduale e non inizi a cercare aiuto fino a quando non raggiungi il fondo. Non sto più male come prima visto che sono sobria da così tanto tempo, ma sarò sempre consapevole dei miei limiti. Il gruppo mi ha insegnato molti trucchi per aiutarmi a soprav-

Capitolo Sessantotto

vivere ogni giorno." Il battito del suo cuore aumenta. Si è liberata di un peso parlandone con Gee. Insieme possono concentrarsi su come gestire la loro situazione una volta ricevuti i risultati del test del DNA. Il suo problema con l'alcol andrà in secondo piano, soprattutto se il test mostrerà ciò che nessuna di loro due vuole immaginare, figuriamoci parlarne.

Sentendo la porta aprirsi, si girano entrambe per vedere Alexey.

Sorride. "Come stanno le mie ragazze preferite? Avete chiarito tutto?" Le labbra di Larissa si incontrano con le sue mentre si piega verso di lei.

"Questo è stato un discorso più che necessario. Forse me la dovrei prendere con te Alexey?"

"Con me? Cosa ho fatto questa volta, Gee?"

"Larissa aveva bisogno di me e tu non me l'hai detto. Nessuno di voi due l'ha fatto."

"Ci sono volte in cui dobbiamo prenderci cura di noi stessi per conto nostro. Inoltre, Larissa mi ha chiesto di supportarla, ed è quello che ho fatto. Te lo ha detto ora, quindi puoi supportarla adesso. L'importante è che stia bene, tutti possiamo aiutarla a raggiungere questo obiettivo."

La tensione si taglia col coltello. Alexey e Gee continuano a litigare mentre Larissa scappa in cucina. Nessuno dei due ammetterà di avere torto, la cosa migliore che può fare è lasciarli discutere. Amandoli entrambi allo stesso modo, non sarà la pedina nel loro gioco.

Unendosi di nuovo a loro e mettendo alcuni snack sul tavolino da caffè, alla fine decide di intervenire. "Voi due potete smetterla di discutere per favore? Qual è il punto di tutto questo? Gee, ora lo sai, ed è una mia decisione se e quando lo dirò a chiunque altro. Gradirei che non ne parlassi con nessuno, specialmente con Simona o Amelia."

Alexey si scusa. "Ho bisogno di una doccia." Afferrando una manciata di noci, si dirige verso il bagno.

Larissa decide che parlerà con lui più tardi. "Si calmerà Gee, lascialo stare. Ora come stai? Tutto quello che ho fatto da quando sei arrivata è stato parlare di me."

"Beh, sicuramente avevi molto da dirmi," dice con un tono seccato.

Scegliendo di non commentare, Larissa ascolta sua madre. Sta affrontando la situazione nel modo migliore che può senza pensare troppo ai risultati. Rimanere convinta che le due sorelle abbiano preso la loro decisione nel suo migliore interesse la mantiene positiva. Lei crede fermamente nel non giudicare qualcuno se non hai vissuto la stessa esperienza. Solo Simona e Amelia sanno quanto siano state difficili le cose in quegli anni orribili. È arrabbiata, Teodoro ha inflitto un dolore orribile alle sue figlie, un dolore che non è mai stato affrontato.

Entrambe concordano sul fatto che forse sia giunto il momento per tutti loro di guarire. Questo orribile segreto verrà messo a tacere.

Capitolo Sessantanove

Sono tutti seduti insieme nell'appartamento di Simona. Amelia tiene in mano i risultati del test del DNA. Sia lei che Simona sono sconvolte dai risultati.

Gee chiede loro di consegnarle i risultati. Quando esitano, Gee esclama: "Datemeli ora!"

"Gee noi... questa è la cosa più difficile da... perdonaci, ti prego," Amelia si scusa mentre le consegna i fogli.

A Gee tremano le mani. Leggendo i risultati, è paralizzata. Poi inizia a camminare avanti e indietro, la rabbia la invade. Questi ultimi mesi hanno messo a dura prova la sua salute mentale. La sua identità è stata offuscata, chi diavolo è lei? Che cosa dovrebbe provare oltre ad essere sconvolta?

Simona ed Amelia la stanno fissando. I loro volti sono carichi di compassione.

Balbettando, dice: "La buona notizia è che Larissa e Alexey non sono imparentati. Ma ora sono più confusa che mai. Tuo padre Teodoro è anche mio padre. Come... come posso gestirlo? Chi sono adesso?"

Simona le si avvicina avvolgendola in un abbraccio. Gee esplode di nuovo in un pianto proprio come ha fatto molte volte da quando è stato scoperto il loro terribile segreto.

"Sei sempre la stessa persona Giovanna. Questo non cambia chi sei, sei ancora la madre di Larissa. Non permettere che le cose orribili che sono successe ad Amelia rovinino il tuo futuro. Dobbiamo farci coraggio ed andare avanti, dobbiamo sostenerci a vicenda."

Gee grida angosciata con le mani che le coprono gli occhi. Quando le sposta, guarda verso Amelia che è sconvolta come lei. C'è così tanto dolore da affrontare e questo risultato del test ha reso il problema ancora più difficile per tutti. È sicura che questo non era ciò che Amelia voleva quando aveva deciso di ricongiungersi con sua sorella.

Guarda di nuovo i risultati e li legge ad alta voce, "L'analisi del DNA del polimorfismo della lunghezza del frammento di restrizione (RFLP) mostra che Giovanna Mina ha il 50% di DNA di Amelia Lillostra e il 50% di Teodoro Lillostra."

È stata lei ad insistere per fare questo test del DNA. Lo voleva per il bene di Larissa e Alexey ed anche per il suo. Amelia aveva provato a convincerla che anche se fossero state imparentate era comunque qualcosa che apparteneva al passato. Gee non l'aveva voluta ascoltare, era ossessionata dal voler sapere chi fosse suo padre. Sia Larissa che Alexey hanno affermato che il risultato non avrebbe cambiato il loro amore reciproco. Sono sposati e affronteranno insieme tutto ciò che succederà.

"Questo è tutta colpa mia," dice Amelia, "sono stata egoista, egocentrica e ho pensato solo al mio interesse. Fa parte dell'essere giovani. Nulla mi avrebbe fermato dal trovare Vladimir. Ora so perché sono scappata. Nel profondo sapevo che Teodoro era il padre di Gee. Simona, mi dispiace di non aver fatto il massimo per provare a tornare. Ho seppellito la mia vergogna dove pensavo che non potesse far male a nessuno di noi. Ma guarda cosa ho causato. Ho creato questa situazione in cui siamo ora."

"No. Smettila!" L'urlo di Gee rimbomba per la stanza. La sua rabbia filtra nel silenzio.

Amelia la fissa sbalordita. Anche Simona è allarmata.

"Ti sbagli." Sta sussurrando ora. "Le circostanze in cui entrambe siete state coinvolte hanno motivato le vostre azioni. Nessuno in questa stanza ha colpa. E non importa più di chi sia la colpa. Il risultato non cambierà. Quindi, andremo avanti e guariremo. È così che scelgo di reagire."

Simona chiede a Gee di sedersi e si avvia in cucina per preparare il cibo per loro tre. Guardando indietro, dice: "Voglio richiedere un aiuto professionale per noi tre. In questa situazione avremo bisogno di aiuto per qualche tempo, forse anni."

Gee fissa il vuoto mentre Amelia segue Simona in cucina. Si stanno entrambe impegnando a svolgere normali compiti domestici. Cose normali di tutti i giorni come preparare il cibo. Si sentirà mai di nuovo normale? È questa la sua realtà adesso?

Sa che ha bisogno di aiuto per affrontare queste emozioni travolgenti. E potrebbero volerci anni come ha detto Simona. Tutti e tre devono lavorare molto su di loro stesse. Anche Larissa, ma ha Alexey come supporto. Faranno bene l'una all'altro. Alexey ha già affrontato il passato di suo nonno; ha subito la perdita dei suoi genitori, lasciando il suo paese di nascita, e ora sta affrontando la distruzione del suo cognome. Si aiuteranno a vicenda a gestire le loro sordide vicende di famiglia. Storie così intrecciate che non si sarebbe mai potuto immaginare quanto male potessero provocare le azioni di un uomo solo.

C'è un lungo percorso emotivo davanti a loro, ma con il giusto supporto supereranno il trauma. È determinata a non lasciare che la sua famiglia soffra più di quanto non abbia già fatto.

Capitolo Settanta

Chiede a tutte e tre come si sentono dall'ultimo incontro con lui. Questa è la loro quarta seduta di gruppo. Gee si guarda intorno. Uno spazio insignificante con mobili in legno economici, un salotto troppo semplice e due poltrone che hanno visto giorni migliori. È stato fortemente raccomandato dal Ministero della Salute come il loro psichiatra di spicco in materia familiare. Un problema che pensa possa semplicemente sparire. Questa decisione presa da due sorelle tanti anni fa ha avuto un impatto su tutta la sua vita. Ora deve condividere tutto questo con uno sconosciuto. Trovando abbastanza difficile parlare con le due donne della sua vita che l'hanno messa in questa situazione, come può dire ad uno sconosciuto tutto quello che sta passando?

Si siede di fronte a Simona ed Amelia in questo ufficio triste, su questo divano triste. Anche la sua voce è triste.

"Giovanna, potresti non rendertene conto, ma stai facendo progressi. Il fatto che sia venuta ad ogni seduta significa che vuoi guarire. Vuoi lasciarti alle spalle tutto questo. Ora Simona e Amelia..."

Si sintonizza di nuovo. Tutti e tre hanno bisogno di tempo per lavorare su ciò che gli sta dicendo. Sicuro. Ma tutto ciò che Gee vuole fare è fuggire da questa situazione, è stanca di parlare di qualcosa di troppo orribile a cui pensare.

Quattro sedute? Pensa davvero che lei possa accettare quello che le è successo in così poco tempo? Suo nonno che è anche suo padre, non ci si abituerà mai. Loro, Simona e Amelia, così come il Ministero, l'avevano costretta a partecipare a questa terapia di gruppo. Aveva concordato sulla condizione che se non avesse voluto parlare, non avrebbero potuto costringerla. Per lo più, ascolta le loro storie e si chiede come siano sopravvissute, come abbiano affrontato l'abuso. Erano bambine! Non è bastato vivere la guerra?

Che tipo di persona fa questo? Una persona come Teodoro che aveva più potere di quanto avrebbe dovuto. Questo potere combinato a problemi di alcolismo lo ha reso un oppressore. Era un mostro violento che non aveva il diritto di essere un genitore.

Guarda davanti a lei, la sessione finirà presto. Sono le cinque passate. Altri dieci minuti e se ne andranno. Larissa le sta andando a prendere, portando Simona e Amelia a casa sua prima di poter uscire con sua figlia. Non vede l'ora di trascorrere del tempo con Larissa, da sola. Lei e Alexey erano stati sollevati dal fatto che i risultati non abbiano influenzato il loro matrimonio, sebbene avessero sempre detto che non avrebbe fatto differenza. Alexey si era scusato con Gee, si sentiva responsabile se le cose erano andate a finire in quel modo. Il sogno di Vladimir si era trasformato in questo incubo. Lei non gli aveva dato colpa. Non ha incolpato nessuno di quelli che ama. Incolpa Teodoro. Spera che marcisca all'inferno.

"Grazie mille, Larissa."

"Prego." Sorride mentre la signora torna al suo posto al bar.

"La tua fama ti segue ovunque, anche in questo piccolo posto."

Sono sedute in una piccola pizzeria nascosta in una stradina non lontano da casa sua. La signora aveva riconosciuto Larissa e le aveva chiesto il suo autografo. "Non mi dà fastidio Gee, lo sai. Ci vuole solo un minuto per firmare."

Ha accolto la fama e non si è mai montata la testa. Questo è qualcosa che Gee ama di Larissa, il fatto che riesca a accettare le cose per quello che sono. La gente lo nota, motivo per cui ha avuto successo nella sua carriera. La sua naturale capacità si manifesta nel suo lavoro.

"Tutto bene durante la seduta?" chiede Larissa dopo che vengono servite le pizze.

"Uguale alle altre. Senti, possiamo parlare di qualcos'altro? Sono stanca di parlare di tutto questo casino. Parlarne non cambierà nulla."

"Gee, siamo tutti preoccupati. Sei tu quella che ha avuto il maggiore impatto. Stiamo tutti cercando di aiutare. Per favore, non ci escludere, almeno non escludere me."

La preoccupazione è evidente sul suo viso. Questa è l'ultima cosa che vuole, ha bisogno che tutti continuino la loro vita, così anche lei può andare avanti. Vuole essere lontana da questo casino.

"Ma va bene, parliamo di qualcos'altro," continua Larissa, "ho pensato, perché non vai a visitare Filippo e Rochelle? Sono sicura che a Hannah piacerebbe vederti. Un cambio d'aria, che ne pensi?"

Prendendo una fetta di pizza, ci pensa. Il pensiero di vedere sua nuora non la eccita ma vedere Filippo e Hannah sarebbe una vera delizia.

"Posso aiutarti ad organizzare. Dai Gee, ti farà bene allontanarti. Non sei più andata da nessuna parte da quando è morto papà. Devi fare qualcosa per te stessa. Una vacanza sarebbe fantastica, non credi?"

Gee sorride: "Beh, siamo state un po' impegnate con un certo matrimonio, sai? Senti, non dico né sì né no. Prometto che ci penserò."

Il suggerimento di Larissa le ha sollevato l'umore. Non troppo, ma abbastanza da darle qualcos'altro a cui pensare oltre a chi dovrebbe essere. Inoltre, una vacanza è una buona scusa per non partecipare a quelle terribili sedute. Sì, un breve viaggio all'estero le farà bene.

Capitolo Settantuno

Arrivata alla macchina, lascia l'aeroporto di Fiumicino. Aveva aiutato Gee ad organizzare il suo viaggio a Città del Capo ed ora sta tornando a casa dopo averla vista partire. Una volta convinto Filippo che era una buona idea, Gee aveva accettato di prendersi una breve pausa. Tre mesi dopo averne parlato per la prima volta, Gee era partita. Quando l'aveva chiamato, Filippo aveva concordato sul fatto che un cambio d'aria avrebbe fatto bene a Gee. Aveva promesso di prendersi dei giorni da lavoro e di trascorrere un po' di tempo tanto atteso con sua madre.

"Per favore, non lasciarla con Rochelle per troppo tempo, non ha bisogno di ulteriori discussioni nella sua vita" lo aveva supplicato. Non era un segreto che Rochelle non adorasse Gee e viceversa.

"Non preoccuparti sorella cara, Hannah ed io terremo Gee lontana da Rochelle. La porterò in giro, la terrò occupata e la farò stancare. Non avrà alcuna energia per litigare con Rochelle."

Sperava che avesse ragione. L'energia è qualcosa che ultimamente manca a Gee. La sua scintilla si è spenta, anche la terapia non ha aiutato. Stavano tutti lottando per venire a patti con la decisione presa da Simona e Amelia. Le conseguenze del loro segreto li avevano colpiti in modo negativo. Ma dare la colpa non risolve il problema. Le conseguenze di aver avuto un padre violento non sono state colpa loro. Prendere decisioni che cambiano la vita da giovane avranno un impatto sulla tua vita in futuro. Il problema è che nessuno può prevedere se ciò che accadrà sarà positivo o negativo. In questo caso, la decisione ha portato a qualcosa di molto più che negativo.

"Ciao, ovviamente l'aereo è partito in orario." Alexey è sul balcone.
Cade tra le sue braccia. "Spero di aver fatto la cosa giusta. Era nervosa per il volo." Questo è stato il primo viaggio all'estero di Gee.
"È una donna matura e sono sicuro che Filippo si prenderà cura di lei. Non ti ricordi quanto era entusiasta di rivedere Hannah?"
Guardandolo negli occhi, spera che abbia ragione. "Bene, adesso è in viaggio. Filippo dovrà occuparsi di tutto. In ogni caso non c'è molto che io possa fare da qui." Rimane tra le sue braccia, il suo calore la avvolge. In attesa di stare insieme per tutto il weekend senza che nessuno li disturbi, chiude gli occhi e si rilassa.

"Sì, Gee, ti vengo a prendere. Ricorda, sono stata io a prenotare il tuo volo." Larissa sta calmando sua madre. L'aveva chiamata quella mattina e questa era la prima occasione per Larissa di richiamarla. La sua giornata era stata piena di riunioni.
Gee le sta raccontando quanto sia cresciuta Hannah." Aspetta di vedere le foto che Filippo ha fatto, non la riconoscerai. È diventata più alta dal tuo matrimonio."
"Non vedo l'ora di vederle, ci vediamo all'aeroporto domenica. Mi passi Filippo adesso, per favore?"
Suo fratello risponde. Hanno parlato diverse volte da quando Gee è arrivato a Città del Capo e le ha assicurato che Gee si stava divertendo. Hannah adora essere viziata da sua nonna, e Gee, sebbene all'inizio non fosse proprio sé stessa, si è sistemata e ha gestito bene le cose. "Smettila di preoccuparti per lei Larissa. Non puoi cambiare quello che è successo, ognuno deve affrontarlo a modo suo."

"Lo so, ma tu sei così lontano. Amelia è dall'altra parte del mondo. Sono io che ho a che fare con Gee e Simona."

"Certo, sorella, ma non dimenticare che hai Alexey. È un corpulento sovietico in grado di gestire qualsiasi attacco."

Nonostante tutto, ride. Filippo ha sempre avuto un modo di guardare la vita da una prospettiva diversa, seppur eccessivamente positiva.

Epilogo

1987 - Kiama
   AMELIA

Lei analizza la scena. Quasi tutti quelli a cui vuole bene sono con lei. Le sue due vite si sono finalmente incontrate. Questa è pura felicità. Qualcosa che pensava di non provare più.

Larissa e Alexey erano arrivati ad inizio settimana con la figlia Sirenia; Gee e Simona sono arrivati ieri, Jacqueline e Todd stanno arrivando. Questa riunione di famiglia è qualcosa che pensava non sarebbe mai stata possibile.

Filippo e Rochelle andranno a trovarli più in là nel corso dell'anno. Sfortunatamente, non erano in grado di organizzare le vacanze in questo momento. Questa è stata la loro scusa. La ragione più probabile è che i problemi tra Gee e Rochelle li stiano tenendo lontani, ma ora non c'è niente che possa fare a riguardo. La maggior parte della famiglia è insieme, questa è la cosa importante su cui concentrarsi. Quando verranno a trovarli avranno un'altra celebrazione, insieme a molte altre a venire. Questa è la sua speranza per un futuro migliore per tutti loro.

Epilogo

La sua vita attuale è molto diversa da come avrebbe mai immaginato. Dal trauma sono nati unione ed amore. Il processo di guarigione per una simile riunione di famiglia ha richiesto tre anni. Questa guarigione è ancora in corso. Per tutti loro.

Dopo i risultati strazianti del test del DNA; lei, Simona e Gee avevano bisogno di un enorme supporto per poter fare i conti con il risultato finale. Si era convinta che Vladimir fosse il padre di Gee. Questo è il motivo per cui era andata a cercarlo. Voleva che loro tre fossero una famiglia. Questo era il suo sogno, un sogno alterato dall'amore di un uomo che ha cambiato la sua vita per sempre. Insieme alle vite di sua figlia e sua sorella. La vergogna e la colpa l'abbandoneranno mai? Per molto tempo, ha completamente rinnegato il pensiero che Teodoro fosse il padre di Gee. Lo aveva allontanato per anni. In effetti, con William che era entrato nella sua vita subito dopo essere arrivata in Australia, quell'orribile pensiero era quasi scomparso. Aveva una nuova vita e una nuova famiglia. Era troppo impegnata per pensare al passato. Fu solo quando lei e Simona ripresero i contatti che iniziò a dubitare di sé stessa, avendo dei dubbi sul fatto che Vladimir fosse il padre di Gee. Ha cercato di sotterrare questo dubbio, ma alla fine il segreto è venuto fuori.

Per colpa dell'abuso del padre sia lei che Simona furono messe in una condizione in cui la loro fiducia negli uomini era minima. Le aveva terrorizzate per sottometterle. Questo era il potere che aveva su di loro. Amelia bramava il dolce amore che Vladimir le aveva mostrato, ne aveva bisogno e questo offuscava il suo giudizio.

Quando lasciò l'Italia, la guerra era solo all'inizio. Troppe famiglie erano state allontanate, divise o completamente distrutte. William era il suo salvatore in Freemantle. Qui è dove aveva attraccato la nave che trasportava gli "sfollati". Lui, insieme a una coppia con cui fece amicizia sulla nave, la tenne al sicuro. Come ufficiale senior della Australian Border Force, William aveva rischiato tutto per salvarla. Disse che si innamorò all'istante "di questa splendida donna continentale con le ciocche scure e gli enormi occhi marroni". Sarà per sempre grata a lui e ai suoi amici, Jack e Mary Dorsett. Le hanno restituito la sua fiducia nella razza umana. Destino volle che Jack e Mary vivessero a Kiama, una delle ragioni per cui lei e

William decisero di stabilirsi in questo caratteristico sobborgo sulla spiaggia. Molti ricordi terribili fanno parte del suo passato, ma Gee è la vera vittima in tutto questo. Amelia deve mostrarsi forte per il bene di Gee.

William entra in cucina portando delle sedie: "Le vuoi in sala da pranzo? O mangiamo sul balcone?"

Ammira il marito, i suoi riccioli un tempo rossi ora sono grigi e radi. La sua pancia è prominente adesso, ma era stata la sua mascolinità ad aver catturato la sua attenzione a Freemantle. È stato costantemente galante, ha fatto sempre in modo che si sentisse al sicuro, anche se la loro statura è la stessa. L'uniforme che indossava era abbastanza per farsi rispettare, tutti ascoltavano un uomo in uniforme durante gli anni '40.

"Amelia, stai ascoltando? Dove metto queste sedie?"

"Oh sì, grazie sul balcone. Approfittiamo di questi ultimi giorni d'estate," Lei sorride mentre le passa accanto. È stato di supporto in tutto questo tempo. Ha ascoltato, accettato e ha accolto le decisioni che lei e Simona hanno preso per garantire la felicità di Gee. Tutte e tre dovranno sempre badare le une alle altre. Con l'aiuto di tutti, riusciranno ad andare avanti.

Jacqueline e Todd entrano nella loro casa di famiglia con i loro partner. Amelia li presenta alla loro famiglia Italiana. Una volta che tutte le presentazioni sono state fatte, William chiede a tutti di prendere i piatti ed iniziare a mangiare. Questo è un giorno di festa e dice loro: "Forza, mangia, mangia".

Tutti ridono del suo tentativo di parlare italiano invitandoli a mangiare. Amelia lo bacia sulla guancia. Lui sorride, le prende la mano e insieme camminano verso la tavola che hanno preparato.

LARISSA e GEE

Sirenia si avvicina al vestito di Larissa mentre le sta riempiendo un piatto. "Mamma guarda." Sta indicando le onde che si infrangono sulla sabbia dorata. "Possiamo andare a fare il bagno? Per favore Mamma, possiamo andare?"

Gee, che è in piedi accanto a Larissa, risponde a sua nipote prima che Larissa possa parlare. "Che ne dici se tutti mangiamo prima qualcosa. Hai visto il pranzo meraviglioso che Zia Amelia e Zio William hanno preparato per noi? Fai la brava bambina e mangia il tuo pranzo, poi possiamo andare in spiaggia."

Sirenia sbuffa, "Oh ok, ma veloce. E possiamo raccogliere conchiglie?"

Sia Gee che Larissa sorridono e annuiscono. "Certo," dicono all'unisono.

Sirenia sta dicendo a suo padre di andare in spiaggia. "Puoi venire anche tu papà. Mamma e Nonna Gee vengono con me, per favore, vieni pure tu?"

Alexey guarda Larissa che sorride dicendo: "Certo che verrà con noi, Sirenia. Aiuterà anche a lui a raccogliere le conchiglie."

"Bene, allora, mangiamo. E Sirenia, che ne dici di fare una corsa fino alla spiaggia?"

"Sì, papà e io ti battiamo come facciamo sempre. Dai, mangia veloce. Io ho già finito, " dice mostrando ad Alexey il suo piatto vuoto.

Alexey ride prendendo la mano di Larissa nella sua. Le bacia la mano dicendo: "È prepotente proprio come sua mamma."

"Dai papà, sono pronta, sto aspettando. È il momento della gara."

Larissa guarda Alexey, "Sei stato tu a suggerire una gara. Parti con tua figlia prepotente, saremo proprio dietro di te."

Con questo Alexey afferra la mano di Sirenia, "Andiamo, batteremo tutti."

"Arriverò per prima," grida Sirena lasciando andare la mano di suo padre.

"Faresti meglio a sbrigarti Alexey, sarà molto più avanti di te," dice Larissa ridendo.

"Ci vediamo laggiù," dice Alexey mentre corre per acchiappare la figlia.

"Vi tiene impegnati per bene," dice Gee, "e ha suo padre proprio dove lo vuole - a sua completa disposizione. Ora è meglio che ci muoviamo, quelle conchiglie non si troveranno da sole."

"Sono proprio dietro di te Gee. Per quanto riguarda Alexey, non ne ha mai abbastanza di giocare con Sirenia. Ma sì, ha quattro anni e un sacco di energia."

AMELIA e SIMONA

Con la brezza pomeridiana proveniente dalla spiaggia alle loro spalle e la loro famiglia che gioca sulla riva, Amelia e Simona li lasciano lì. Tornano a casa mano nella mano. Un senso di calma regna sovrano tra di loro. Amelia nota che le persone le fissano accigliate. Due donne che si tengono per mano in pubblico. Questo non è comune. Le importa? Nient'affatto. Questa è la nuova parte di lei che non dà peso a ciò che pensano gli altri.

"Vivi in un paradiso Amelia, ma la gente qui ha una mentalità ristretta. Guarda che sguardi! Questa è una cosa normale a casa. Camminiamo tutti insieme mano nella mano." Simona dondola giocosamente le braccia avanti e indietro, "Comunque, a chi importa? Siamo insieme."

"Esatto, Simona. Stavo pensando la stessa cosa. Ciò che gli altri pensano di noi non ha più importanza." È contenta del suo nuovo atteggiamento di non aver paura e di vivere la sua vita. Ha sofferto abbastanza, d'ora in poi condurrà la sua vita con un approccio più piacevole e spensierato. La gravità di ciò che è accaduto nel suo passato le farà fare un passo indietro.

Camminano lungo il sentiero di nuovo in silenzio fino a quando Simona si ferma, girandosi fissa Amelia con una faccia austera, "In fondo lo sapevi, vero? Non ho mai voluto pensare al peggio, ma era lì. Me lo sono sempre chiesta."

"Certo che lo sapevo, Simona. L'ho sempre saputo ma all'epoca era troppo orribile da sopportare. Scappare per trovare Vladimir era il mio modo di affrontare la realtà. Ho seppellito il pensiero che Teodoro fosse il padre di Gee il più profondamente possibile. Questa non è una scusa perché da allora ho pagato per la mia decisione. Lo abbiamo fatto entrambe."

"Non possiamo cambiare nulla di quello che è successo allora. La nostra decisione ci ha portato dove siamo oggi. Guarda cosa abbiamo: una bellissima nipotina e due famiglie che ci sostengono e ci amano nonostante tutto. E la distanza non ci separerà più."

Un silenzio confortevole scende di nuovo tra loro mentre raggiungono il sentiero che porta a casa di Amelia. La sua sorellina ha ragione, hanno attraversato il peggio che si possa immaginare ed ora hanno le loro famiglie amorevoli di cui prendersi cura. Questo è qualcosa che loro padre ha rovinato con le sue azioni, non aveva idea di come trattare la sua famiglia e ha pagato per questo. Simona e Amelia si sono elevate al di sopra delle sue azioni.

Lei lo ha perdonato. Il perdono non è stato facile, ma ha dovuto farlo. Se non lo avesse fatto, sarebbe finita per essere squilibrata e rancorosa come lui.

Ogni membro della sua famiglia ha il suo modo di affrontare le conseguenze delle azioni di questo uomo, il perdono è il suo modo. La decisione presa ha causato dolore, ansia e, a volte, astio tra lei e Simona ma ora il segreto è svelato, non devono più nascondersi.

- La fine -

Ringraziamenti

Scrivere un romanzo è una collaborazione. Certo, lo scrittore ha l'idea, ma senza il supporto di altre persone, professionalmente e non, la storia rimane solo un'idea.

Da figlia di migranti italiani non amavo particolarmente la scuola. I miei genitori non ne volevano sentir parlare. Mi hanno insegnato che una buona educazione è la spina dorsale del successo. Seguire questo consiglio mi ha fornito gli strumenti necessari per arrivare dove sono oggi, un'autrice con un libro pubblicato. Sono grata ai miei genitori che hanno incoraggiato il mio amore per l'apprendimento, a prescindere dall'età.

Al mio collega e amico, Mark Drolc, per la mia copertina e per essere rimasto al mio fianco in tutti questi anni. Non hai mai smesso di incoraggiarmi anche quando mi sono sentita sopraffatta e demoralizzata. Grazie per aver letto, commentato e condiviso.

Ad entrambi i miei curatori, le cui capacità di revisione e conoscenza dell'editoria hanno guidato la mia scrittura nella giusta direzione. Grazie per aver accettato una romanziera alle prime armi quando ho iniziato ad elaborare questa storia e credere nelle mie capacità.

Ai miei fantastici amici che mi supportano ogni giorno. Il vostro incoraggiamento non si è mai fatto mancare. Ora potete leggere questa storia di cui mi avete sentito parlare in tutti questi anni.

Per il mio gruppo di scrittura, *Write on Water*, grazie per aver condiviso la vostra conoscenza e spirito di squadra. I nostri incontri sono sempre pieni di avvenimenti, divertimento e buon cibo. Ci incoraggiamo a vicenda ed insieme siamo in grado di realizzare qualsiasi cosa dallo scrivere al pubblicare racconti.

A Tony, mio marito sempre paziente e ai nostri due figli, Sebastiano e Alessia: questo è il libro che ho tenuto nascosto per anni ed è ora realtà. Il vostro amore, supporto ed ottimismo mi hanno fatto andare avanti; per ogni porta che mi è stata sbattuta in faccia, per ogni rifiuto che ho ricevuto e perfino quando sono caduta vittima del blocco dello scrittore. Senza voi tre che mi avete aiutato ad andare avanti, questo libro non sarebbe mai stato completato. Vi prometto che i prossimi libri saranno più facili per tutti noi.

Buona lettura,
    Maria P Frino

L'autore

Maria ha fatto una carriera usando le parole per comunicare. Lavorare a una stazione televisiva, il suo primo lavoro retribuito ha alimentato l'amore per le parole di Maria. Un trasferirsi a Sydney per studiare Communications le ha dato l'opportunità lavorare con agenzie di pubblicità e pubbliche relazioni, corporate aziende e giornali. Ha scritto PR, pubblicità e newsletter per prodotti dal cibo alla gioielleria, moda e interni, nonché giardino e prodotti da costruzione. Per supporti di stampa tradizionali e digitale. Quando non scrive contenuti del sito Web o come Senior Revisore del sito online, Weekend Notes, lavora al suo corto storie e romanzi.

La sua prima storia pubblicata, *The Studio*, è una storia poliziesca. *Xenure Station: A Billion Light Years* è il secondo racconto di Maria. Entrambi sono disponibili su Amazon Kindle.

La Decisione Presa e *Xenure Station: A Billion Light Years* sono ora disponibili in stampa su Amazon Kindle e librerie selezionate.

www.ingramcontent.com/pod-product-compliance
Lightning Source LLC
Chambersburg PA
CBHW040240010526
44107CB00065B/2808